Ingrid Brodnig

DER UNSICHTBARE MENSCH

Wie die Anonymität im Internet
unsere Gesellschaft verändert

Ingrid Brodnig

DER UNSICHTBARE MENSCH

Wie die Anonymität im Internet
unsere Gesellschaft verändert

Czernin Verlag, Wien

Gedruckt mit Unterstützung der Stadt Wien / MA7
Wissenschafts- und Forschungsförderung

Brodnig, Ingrid: Der unsichtbare Mensch –
Wie die Anonymität im Internet unsere Gesellschaft verändert / Ingrid Brodnig
Wien: Czernin Verlag, 2013
ISBN 978-3-7076-0483-2

© 2013 Czernin Verlags GmbH, Wien
Lektorat: Josef Rabl
Umschlaggestaltung: Sensomatic
Foto: Heribert Corn
Satz: Burghard List
Druck: Druckerei Theiss GmbH, A-9431 St. Stefan
ISBN Print: 978-3-7076-0483-2
ISBN E-Book: 978-3-7076-0484-9

Alle Rechte vorbehalten, auch das der auszugsweisen Wiedergabe
in Print- oder elektronischen Medien

INHALT

Vorwort   9

Einleitendes   13

Kapitel 1   **Was uns die Geschichte über Anonymität lehrt**
Denkanstöße von Platon bis Foucault   17

Kapitel 2   **Wie das Internet die Anonymität revolutionierte**
Und warum nun über das Ende der Anonymität
diskutiert wird   25

Ein Cyberdissident und der Streit um die Anonymität   25
Die Hoffnungen der Internetpioniere und die bittere Realität:
mehr Überwachung   34
Von der Vorratsdatenspeicherung bis zur NSA:
Wie anonym sind wir wirklich?   42
Der größte Irrtum: Was man online tut,
hat keine Konsequenzen   57
Wann Anonymität berechtigt ist:
Von Kritik an Mächtigen bis zur Pressefreiheit   60
Die Schattenseite:
Warum Anonymität Aggression befördert   68

Kapitel 3   **Wie Anonymität Mobilisierung und Mobs fördert**
Und warum das Hackerkollektiv Anonymous so
furchteinflößend ist   75

Die Auslöschung des Ichs:
Warum in der anonymen Masse die Wut hochkocht   75
Die Macht der Trolle:
Warum die Störenfriede im Netz so erfolgreich sind   91
Das Dilemma: Schaffen wir die Anonymität ab, um
Kinderpornografie zu verhindern?   99
Wikipedia:
Wie Anonymität die Zusammenarbeit fördern kann   107
Phänomen Anonymous:
Wie Anonymität als Drohgeste eingesetzt wird   113

Kapitel 4 Die gefährdete öffentliche Debatte
  Wie Anonymität radikalen Gruppen hilft 127
  Wie die Antifeministen die Diskussion online vergiften 127
  Der »Nasty Effect« oder wie Hass-Postings
  tatsächlich den Hass nähren 136

Kapitel 5 Was tun mit der Anonymität?
  Wie man online gegenseitigen Respekt fördert 141
  Beispiel Südkorea oder was passiert,
  wenn der Staat die Anonymität abschafft 141
  Das System Facebook oder wie Klarnamen zu
  einem freundlicheren Umgang führen 148
  Die Verantwortung von Websitebetreibern
  und was diese tun können 159
  Von Bloggern bis zu Journalisten:
  Wie jeder Einzelne den Umgangston verbessern kann 170

VORWORT

Demokratie braucht Debatte. Sie lebt von der Einmischung der Bürgerinnen und Bürger. Ohne diese ist sie verloren; degeneriert zu einem dumpfen Abstimmungsformalismus, in dem das Zählen der Stimmen die Auseinandersetzung um den Kurs der Gesellschaft ersetzt hat. Wahlen sind nicht der Gipfel der Demokratie – der ist, was davor passiert: die persönlichen Gespräche und öffentlichen Debatten, in denen Meinungen nicht nur aufeinandertreffen, sondern durch den Austausch geschärft, aber auch geformt werden.

Damit Demokratie funktioniert, müssen die Menschen offen miteinander reden können, ihre Meinungen auch öffentlich äußern können, ohne Angst. Es mag uns nicht immer bewusst sein, aber jede Meinungsäußerung ist ein Akt von Courage. Denn wer sich äußert, macht sich angreif- und damit verwundbar. Wer sich äußert, legt den Panzer der Indifferenz ab, der die Einzelnen zu schützen scheint, aber die Demokratie unterminiert.

Wenigstens das Grundrecht auf Meinungsfreiheit garantiert uns für unsere geäußerten Ansichten in der Regel, nicht vom Staat verfolgt zu werden. Aber kein Recht der Welt kann diese Verwundbarkeit gänzlich verhindern. Indem wir Stellung beziehen und unseren Standpunkt einnehmen, geben wir anderen die Möglichkeit, uns dafür anzugreifen.

Der Meinungsstreit mit offenem Visier funktioniert freilich nur so lange, wie eine Gesellschaft den Wert erkennt, der in der durchaus auch scharf formulierten Äußerung des Einzelnen liegt. Ist das nicht mehr der Fall, drängt eine Gesellschaft andere Meinungen an den Rand. Dann zwingt sie die kritischen Mitmenschen, ihre Visiere zu schließen, sich nicht mehr kenntlich, sondern nunmehr anonym einzubringen.

Wo Anonymität von immer mehr Menschen als notwendig empfunden wird, ist in Wahrheit der demokratische Prozess in Schieflage geraten und wird seiner Aufgabe nicht mehr gerecht, permissive Plattform für Vielfalt zu sein.

Früher nahmen die Bergleute Kanarienvögel mit, wenn sie unter Tage gingen. Denn die Vögel starben bei vergifteter Luft zuerst. Sie waren ein effektives Frühwarnsystem bei Gefahren im Bergwerk.

Vorwort

Anonymität ist ein effektives Frühwarnsystem unserer Demokratie. Je mehr Menschen gerade auch in digitalen Medien anonym bleiben wollen, desto schlechter geht unsere Gesellschaft mit Meinungsvielfalt um, und desto stärker ist unsere Demokratie in akuter Gefahr.

Denn das Problem ist nicht die Anonymität. Wer glaubt, sie bekämpfen zu müssen, kümmert sich lediglich um das Symptom, und lässt dabei die zugrunde liegende Ursache außer Acht. Dass trotzdem in so vielen Gesellschaften über die Einschränkung, ja das Verbot der Anonymität vor allem in digitalen Medien debattiert wird, zeigt, in welcher Schieflage unser Verständnis von Demokratie bereits ist.

Genau deshalb ist das vorliegende Buch von Ingrid Brodnig so wichtig: weil es um viel mehr geht als um die Frage, ob in Zukunft jemand mit Klarnamen online posten muss oder nicht. Es geht um nichts Geringeres als den Fortbestand unserer Demokratie. Erst wenn die Bürgerinnen und Bürger mit offenem Visier streiten wollen, sind wir als Demokratie am Ziel. Bis dahin erfüllt die Anonymität eine notwendige Funktion in unserer Gesellschaft und verdient in entsprechendem Umfang unsere Achtung.

Viktor Mayer-Schönberger, Oxford Internet Institute

Quelle: xkcd.com

EINLEITENDES

Nehmen wir an, wir würden das Internet heute von Grund auf neu erfinden: Würden wir dann erneut Anonymität einprogrammieren? Oder würden wir das Experiment des anonymen Internets für gescheitert erklären und stattdessen ein Identifikationssystem einführen, bei dem jeder seinen Namen angeben muss, ehe er online irgendetwas tut oder postet?

Was wäre, wenn wir jede einzelne Website, die die Menschheit bisher kreiert hat, neu erfinden würden: Wäre dann erneut überall die Verwendung von Pseudonymen erlaubt? Oder würden viele Seiten die Klarnamenpflicht umsetzen, also vorschreiben, dass alle Mitglieder der Community ihren echten Namen angeben müssen?

Diese Fragen sind gar nicht so absurd, wie sie sich anhören mögen. Das Konzept der anonymen Kommunikation im Web wird immer mehr hinterfragt, sowohl von Bürgern als auch von Staaten. Viele Menschen sind entsetzt, was online unter dem Deckmantel der Anonymität alles geschrieben wird und welche Gemeinheiten verbreitet werden. Gleichzeitig haben Geheimdienste, Staaten und auch Internetkonzerne ein großes Interesse daran, zu wissen, wer sich hinter einem Onlinepseudonym versteckt. Das nützt der nationalen Sicherheit oder auch den eigenen wirtschaftlichen Interessen. Würde heute das Internet komplett neu erfunden, wäre es sehr fraglich, ob wir dann noch gleich viel Anonymität hätten.

Die Anonymität nimmt bereits ab: Der große Erfolg von Facebook erklärt sich auch dadurch, dass man dort unter seinem echten Namen verkehrt. Zunehmend denken große Medien und Onlinedienste über eine Abkehr von der Pseudonymität nach. Im August 2013 kündigte Arianna Huffington, Gründerin der »Huffington Post«, an, dass ihr Onlinemedium anonyme Kommentare verbieten wird. »Die Meinungsfreiheit soll Menschen dienen, die zu ihrer Meinung stehen und die sich nicht hinter der Anonymität verstecken«, erklärte sie, »wir müssen eine Plattform entwickeln, die die Bedürfnisse des erwachsen gewordenen Internets erfüllt.«[1]

---

[1] Darrow, Barb: Huffington Post to end anonymous comments, online unter http://gigaom.com/2013/08/21/huffington-post-to-end-anonymous-comments/ (Stand: 26. September 2013, Übers. ins Deutsche von I. B.).

Einleitendes

Das Internet hat sich verändert, es lässt sich nicht mehr von unserem Alltag trennen. Was Menschen online tun und sagen, hat wesentlich mehr Konsequenzen als noch vor 20 Jahren. Das wirft die Frage auf, ob wir online nicht auch mehr Rechenschaft benötigen und weniger Anonymität. Es ist also eine logische Konsequenz des heranreifenden Internets, dass wir nun die Klarnamendebatte führen, dass wir also darüber streiten, ob wir online unseren realen Namen angeben sollen beziehungsweise müssen. In Wahrheit ist aber auch die Klarnamendebatte nur ein Stellvertreterkrieg: Im Kern geht es darum, wie wir das menschliche Miteinander in digitalen Zeiten regeln wollen, wie wir ein Mindestmaß an Respekt wahren können.

Mit Sicherheit braucht es online einen respektvolleren Umgang, weil wir sonst als Gesellschaft die Fähigkeit verlieren, miteinander zu kommunizieren. Dieses Buch ist jedoch keine Brandschrift gegen die Anonymität. Ich plädiere weder für null noch für hundert Prozent Anonymität, sondern für eine komplexere Auseinandersetzung mit diesem Thema. Auch die Forschung zeigt, dass nicht allein die Namenlosigkeit für den Hass und die Respektlosigkeit im Netz verantwortlich ist – sie ist *ein* Faktor, aber nicht der einzige. Anhand von wissenschaftlichen Studien und konkreten Beispielen werde ich zeigen, wie sich das Gefühl der Unidentifizierbarkeit auf unser Verhalten auswirkt, wie es uns mitunter aggressiver, manchmal auch selbstloser macht.

Anonymität ist im Laufe der Geschichte zu einem Kampfbegriff geworden. Sehr oft geht es bei der Auseinandersetzung damit um ein viel tiefer liegendes Unbehagen am gesellschaftlichen Wandel. Um dies fundiert zu erklären, will ich zunächst den kulturgeschichtlichen Hintergrund beleuchten. In Kapitel 1 beschreibe ich die Geschichte des Wortes »Anonymität«, das über große Teile der Menschheitsgeschichte kaum Beachtung fand. Wie auch? Die meisten Menschen konnten nicht einmal lesen oder schreiben, da war eine korrekte Namensnennung wohl nicht das größte Problem. Mit der Zeit wurde das Thema Anonymität aber emotional aufgeladener, und im 18. und 19. Jahrhundert findet sich so manche Parallele zur gegenwärtigen Klarnamendebatte.

In Kapitel 2 gehe ich dann näher auf diesen Streit ein, erkläre, warum die Anonymität den frühen Internetpionieren so wichtig war und in welchen Fällen die Verhüllung des eigenen Namens auch heute von großer gesellschaftlicher Bedeutung ist. Dabei wird zum Beispiel der chinesische Cyberdissident Michael Anti zu Wort kommen, der sich im Netz eine neue Identität zugelegt hat und dadurch zu einem bedeutenden Kritiker der kommunistischen Führung wurde.

Gerade in einer Zeit, in der manch ein Staat ungeheure Überwachungsapparate aufbaut, ist es doch sehr gewagt, allzu sorglos auf Anonymität und Bürgerrechte zu verzichten. Das muss klargestellt sein, ehe ich in Kapitel 3 ein paar sehr dunkle Orte im Web aufsuche und die Verhaltensweisen des digitalen Mobs beschreibe. Die holländische Künstlerin Tinkebell etwa erhielt 100.000 Hass-Mails, die ihr mit dem Tod, der Vergewaltigung und anderem drohten, nachdem sie ihrer todkranken Katze für ein Kunstprojekt den Hals umgedreht hatte. Beispiele wie dieses und einige wissenschaftliche Studien sollen veranschaulichen, welchen Einfluss die Anonymität auf das menschliche Verhalten hat. Die Untersuchungen manch eines Forschers können auch Phänomene wie den Erfolg der Web-Enzyklopädie Wikipedia oder des Online-Kollektivs Anonymous erklären.

Die wichtigste Erkenntnis ist jedoch, dass Anonymität im Netz tatsächlich zu einem radikaleren Konzept wird. Man ist nicht nur namenlos, sondern auch gesichtslos. David Pogue, der bekannte frühere Technikkolumnist der »New York Times«, erklärte mir in einem Interview: »Online sieht einen niemand, hört einen niemand. Man ist anonym. Wenn man inmitten dieser Abermillionen Stimmen gehört werden will, neigt man dazu, zu schreien, schriller zu werden in seinen Aussagen. Mich betrübt das. Ich wünschte mir zutiefst, Menschen würden online mehr Räson annehmen.«[2]

Die ausschließlich textbasierte Kommunikation führt zu einem Gefühl der Unsichtbarkeit. Der Gesprächspartner weiß in der Regel nicht, wie man aussieht, wie man spricht, welche Gesten man macht und welchen Gesichtsausdruck man gerade hat. Gerade dieses Fehlen nonverbaler Signale führt dazu, dass Menschen harscher oder ungezügelter werden. Der Augenkontakt zum Beispiel hat eine

---

[2] Brodnig, Ingrid: »Online neigt man dazu, schriller zu werden, zu schreien«, in: Falter 38/12, 19. September 2012, S. 24.

aggressionshemmende Wirkung, er fördert sozusagen die Empathie. Eine der spannendsten Zukunftsfragen lautet daher: Wie können wir online Signale einbauen, die herkömmliche nonverbale Gesten ersetzen, und somit Menschen ermutigen, freundlicher auf ihr Gegenüber einzugehen?

Es ist nicht egal, ob Menschen online übereinander herfallen oder ob sie konstruktiv bleiben. Denn Hass hat eine extrem ansteckende Wirkung, wie ich in Kapitel 4 schildern werde. Vielerorts ist das Klima tatsächlich verseucht, wobei das oft auch an der Architektur des Webs liegt. Den Websites und ihren Nutzern fehlen die Tools, um die destruktiven User auszublenden und die konstruktiven Stimmen in den Vordergrund zu bringen. Noch.

Es findet nämlich gerade ein Umdenken statt. Immer mehr Medien und Onlinedienste wollen die Störenfriede nicht länger hinnehmen und vor allem auch zeigen, wie viele intelligente und sogar witzige Meinungen man online findet. Damit beschäftige ich mich in Kapitel 5, das konkret der Frage nachgeht, was der Staat, was Websitebetreiber oder jeder Einzelne tun kann, um online den Ton zu verbessern, und welche Rolle die Anonymität dabei spielt.

Wie können wir den Umgangston im Netz verbessern? Die Antwort lautet nicht, die Anonymität abzuschaffen, sondern mehr Verantwortung zu übernehmen. Websitebetreiber müssen sich dafür verantwortlich fühlen, was in ihren digitalen Räumen passiert, und jeder Einzelne muss lernen, seine eigenen Worte ernst zu nehmen und auf seinen Namen stolz zu sein – selbst wenn dieser Name nur ein Pseudonym ist. Das Internet ist auf dem Weg erwachsen zu werden. Teil dieses Prozesses ist, dass wir alle uns die Frage stellen, wie wir uns denn ein faires Miteinander online vorstellen.

KAPITEL 1

WAS UNS DIE GESCHICHTE ÜBER ANONYMITÄT LEHRT

Denkanstöße von Platon bis Foucault

Im Netz wird heute leidenschaftlich über Anonymität gestritten, die einen fordern das Ende der Namenlosigkeit, die anderen meinen, dass dies zu Zensur und Selbstzensur führen würde. Es handelt sich um eine der bedeutenden Debatte des 21. Jahrhundert, da es darin im Kern um die Frage geht: Wie soll öffentliche Rede in Zeiten des Internets aussehen?

Interessanterweise ist unsere Vorstellung von Anonymität ein vergleichsweise neues Konzept. Über große Teile der Geschichte war Anonymität kein Thema, weil sie Normalität und damit gar nicht groß der Rede wert war. Gerade in mündlich geprägten Kulturen spielte der eigene Name – und vor allem die Konservierung des eigenen Namens für spätere Generationen – keine große Rolle. Das beste Beispiel dafür ist das Mittelalter: Der Großteil der Bevölkerung konnte weder schreiben noch lesen. Nachnamen wurden erst langsam eingeführt, als die Menschen mobiler wurden.[3] Bis auf ganz wenige Ausnahmen legten sogar die gefeierten Dichter keinen großen Wert darauf, ihren Namen für die Nachwelt zu verewigen. Urheberrecht und Autorenschaft waren den Menschen fremd. So schreibt der Minneforscher Harald Haferland: »Wenn die Sänger von Heldendichtung nicht mehr singen, verlieren sie die Rechte an einem Lied, das sie vielleicht selbst schon übernommen haben und dessen Stoff sie allemal zu übernehmen gewohnt sind.«[4]

---

[3] Die Historikerin Gabriela Signori erklärt etwa: »In den spätmittelalterlichen Städten reichten die Vornamen nicht mehr aus, um den Einzelnen zu identifizieren. Mit der Größe der Städte hat dies wenig zu tun, obschon dies in der Forschung häufig zu lesen ist; ausschlaggebend für die Entwicklung war unseres Erachtens primär die hohe Mobilität, die die spätmittelalterlichen Städte auszeichnete.« Aus: Universität Konstanz: Im Gespräch mit Prof. Dr. Gabriela Signori und Dr. Christof Rolker, online unter http://www.aktuelles.uni-konstanz.de/im-gespraech-mit-archiv-2009/namen-in-spaetmittelalterlichen-stadtgesellschaften/ (Stand: 3. August 2013).

[4] Haferland, Harald: Wer oder was trägt einen Namen? Zur Anonymität in der Vormoderne und in der deutschen Literatur des Mittelalters. In: Pabst,

1 Was uns die Geschichte über Anonymität lehrt

Relevant wird die Anonymität erst, als breite Bevölkerungsschichten alphabetisiert wurden und sich ein neues Autorenverständnis entwickelte. Das ist etwa ab dem 18. Jahrhundert der Fall, einer Phase, die von Freiheitsdenken und bürgerlichen Aufständen geprägt war, ausgehend von der Französischen Revolution im Jahr 1789. In vielen Forderungen ging es damals um das Recht auf Privateigentum sowie auf Meinungsfreiheit. Viele Bürger wollten zu ihrer Meinung stehen können, ohne den Staat fürchten zu müssen. Zunehmend wollten auch die Schriftsteller Anerkennung und Geld für ihre Wortschöpfungen. Da immer mehr Menschen lesen konnten, entstand langsam eine Art Buchmarkt.[5]

Ab dem 18. Jahrhundert ändert sich also der Umgang mit Anonymität; der Philosoph Michel Foucault teilte in seinem berühmten Vortrag »Was ist ein Autor?« die Geschichte in zwei Epochen: Das Zeitalter der Namenlosigkeit und das darauf folgende Zeitalter des Autors. Der wesentliche Unterschied: »Die Rede war am Ursprung unserer Kultur (…) kein Produkt, keine Sache, kein Gut.«[6]

Ganz offensichtlich befinden wir uns heute in einer Phase, in der Worte ein extrem wichtiges Gut sind. Bei der Debatte um Anonymität geht es längst nicht nur um Meinungsfreiheit oder Schutz vor staatlicher Zensur, sondern auch um Eitelkeit und um Stolz. Die Anonymität wurde im Laufe der Geschichte zurückgedrängt, weil immer mehr Menschen Anerkennung für ihr geistiges Schaffen (und auch an diesem verdienen) wollten.

Dieser Stolz auf die eigenen Worte ist übrigens einer der Gründe, warum Journalisten oft kein Verständnis für anonyme User im Internet haben. »Warum stehen die denn nicht mit ihrem Namen zu ihrer Meinung?«, heißt es dann. Eine spannende Frage, auf die ich noch eingehen werde. Die Geschichte zeigt jedenfalls, dass wir mit dem Schlagwort »Anonymität« sehr viele unterschiedliche Dinge

---

Stephan (Hrsg.): Anonymität und Autorschaft. Zur Literatur- und Rechtsgeschichte der Namenlosigkeit. De Gruyter, Berlin 2011, S. 54.

[5] Man muss sich das so vorstellen, dass das Verlagswesen auch lange Zeit eine Art Raubrittertum war, bei dem Verleger ohne groß nachzufragen fremde Werke druckten und sehr schludrig mit dem Geschriebenen umgingen.

[6] Foucault, Michel: Was ist ein Autor? In: ders.: Schriften zur Literatur. Nymphenburger Verlag, München 1974, S. 18.

ausverhandeln – etwa den Umgang mit Autorschaft oder unsere Haltung gegenüber neuen Medien.

Anonymität ist auch ein Kampfbegriff, was den gesellschaftlichen und technologischen Wandel betrifft. Ursprünglich signalisierte das griechische Wort »anonymos« lediglich, dass die Quelle eines Textes unbekannt war.[7] Mit der Zeit dehnte sich der Begriff aber aus und wurde zum Symbol für fehlende menschliche Nähe. Ist heutzutage von der »Anonymität in der Großstadt« die Rede, hat wohl jeder sofort ein Bild im Kopf, zum Beispiel von gesichtslosen Menschenmassen, die über das Trottoir spazieren, freilich ohne Augenkontakt.

Derartige Bilder stammen aus der Kunst. Ab dem 19. Jahrhundert äußerten viele Schriftsteller ihre Skepsis gegenüber dem unpersönlichen Leben in der Großstadt. Darin kann man auch ein generelles gesellschaftliches Unbehagen erkennen, das manch ein Zeitzeuge der Industrialisierung verspürte. Die Anonymität wurde also zu einem Begriff, mit dem der gesellschaftliche Wandel kritisiert wurde. Menschen zogen vom Dorf in die Stadt, wer einst auf dem Feld arbeitete, werkte nun vielleicht an Maschinen in riesigen Fabriken.

Aus vielen Texten spricht ein Gefühl der Entfremdung und Vermassung, der deutsche Schriftsteller Kurt Tucholsky etwa schrieb 1930 in seinem Text »Augen in der Großstadt«:

> »Wenn du zur Arbeit gehst
> am frühen Morgen,
> wenn du am Bahnhof stehst
> mit deinen Sorgen:
> da zeigt die Stadt
> dir asphaltglatt
> im Menschentrichter
> Millionen Gesichter:
> Zwei fremde Augen, ein kurzer Blick,
> die Braue, Pupillen, die Lider –

---

[7] Vgl. Ferry, Anne: Anonymity. The Literary History of a Word. In: New Literary History. Jahrgang 33, Nummer 2, 2002, The Johns Hopkins University Press, Baltimore, S. 193.

1 Was uns die Geschichte über Anonymität lehrt

Was war das? vielleicht dein Lebensglück ...
Vorbei, verweht, nie wieder.«[8]

Derartige Gedichte prägten das gesellschaftliche Verständnis von Anonymität. »Dieses linguistische Ereignis läutete die Institution der Anonymität ein als Codewort für ein kulturelles Motiv«, schreibt die Literaturwissenschaftlerin Anne Ferry.[9] Ab nun wurde also in den spröden Begriff »anonymos« viel mehr hineininterpretiert, es ging plötzlich auch um Fragen wie diese: Wie wollen wir überhaupt leben? Möchten wir den Namen unserer Nachbarn kennen? Fühlen wir uns in der Masse der Menschen noch erkennbar?

Es gab damals sogar Kampfschriften gegen die Anonymität. Der amerikanische Journalist Henry Seidel Canby sprach zum Beispiel im Jahre 1926 von einem »Strudel der ununterscheidbaren Atome« und der »tödlichen Anonymität des modernen Lebens«.[10]

Der Philosoph Karl Jaspers meinte 1931: »Jeder Mensch als mögliche Existenz ist als Einzelner mehr als nur Glied der Masse, erfährt unübertragbare Ansprüche an sich selbst und darf sich nicht in der Masse verlieren, weil er damit sein Menschsein verliert.«[11]

Diese Warnungen klingen heute total überzogen, genau betrachtet passiert aber das Gleiche erneut. In der aktuellen Debatte um die Anonymität fließt häufig eine allgemeine Skepsis gegenüber dem Internet mit ein, oder zumindest gegenüber den unschönen Seiten des Netzes. Hier wird vieles vermengt, bei dem es nicht rein um Fragen der Namenlosigkeit geht, sondern um grundlegendere Dinge, etwa: Wie verändert das Netz die öffentliche Debatte und wie stehen wir dem gegenüber? Warum schimpfen viele Menschen so viel online und was können wir dagegen tun?

---

[8] Tucholsky, Kurt: Ausgewählte Werke. Parragon Verlag, Bath 2006, S. 825 – interessanterweise schrieb Tucholsky das Gedicht selbst unter einem seiner Pseudonyme. Dieter Lamping hat in der »FAZ« eine sehr schöne Analyse des Textes verfasst. Siehe http://www.faz.net/aktuell/feuilleton/bilder-und-zeiten/frankfurter-anthologie/gedicht-interpretation-lesung-augen-in-der-grossstadt-von-kurt-tucholsky-12039094.html

[9] Ferry, S. 205 (Übers. ins Deutsche von I. B.).

[10] Siehe: Ebd., S. 199 f. – Bezeichnenderweise lautete der Titel seines Textes »Anon is dead«, also »Anonymus ist tot«.

[11] Jaspers, Karl: Die geistige Situation der Zeit. De Gruyter, Berlin 1999, S. 68.

Offensichtlich ist: Menschen werden online nicht automatisch rücksichtsvoller. Im Gegenteil, oft findet man im Netz nur umso mehr Hass und Häme. Anonymität im Web ist in der Tat ein Faktor, der manchen die Entgleisung erleichtert. Anonymität kann auch als Waffe dienen oder als Mittel des Schwachen, um sich Gehör zu schaffen.

Neu ist das nicht. Der sowjetische Dichter Wladimir Majakowski (1893–1930) hielt in seinem Poem »150.000.000« bewusst den eigenen Namen zurück, um als Sprachrohr einer riesigen Bewegung, der arbeitenden Klasse, zu fungieren: »Hundert und fünfzig Millionen: so heißt der Meister dieses Poems (…). Hundert und fünfzig Millionen sind Herren meines Lippen-Signalsystems.«[12]

Anonymität diente mitunter auch zur Selbstüberhöhung. Der deutsche Publizist und Revolutionär Georg Forster (1754–1794) brachte 1793 die »Neue Mainzer Zeitung« heraus und behauptete, zwölf Autoren würden an dem Blatt mitarbeiten, tatsächlich schrieb er es ganz allein. Aber es wirkte, als spräche hier kein Einzelner, sondern einer von vielen, die für ein neues Europa, für eine Revolution in etlichen europäischen Staaten eintraten.[13]

Eine theatralische Inszenierung der eigenen Anonymität erleben wir auch heute im Internet, vor allem das Online-Kollektiv Anonymous spielt leidenschaftlich damit: Anonymität kann eine Strategie sein, um Aufmerksamkeit zu erheischen.

Das Fiese an anonymen Gegnern ist, dass sie unangreifbar wirken. Man weiß nicht: Steckt einer dahinter, oder sind es hundert? Ist es jemand, der mir nahesteht, oder ein Fremder? Genau das machte auch schon Jean-Jacques Rousseau (1712–1778) zu schaffen. Der Philosoph war ein labiler, misstrauischer, leicht reizbarer Mensch,

---

[12] Pabst, Stephan: Anonymität und Autorschaft. Ein Problemaufriss. In: ders. (Hrsg.): Anonymität und Autorschaft. Zur Literatur- und Rechtsgeschichte der Namenlosigkeit. De Gruyter, Berlin 2011, S. 23.

[13] Vgl. ebd., 29 f. – Diese frühe Form des »Hoax«, also der Irreführung, war aber auch deswegen möglich, weil die »Neue Mainzer Zeitung« keine klassische Zeitung nach heutigem Maßstab war. Sie erschien dreimal wöchentlich mit einem Umfang von vier Seiten, die Forster selbst befüllte, mit Berichten über die Revolution und Kämpfe in ganz Europa. Siehe: Lepenies, Wolf: Freiheit, das Riesenkind, online unter http://www.sueddeutsche.de/kultur/aufmacher-xv-freiheit-das-riesenkind-1.423586 (Stand: 2. Juli 2013).

1 Was uns die Geschichte über Anonymität lehrt

als er dann auch noch anonym von seinem Intimfeind Voltaire angegriffen wurde, trieb ihn das regelrecht zur Paranoia. Zunehmend verschwamm für ihn die Grenze zwischen Freund und Feind. In seiner Biografie, den »Bekenntnissen«, schreibt er:[14]

»Hier beginnt das Werk der Finsternis, in die ich mich seit acht Jahren versenkt fühle, ohne daß es mir aller Anstrengungen ungeachtet möglich gewesen wäre, ihr schreckliches Dunkel zu durchdringen. In dem Abgrund von Elend, der mich verschlungen hat, fühle ich die Schläge, die wider mich geführt werden, gewahre ich das unmittelbare Werkzeug derselben, vermag aber weder die Hand, welche sie leitet, noch die Mittel zu erkennen, welche sie aufbietet. Schmach und Leiden fallen wie von selbst, und ohne daß man es sieht, über mich her. Wenn meinem zerrissenen Herzen Seufzer entschlüpfen, habe ich den Anschein eines Menschen, der grundlos klagt, und die Urheber meines Untergangs haben die unbegreifliche Kunst entdeckt, das Publikum zum Mitschuldigen ihrer Verschwörung zu machen, ohne daß dasselbe es nur ahnt und die Wirkung davon merkt.«[15]

Es ist ein Dokument, das die Macht des anonymen Angreifers belegt. Auch im Web erleben wir anonyme Kritik, allerdings noch wesentlich ausgeprägter. Die Mobilisierungsmöglichkeiten des Internets nutzen sowohl Cyberdissidenten und Demonstranten in arabischen Staaten als auch Normalbürger, die Dampf ablassen wollen.

Einige großartige Beispiele zeigen, wie die Anonymität online überaus produktive Dinge und Kollaboration ermöglicht, Stichwort: Wikipedia. Die Kehrseite davon ist aber eine Art digitale Hexenjagd. Diese ist insbesondere in jenen Ländern zu beobachten, in denen der Staat seine Bürger nicht vor fiesen Attacken anderer Bürger beschützt.

Anonymität wird im Netz tatsächlich zu einem neuen, radikaleren Konzept. Man könnte auch von einem Gefühl der Unsichtbarkeit sprechen: Die Person hinter der Tastatur ist nicht erkennbar,

---

[14] Vgl. Pabst, S. 28.
[15] Die deutsche Übersetzung der »Bekenntnisse« kann übrigens jeder auf der »Projekt-Gutenberg«-Seite des »Spiegel« einsehen, in dem Werke zu finden sind, deren Urheberrecht erloschen ist. Siehe: Rousseau, Jean Jacques: Rousseau's Bekenntnisse. Zweiter Theil – Kapitel 18, online unter http://gutenberg.spiegel.de/buch/3812/18 (Stand: 24. Juni 2013).

Herkunft, Größe, Statur oder auch der soziale Status bleiben verborgen. Das ist etwas anderes, als wenn wir zum Beispiel anonym in der Straßenbahn fahren. Meist kennen die anderen Passagiere dann auch nicht unseren Namen, man ist aber als Person greifbar und sichtbar.

Dazu ein Gedankenspiel aus dem antiken Griechenland: In seinem Werk »Politeia« ging der Philosoph Platon der Frage nach, wie sich wohl ein Individuum verhalten würde, wäre es unsichtbar und könnte es alles Mögliche tun, ohne Konsequenzen fürchten zu müssen.

In dem platonischen Dialog wird die Sage des lydischen Königs Gyges erzählt. Gyges war ursprünglich Hirte, bis er einen goldenen Ring fand, der ihn unsichtbar machte. Drehte er den Ring nach innen, konnte ihn niemand mehr sehen; drehte er ihn nach außen, wurde er wieder sichtbar. Gyges nutzte diesen Trick, um in der Gesellschaft aufzusteigen, er wurde zum Vertrauten des Königs, bis er dessen Ehefrau verführte und den König ermordete.

In der »Politeia« heißt es: »Wenn es nun zwei solcher Ringe gäbe und den einen der Gerechte sich ansteckte, den andern der Ungerechte, so wäre (…) wohl keiner von so eherner Festigkeit, daß er bei der Gerechtigkeit bliebe und es über sich gewänne, fremden Gutes sich zu enthalten und es nicht zu berühren, trotzdem daß er ohne Scheu sogar vorn Markte weg nehmen dürfte, was er wollte, und in die Häuser hineingehen und beiwohnen, wem er wollte, und morden und aus dem Gefängnis befreien, wen er wollte, und überhaupt handeln wie ein Gott unter den Menschen.«[16]

Die Sage von Gyges ist nur eine von vielen Überlegungen, mit denen sich Platon in der »Politeia« der Frage der Gerechtigkeit nähert.[17] Aber sie eignet sich als Parabel für die aktuelle Netzdebatte.

---

[16] Dazu muss man sagen, dass in der »Politeia« nicht Platon selbst diese Worte spricht, sondern sie im Rahmen des Dialogs seinem älteren Bruder Glaukon in den Mund legt. Er schildert damit quasi die landläufige Vorstellung, was einen Menschen gerecht oder ungerecht werden lässt. Siehe: Platon: Der Staat. Zweites Buch, online unter http://www.zeno.org/Philosophie/M/Platon/Der+Staat/Zweites+Buch (Stand: 9. September 2013).

[17] Konkret entwickelt er in der »Politeia« seine Idee vom idealen Staat, die wir heute wohl kaum begrüßen würden: ein totalitäres System, das dem Menschen ab Geburt eng vorgibt, welche Rolle er in der Gesellschaft einzunehmen habe.

1 Was uns die Geschichte über Anonymität lehrt

Was mich zu einer meiner wichtigsten Thesen in diesem Buch führt: Nicht die Anonymität ist das Kernproblem der Aggressivität im Netz, sondern das Gefühl der Unsichtbarkeit. Weil die Kommunikation oft so konsequenzenlos und der Gesprächspartner fern scheint, werden viele Aussagen unachtsam hingeschleudert, und etliche User neigen zu einer harscheren, enthemmteren Sprache. Es ist fast so, als hätten sie das Gefühl, der Ring des Gyges stecke an ihrem Finger. Übrigens ein großer Trugschluss: So anonym sind wir Internetuser meist gar nicht.

Diese scheinbare Unsichtbarkeit führt zu vielen Problemen, aber es sind Probleme, die man lösen kann. Sehr viele verbale Entgleisungen oder Hexenjagden ließen sich verhindern, wenn sich die User nicht so unsichtbar fühlten. Sie könnten weiterhin anonym bleiben, nur das Individuum sollte sichtbarer werden. Im Kern geht es darum, persönliche Verantwortung auch online einzufordern, so wie wir es offline ja auch tun. Das kann auch mit Anonymität gelingen.

KAPITEL 2

WIE DAS INTERNET DIE ANONYMITÄT REVOLUTIONIERTE

Und warum nun über das Ende der Anonymität diskutiert wird

Ein Cyberdissident und der Streit um die Anonymität

Die Geschichte beginnt im Jahr 1993 mit einem berühmten Comic aus dem »New Yorker«. Man sieht einen Hund vor dem Computer, der zu einem anderen Hund sagt: »On the internet, nobody knows you're a dog.« Im Internet weiß niemand, dass du ein Hund bist.[18]

Damals wurde vielen Menschen klar: Im Netz kann man mit seiner Identität spielen, ein neues Ich entwerfen. Der Körper ist für den Chatpartner nicht sichtbar, das Individuum wird auf einer sehr abstrakten Ebene wahrgenommen, meistens nur mit einem Namen, einem Pseudonym, das man selbst gewählt hat. Ich habe mit vielen Menschen über dieses Phänomen gesprochen, mit Forenpostern, Wissenschaftlern und Community-Managern. Am meisten beeindruckt hat mich die Erfahrung des chinesischen Cyberdissidenten Michael Anti und was die Anonymität für ihn bewirkte.

Anti ist ein mutiger Mann, er hat sich mit einem mächtigen Regime angelegt: China. Der heute 38-Jährige hat online über die Zensur geschrieben und die kommunistische Führung immer wieder bloßgestellt.[19] Sein furchtloses Vorgehen machte ihn zu einem der

---

[18] Der Cartoon stammt vom Illustrator Peter Steiner, der Satz »On the internet, nobody knows you're a dog« wurde mittlerweile zu einem geflügelten Wort. Siehe: Cavna, Michael: »NOBODY KNOWS YOU'RE A DOG«: As iconic Internet cartoon turns 20, creator Peter Steiner knows the joke rings as relevant as ever, online unter http://www.washingtonpost.com/blogs/comic-riffs/post/nobody-knows-youre-a-dog-as-iconic-internet-cartoon-turns-20-creator-peter-steiner-knows-the-joke-rings-as-relevant-as-ever/2013/07/31/73372600-f98d-11e2-8e84-c56731a202fb_blog.html (Stand: 9. September 2013).

[19] Zum Beispiel indem er enthüllte, wie Journalisten der Tageszeitung »China Youth Daily« mundtot gemacht wurden, siehe: http://www.washingtonpost.com/wp-dyn/content/article/2006/02/20/AR2006022001304pf.html

berühmtesten Blogger Chinas. Dann drehte Microsoft Ende 2005 sein Blog ab, offensichtlich kooperierte der amerikanische Konzern mit den chinesischen Zensoren. Der Fall löste eine Debatte aus, wie westliche Firmen mit dem Regime kooperieren und die Zensur mit ermöglichen.[20] Anti ließ sich trotzdem nicht einschüchtern und schrieb weiter. Heute lebt er in den USA und plädiert für ein freies Web. Denn er verdankt seinen Mut auch dem Internet, wie er selbst sagt.

Michael Anti heißt eigentlich gar nicht so. Es ist ein Kunstname, der zur neuen Identität des Cyberbloggers wurde. Bei seinem Namenswechsel ging es nicht darum, sich vor den Zensoren zu schützen, denn im chinesischen Web gibt es keine echte Anonymität; die Behörden wissen, wer man ist. Antis Namenswechsel steht für eine andere Stärke des Internets, das Spiel mit der Identität – dass man sich gewissermaßen online neu erfinden kann. Weil das Interview sehr aussagekräftig dafür ist, will ich einen Auszug daraus wiedergeben[21]:

I. B.: *Sie wurden unter dem Namen Michael Anti sehr bekannt. Warum wählten Sie dieses Pseudonym?*

Michael Anti: Michael Anti heißt »anti« *(dagegen, Anm. I. B.)*. Ich will ein Dissident sein, ich will die Regierung stürzen. Also nannte ich mich Anti, anti-establishment. Das ist ein deutliches Signal, nicht nur an meine Freunde, sondern auch an mich. Es sagt mir: Seitdem du Michael Anti bist, wirst du nicht, wirst du niemals mit der Regierung zusammenarbeiten.

I. B.: *Wären Ihre Aktionen, Ihre Kritik auch möglich gewesen, wenn Sie dabei Ihren echten Namen verwendet hätten?*

---

[20] Wer sein Blog auf Microsofts Onlinedienst MSN ansteuerte, erhielt die Fehlermeldung: »This space is temporarily unavailable. Please try again later.« Dies wurde in einem Blogeintrag von Rebecca MacKinnon dokumentiert: http://rconversation.blogs.com/rconversation/2006/01/microsoft_takes.html

[21] Das Gespräch fand im Mai 2013 via Skype statt (Übers. ins Deutsche von I. B.).

Michael Anti: Ja klar. Ich kann meinen richtigen Namen verwenden, aber das will ich nicht. Ich wollte meine Identität wechseln. Das Internet eröffnet uns die Möglichkeit, wiedergeboren zu werden, eine neue Identität anzunehmen.

I. B.: *Inwiefern macht Sie Ihre neue Identität denn zu einem besseren Dissidenten?*

Michael Anti: Mein echter Name ist Zhao Jing. Jing heißt leise. Es ist ein typisch weiblicher Name. Wenn ich Leuten zum Beispiel sagte, wie ich heiße, waren sie stets überrascht, dass ich ein Mann bin. Als ich mich selbst in Michael Anti umbenannte, konnte ich mir eine Art neue Identität schaffen als tapferer Mann, der sich auflehnt. Das hat geradezu mein neues Leben begründet. Alles was ich schreibe, die Kritik an der Regierung, alle meine Errungenschaften im Journalismus, im Bloggen und der Politik bauen auf diesem Namen auf. Das ist der Grund, warum ich diesen Namen verwenden will. Es ist auch logisch, da wir in China eine lange Tradition haben, bei der Schriftsteller einen Namen wählen und die Leute sie nur unter diesem Pseudonym kennen.

I. B.: *Als Sie damals als Michael Anti anfingen, waren Sie da noch richtig anonym?*

Michael Anti: Es ging nicht um Anonymität, es ging um diese neue Identität. Wenn man unaufhörlich seinen Namen für politische Aussagen einsetzt, macht man sich bereits zu einer öffentlichen Person. Aber man tut das unter einer anderen Identität. Was man dabei verheimlichen will, ist nicht, wer man ist oder wo man wohnt, es ist ein Teil von einem selbst, etwa mein früherer Charakter, mein Verhalten. Denn ich war schwach. Manchmal scheint mir, dass ich als Student nicht so mutig war. Als ich meinen Namen wechselte, wurde ich immer mutiger. Warum sollte ich diesen Namen also nicht weiter einsetzen? Ich will nicht, dass mich Menschen bei meinem alten Namen nennen, denn das ist jetzt mein neues Leben.

I. B.: *Spannend an Ihrem Pseudonym ist, dass Sie nicht wirklich anonym sind. Die Leute wissen auch Ihren Geburtsnamen, man kann Sie leicht ausfindig machen.*

Michael Anti: Anonymität bedeutet unterschiedliche Dinge in unterschiedlichen Ländern, unterschiedlichen Kulturen. Anonymität bedeutet nicht nur, seinen echten Namen zu verbergen, sondern manchmal auch, dass man für sich selbst eine neue Identität entworfen hat. In China gibt es Menschen wie mich, die sich ein neues Leben erschaffen, nicht nur online, sondern auch offline. Das ist eine Chance. Das Internet kann einem ein neues Leben geben, ein zweites Leben auch für die reale Identität. Ich glaube, das passierte in ganz vielen Fällen in China, in meinem Fall und auch in jenem von Freunden. Einen Online-Namen zu haben, verschafft einem auch eine neue Vorstellungskraft, eine neue Identität, neue Perspektiven. Man kann etwas verstecken – zwar nicht hundert Prozent seiner Offline-Identität, aber manchmal will man auch nur einen Teil seiner Offline-Identität verstecken.

I. B.: *Damit ich Sie richtig verstehe: Haben Sie das Pseudonym auch aus Angst vor der Regierung gewählt, also um sich selbst zu schützen? Oder spielte das gar keine Rolle?*

Michael Anti: Ich glaube nicht, dass es darum ging. Die Regierung weiß ohnehin, wer du bist, egal welchen Namen du annimmst. Das ist anderswo anders, dieses Phänomen Anonymität variiert von Land zu Land. In China ist Anonymität kein Thema, weil die Regierung dich sowieso kennt. Das kommunistische Regime weiß alles. Aber in anderen Ländern ist das nicht der Fall, zum Beispiel in Thailand, wo die Regierung nicht so mächtig ist wie die kommunistische Führung *(Chinas, Anm. I. B.)*. Womöglich ist es dort ein großes Thema, den Namen zu hundert Prozent offline und versteckt zu halten. Wenn ich in China hingegen den Namen Michael Anti einsetze, ist das mehr als Signal zu verstehen – als öffentliches Signal, als Botschaft, die ich an die Gesellschaft und die Regierung senden will. Ich bin Anti.

Michael Anti lebt mittlerweile in den USA, hat namhafte Stipendien der Universitäten Cambridge und Harvard erhalten. Auf seinem Harvard-Zeugnis steht nicht sein Geburtsname, sondern »Michael Anti«.

Doch diese Freiheit des Netzes wird zunehmend kritisiert. Nicht nur Bürgerrechtskämpfer wie Anti nutzen das Spiel mit der Identität, sondern auch Kriminelle oder Menschen, die andere hinterrücks attackieren wollen. So erleben wir zunehmend Einschränkungen dieser Anonymität. Das prominenteste Beispiel ist Facebook: Das soziale Netzwerk schreibt seinen Mitgliedern vor, dass sie ihren echten Namen angeben. Fliegt man mit einem gefälschten Namen auf, wird das Profil gesperrt.[22]

Genau das passierte Michael Anti. Facebook sperrte ihn, weil er nicht unter seinem Geburtsnamen ein Profil angelegt hatte, sondern unter seiner neu gewählten Identität als Michael Anti. Das widerspricht den Vorstellungen von Authentizität des sozialen Netzwerks. Es ist nahezu skurril: Die mehr als 300 Jahre alte Eliteuniversität Harvard hatte kein Problem damit, Michael Anti unter seiner neuen Identität studieren zu lassen und ihm ein Abschlusszeugnis auf diesen Namen auszustellen. Die nicht einmal zehn Jahre alte Website Facebook hält es hingegen für unauthentisch, dass Anti nicht jenen Namen angab, der in seinem Pass steht.[23]

Warum ist Facebook da so rigide? Das Netzwerk wurde so populär, weil es mit Seriosität und mit Vertrauenswürdigkeit warb. Ein wesentlicher Teil dieser Strategie ist der Klarnamenzwang. Facebooks Geschäftsmodell ist es quasi, eine Brücke zwischen unserem Offline-Leben und unseren Online-Aktivitäten zu schlagen. Aber das klappt nur dann, wenn die Leute auch ihren tatsächlichen Namen angeben.

Der Fall »Anti versus Facebook« illustriert sehr schön, wie die Anonymität zu einem Streitthema geworden ist. Wie gehen wir mit

---

[22] Eine Auflistung, was alles nicht erlaubt ist, liefert Facebook hier: https://www.facebook.com/help/245058342280723/
[23] Vgl. Ramzy, Austin: Chinese Writer Loses Facebook Account, While Zuckerberg's Dog Gets Own Page, online unter http://world.time.com/2011/03/09/chinese-writer-asks-am-i-more-fake-than-zuckerbergs-dog/print/ (Stand: 30. Juni 2013).

all den Pseudonymen und anonymen Postings im Internet um?[24] Gehören diese abgeschafft? Darum geht es in der Klarnamendebatte. Als Klarnamen versteht man den realen Namen einer Person; in den letzten Jahren wurden die Rufe lauter, sich vom Pseudonym abzukehren und den echten Namen zu verwenden. Einige Firmen tendieren in diese Richtung, so auch die »Huffington Post«. Das amerikanische Onlinemedium werde künftig keine anonymen Postings mehr zulassen, gab Firmenchefin Arianna Huffington im August 2013 bekannt. Sie ist der Überzeugung, dass die Rüpel im Netz »immer aggressiver und garstiger« werden.[25]

Es ist ein höchst emotionaler Streit. Die einen sehen in der Anonymität lediglich ein Tool, um andere verletzen und hinterrücks attackieren zu können. Sie fordern wie Arianna Huffington, dass man zu seiner Meinung auch mit dem eigenen Namen zu stehen habe – zumindest in Zeitungsforen. Die anderen schreien dann gleich: »Zensur!« Ihre Angst ist, dass weniger Anonymität zu weniger Meinungsfreiheit führt, weil dann viele zurückschrecken würden, ihre ehrliche Meinung zu äußern. Die folgenden Zitate sollen illustrieren, mit welchen Argumenten die Klarnamendebatte geführt wird.

»Guardian«-Mitarbeiterin Mariam Cook, eine Verfechterin der Anonymität, warnt vor der Gefahr, dass sich die User selbst zensurieren: »Journalisten lächeln stolz auf ihren Autorenbildern, sie haben sich eine Position erarbeitet, in der sie selbstsicher zu verschiedensten Themen ihre Meinung äußern können, in Print und im Web. Jedoch nicht jeder kann so frei schreiben – auch wenn ihre Worte nicht weniger wertvoll sind. Michel Foucault schrieb einmal: ›Wenn der Häftling niemals sicher ist, wann er beobachtet wird, wird er zu seinem eigenen Wächter.‹«[26]

Der deutsche Blogger Martin Weigert steht zwischen den beiden Polen. Er plädiert nicht für ein generelles Verbot der Anonymität, sondern dafür, vermehrt den eigenen Namen einzusetzen,

---

[24] Pseudonymität wird in diesem Buch oft synonym mit Anonymität verwendet, da Pseudonymität eine (und im Netz die häufigste) Form von Anonymität ist.

[25] Darrow, a.a.O.

[26] Cook, Mariam: In defence of anonymity online, online unter http://www.theguardian.com/commentisfree/2010/mar/17/protecting-online-anonymity (Stand: 3. August 2013, Übers. ins Deutsche von I. B.).

was an einigen Orten im Web bereits üblich ist. Auf netzwertig.com schreibt er: »Auch da ich selbst mit offenen Karten spiele und mich nicht hinter einer Anonymität verstecke, erwarte ich von Kritikern, dass sie dies ebenfalls tun und mir auf gleicher Augenhöhe begegnen. Natürlich bedeutet dies nicht, dass ich anonyme Kritik ignoriere. Nur lassen sich dabei Zweifel am Motiv niemals ganz aus dem Weg räumen, im Gegensatz zu einem Kommentar, der mit einer realen Identität verknüpft ist. Nur derartiges Feedback besitzt die Authentizität und den Nachdruck, um bei mir als Autor einen maximalen Effekt zu erreichen.«[27]

Die deutsche Politik hat sich bereits mit dem Thema befasst. Innenminister Hans-Peter Friedrich (CSU) schlug 2011 vor, die Anonymität abzuschaffen, denn »in der demokratischen Auseinandersetzung streiten wir mit offenem Visier auf Basis unserer verfassungsmäßigen Spielregeln. Warum sollte das im Internet anders sein?«[28] Worauf Sebastian Nerz, der damalige Vorsitzende der Piratenpartei, antwortete: »Herr Friedrich greift hier einen der Grundpfeiler unserer Demokratie an. Meinungsfreiheit bedeutet, seine Meinung ohne Angst vor Konsequenzen frei sagen zu können. In letzter Instanz ist dies nur anonym möglich.«[29]

Auch in Österreich wird immer wieder über die Anonymität im Netz gestritten. Die Schriftstellerin Julya Rabinowich schilderte zum Beispiel im »Standard«, dass sie selbst eine Zeitlang anonym postete und merkte, dass sie online viel aggressiver wurde und Dinge schrieb, die ihr heute unangenehm sind: »Die Lektion ist hart und nicht

---

[27] Weigert, Martin: Das Glaubwürdigkeitsproblem anonymer Kritik, online unter http://netzwertig.com/2010/07/09/identitaet-im-netz-das-glaubwuerdigkeitsproblem-anonymer-kritik/ (Stand: 13. März 2013).

[28] Zit. nach Handelsblatt: Blogger sollen Identität preisgeben, online unter http://www.handelsblatt.com/politik/deutschland/innenminister-friedrich-blogger-sollen-identitaet-preisgeben-/4473318.html (Stand: 25. August 2013).

[29] Zit. nach Heise online: Innenminister stellt Anonymität im Netz zur Disposition [2. Update], online unter http://www.heise.de/newsticker/meldung/Innenminister-stellt-Anonymitaet-im-Netz-zur-Disposition-2-Update-1319242.html (Stand: 25. August 2013).

herzlich: Leider ist nicht nur Humor (…) ansteckend. Boshaftigkeit ist ansteckend. Hass ist ansteckend.«[30]

In der Debatte werden zum Teil sehr radikale Positionen vertreten, mitunter wird Anonymität als etwas grundlegend Niederträchtiges dargestellt oder – von der anderen Seite – jede Facette der Anonymität verteidigt, so als gäbe es gar kein Problem mit der Namenlosigkeit. Beides ist in meinen Augen nicht ganz richtig und ich möchte ein paar Grautöne in dieses monochrome Bild einfügen. Vor allem bin ich der Meinung, dass es in der Klarnamendebatte nicht nur um unseren Umgang mit Namen geht, sondern um eine noch grundlegendere Frage: Wie sollen das Miteinander und die öffentliche Debatte in der digitalen Gesellschaft aussehen?

Das Internet befindet sich gegenwärtig in einer bedeutenden Phase seiner Entwicklung. In den Anfangstagen des Webs stand das Individuum im Vordergrund; die Möglichkeiten, sich zu entfalten, mit seiner Identität zu spielen, vielleicht auch ein bisschen auszuflippen, wurden mit Begeisterung wahrgenommen. Mittlerweile ist das Netz ein Massenmedium mit realer Bedeutung für unseren Alltag geworden; die Kollaboration und das soziale Miteinander spielen eine immer größere Rolle – und somit auch die Bedürfnisse der Gemeinschaft beziehungsweise der Community. Zunehmend geht es um die Frage, welche Regeln und Normen die Community braucht und wie die Bedürfnisse des Einzelnen mit jenen der Gemeinschaft zu vereinen sind. Das ist der Grund, warum die Klarnamendebatte mit so viel Leidenschaft und Vehemenz geführt wird, geht es doch dabei um das Miteinander und um die Machtverhältnisse zwischen Individuum, Gesellschaft und Staat.

Das zeigt auch das Beispiel des Cyberdissidenten Michael Anti. Anfangs kämpfte er gegen die Sperre seines Facebook-Profils, wollte sich das nicht gefallen lassen und pochte auf das Recht der digitalen Selbstbestimmung. Doch Facebook gibt die Regeln in seinem Reich selbst vor und hat entschieden, dass Antis selbst gewählte neue Identität nicht mit diesen übereinstimmt. Bis heute ist sein Profil gesperrt.

---

[30] Rabinowich, Julya: Jenseits des Anstandsgürtels, online unter http://derstandard.at/1373513197487/Jenseits-des-Anstandsguertels (Stand: 25. August 2013).

Der Fall hat eine schöne Schlusspointe: Heute ist Anti vor allem auf Twitter aktiv. Auf diesem sozialen Netzwerk wird er nicht nur geduldet, sondern sogar als »Verified User« eingestuft – eine Art Gütesiegel für Mitglieder, deren Identität verifiziert wurde. Neben seinem Profilfoto und seinem Namen ist ein blau-weißer Haken zu sehen, der den anderen Usern signalisiert: Hier schreibt der »echte« Michael Anti. Twitter hat damit anerkannt, dass die wahre Identität des Mannes, der einst als Zhao Jing geboren wurde, mittlerweile Michael Anti lautet.[31]

Facebook und Twitter haben also eine sehr unterschiedliche Zugangsweise dazu, wie sie Online-Identitäten verwalten und inwieweit sie Anonymität erlauben. Während Facebook hier sehr streng ist, erlaubt Twitter dezidiert Pseudonyme. Wäre ihm dies ein Anliegen gewesen, hätte sich Michael Anti auf Twitter auch »flauschhase127« nennen können.

Das macht deutlich, dass Websites und ihre Programmierer eine ungeheure Macht haben. Sie legen fest, welche Form von menschlicher Interaktion sie erlauben. Das Internet ist somit nicht wertneutral. Im Code und in der Architektur einer Website sind auch Wertvorstellungen ihrer Schöpfer und Betreiber enthalten, sie geben den Rahmen vor, innerhalb dessen sich die User bewegen können. Die User wiederum können entscheiden, ob ihnen der Code und die darin enthaltenen Wertvorstellungen gefallen, ob sie eine Website aufrufen wollen oder nicht. Manchmal finden die User außerdem Schlupflöcher oder verstoßen gegen die Regeln: Auf Facebook geben viele gar nicht ihren richtigen Namen an, da ihnen das suspekt erscheint. Trotzdem wird ihr Profil nicht gelöscht, denn Facebook hat bei Weitem nicht genügend Mitarbeiter, um alle Accounts auf Echtheit zu überprüfen.

Internetfirmen, Regulierungsbehörden, die Politik und die User – sie alle haben einen Einfluss darauf, wie das Netz aussieht. In den letzten Jahren kann man einen Trend hin zu mehr Klarnamen beobachten, nicht zuletzt aufgrund des großen Erfolgs von Facebook. Aber auch Facebook ist nicht der Auslöser, sondern nur Symptom

---

[31] Michael Anti twittert unter https://twitter.com/mranti

einer größeren Entwicklung: der Verschmelzung unseres Lebens online und offline.

Die Hoffnungen der Internetpioniere und die bittere Realität: mehr Überwachung

1995, zwei Jahre nach dem erwähnten Cartoon im »New Yorker«, wonach im Internet niemand weiß, dass man tatsächlich ein Hund ist, erschien Sherry Turkles Buch »Leben im Netz«.[32] Darin erklärt sie, was das Comic schon andeutete: dass viele Menschen online mit ihrer Identität spielen, in eine neue Rolle schlüpfen oder einfach mal ausprobieren, wie es denn wäre, würde man sich komplett anders aufführen.

Die Soziologin Turkle hat den Zeitgeist der Neunzigerjahre in Worte gefasst, die Begeisterung verschriftlicht, die viele Menschen bei ihren ersten Erlebnissen im Web verspürten. Die anonyme Kommunikation im Netz kann eine befreiende Wirkung haben, Menschen das Gefühl geben, online Teile ihrer Persönlichkeit ausleben zu können, die sie im strengen Korsett ihrer Offline-Identität anscheinend verbergen müssen.

Turkle lehrt am renommierten Massachusetts Institute of Technology (MIT) und befragte für ihr Buch zahlreiche Teilnehmer von Online-Rollenspielen, sogenannten MUDs, kurz für »Multi-User Dungeons«, streng genommen Chatrooms, in denen sich Internetuser trafen und gemeinsam Abenteuer in einer textbasierten Welt durchspielten.[33] Mittlerweile sind MUDs aus der Mode gekommen,

---

[32] Der englische Originaltitel lautet: »Life on the Screen: Identity in the Age of the Internet«. Die deutsche Übersetzung erschien im Jänner 1998 bei Rowohlt. Die Zitate stammen aus dieser Erstauflage.

[33] Weil sie aus vielen Chaträumen bestehen, in denen User von einem Raum zum anderen gehen und dort unterschiedliche Dinge oder Szenarien vorfinden, ist von »Multi-User Dungeons« die Rede. Viele frühe MUDs orientierten sich am Pen-and-Paper-Rollenspiel »Dungeons and Dragons«, in dem mehrere Mitspieler Charaktere entwerfen und dann gemeinsam ein fantasybasiertes Abenteuer im Kopf erleben. Im Onlinespiel ist ein »Dungeon« ein Raum, in dem sich die Spieler mit ihren Figuren bewegen. Die klassische Form des MUD ist eine Welt aus Text, in der einem die Räumlichkeiten durch Worte beschrieben werden; oft

weil sich die Technik weiterentwickelt hat und bombastische dreidimensionale Spielewelten die kruden Chaträume ersetzt haben. Aber man kann sagen, die MUDs waren die Vorläufer von heutzutage populären Games wie »World of Warcraft«, dessen Fantasy-Welt Millionen von Usern bevölkern.[34]

Die Soziologin wandte sich den Rollenspielern zu, weil diese Teil einer Gemeinschaft sind. Gewisse Spielerfolge erreicht man nur, wenn man sich mit anderen zusammenschließt, Teil einer »Gilde« wird. Für das Zusammenspiel ist es notwendig, sich einen Charakter auszusuchen, zum Beispiel kann man einen leicht reizbaren Zwerg wählen, eine geheimnisvolle Magierin oder einen fiesen Dieb. Man entwirft sich eine neue Online-Persönlichkeit. Dazu schreibt Turkle: »In MUDs wird der Körper jedes Spielers durch dessen textuelle Beschreibung repräsentiert, sodaß der Beleibte schlank, der Schöne unscheinbar und der ›Langeweiler‹ interessant sein kann. (…) Die Anonymität der MUDs – in denen man nur unter dem oder den Namen seiner Figur oder Figuren bekannt ist – gibt einem die Freiheit, vielfältige und oftmals unerforschte Aspekte seines Selbst zum Ausdruck zu bringen, mit seiner Identität zu spielen und neue Identitäten auszuprobieren.«[35]

So kommt es, dass viele User sonst unterdrückte Facetten ihrer Persönlichkeit online ausleben, positive wie negative Eigenschaften. Ein 21-jähriger Student, der sich online besonders aggressiv verhielt, erklärt im Buch: »Das steckt irgendwie in mir drin, aber ehrlich gesagt, ich vergewaltige lieber in MUDs, wo ich keinen Schaden anrichten kann.« Eine 26-jährige Büroangestellte wird mit den Worten zitiert: »Ich bin nicht eine Person, ich bin viele. Jeder Teil läßt sich in den MUDs vollständiger ausdrücken als in der Echtwelt.

können die User durch Sprach-Eingaben und Programmierbefehle auch eigene Räumlichkeiten erschaffen. Mit der Zeit wurden die MUDs immer mehr zu einem optischen Erlebnis. Aus diesen grafischen MUDS entwickelte sich schließlich das Spiele-Genre MMORPG (kurz für »Massively Multiplayer Online Role-Playing Game«). Das bekannteste MMORPG ist wohl »World of Warcraft«, das in seiner stärksten Zeit mehr als zehn Millionen Spieler verzeichnete.

[34] Das Internet ist bekanntlich ein Ort, in dem man jeden Fetisch ausleben kann – das inkludiert auch die MUDs, für Fans dieses Genres gibt es weiterhin entsprechende Seiten, zum Beispiel http://www.mudconnect.com/

[35] Turkle, Sherry: Leben im Netz, Rowohlt, Hamburg 1998, S. 14.

Auch wenn ich mehr als ein Selbst in den MUDs auslebe, empfinde ich mich beim MUDding mehr als ›mich selbst‹.«[36]

Online kommt mein wahres Ich hervor. Dieser Satz beschreibt das Gefühl vieler User, die sich in Chatrooms oder Onlinespielen eine neue Persönlichkeit geschaffen haben. Doch es ist ein trügerisches Gefühl; der Unterschied ist bloß, dass soziale Schranken und gewissermaßen auch Sicherheitsmechanismen wegfallen.

In den Anfangstagen des Webs träumten viele Menschen davon, dass uns dies freier und toleranter machen würde. Herkunft, Geschlecht, sozialer Status würden keine Rolle mehr spielen, weil die Anonymität alle irgendwie gleich macht und auch vor sozialen Repressionen schützt. In der Tat kann die digitale Kommunikation ein Tool zum Empowerment sein. Zum Beispiel können unsichere User online Selbstvertrauen schöpfen, weil sie sich in Chatrooms eher trauen, das Wort zu ergreifen. Es gibt viele Menschen, die online, auch dank des Schutzes der Anonymität, gereift sind; die etwas über sich selbst oder für ihr Leben gelernt haben. Die Kehrseite der Medaille ist jedoch, dass einen diese Freiheit des Netzes auch überfordern kann, dass soziale Schranken manchmal einen guten Grund haben.

Sherry Turkle beschrieb beide Phänomene schon in den 1990er-Jahren, erzählt etwa von einer Userin, die große Schwierigkeiten mit ihrer extrem religiösen Mutter hat. Im Rollenspiel schlüpfte die junge Frau dann selbst in die Rolle einer Mutter – so wie sie sich eine ideale Mutter vorstellte. Auf diese Weise konnte sie tatsächlich ihren Mutter-Tochter-Konflikt aufarbeiten, eine versöhnlichere Haltung zu ihrer Mutter einnehmen und wieder auf sie zugehen. Turkle vergleicht das mit einer klassischen Arbeitsmethode der Psychotherapie, dem Durcharbeiten von Grundkonflikten und Herausentwickeln neuer emotionaler Lösungen.[37]

Bedenklich wird das Identitätsspiel aber dann, wenn es den User emotional überfordert. Turkle schildert den Fall des 23-jährigen Physikstudenten Stewart, der an einer Herzkrankheit litt, schüchtern war und kaum Freunde hatte. Im MUD entwarf er als sein

---

[36] Ebd., S. 297 f.
[37] Vgl. ebd., S. 301 ff.

- **Und warum nun über das Ende der Anonymität diskutiert wird**

Über-Ich einen extrem extrovertieren, geselligen, charmanten Charakter namens »Achilles«. Der Spieler fühlte sich online befreit und vertraute Chatpartnern seine innersten Gefühle und seine Lebensgeschichte an, was aber letztendlich zu einem Kontrollverlust führte. Turkle schreibt, dass erfahrene Psychotherapeuten genau das vermeiden wollen: Der Patient soll nicht gleich alle Schutzmechanismen ablegen, denn auch diese erfüllen einen Zweck. »Für Stewart wurde das MUD-Leben nicht zu einem Ort der Aufarbeitung, sondern mehr und mehr zu einem Ort, wo ihn genau die Schwierigkeiten heimsuchten, mit denen er im wirklichen Leben zu kämpfen hatte.«[38] Offline erlebte er erst recht wieder ein Gefühl des Scheiterns, weil seine neue Online-Identität von seinem wirklichen Ich viel zu weit entfernt war; Stewart konnte daraus keine Lehren für sein Offline-Leben ziehen.

Anonymität – und das daraus resultierende Spiel mit der Identität – ist also nicht automatisch gut oder schlecht. Dieses Spiel kann einen befreien oder überwältigen. Vor allem aber, und das ist die wichtigste Erkenntnis, haben unsere Online-Handlungen Konsequenzen. Dass heutzutage viel mehr über Klarnamen und die Abschaffung der Anonymität geredet wird, liegt auch daran, dass diese Konsequenzen immer ernster genommen werden. Denn das Web ist kein Raum, der losgelöst vom Rest der physischen Welt existiert. Auch wenn das tatsächlich mancher Netzpionier postuliert hat.

Kaum ein Dokument bringt dies so auf den Punkt wie die »Unabhängigkeitserklärung des Cyberspace«, die der Musiker und libertäre Cyberrechtler John Perry Barlow 1996 verfasste. Dort heißt es vollmundig:

»Regierungen der industriellen Welt, ihr müden Riesen aus Fleisch und Stahl, ich komme aus dem Cyberspace, dem neuen Zuhause des Geistes. Im Auftrag der Zukunft bitte ich euch aus der Vergangenheit, uns in Ruhe zu lassen. Ihr seid nicht willkommen. Ihr habt keine Souveränität, wo wir uns versammeln.«[39]

---

[38] Ebd., S. 321.
[39] Im Original: Barlow, John Perry: A Declaration of the Independence of Cyberspace, online unter https://projects.eff.org/~barlow/Declaration-Final.html (Stand: 15. August 2012, Übers. ins Deutsche von I. B.).

Dazu muss man wissen, dass seit jeher in der Netzkultur ein großes Misstrauen gegenüber dem Staat herrscht. Menschen wie Barlow hatten von Anbeginn die Angst, dass die großen Freiheiten des Webs wieder abgeschafft würden und sich die Regierungen den digitalen Raum einverleiben könnten. Barlow behauptete sogar, dass das Netz nicht Teil des »Hoheitsgebiets« herkömmlicher Staaten sei, im Cyberspace würde stattdessen ein neuer »Gesellschaftsvertrag« geschrieben. Er träumte von einer egalitären Gemeinschaft ohne »Vorurteil bezüglich Rasse, Wohlstand, militärischer Macht und Herkunft«.[40]

Barlow schrieb nicht nur die Unabhängigkeitserklärung des Cyberspace, die den Diskurs nachhaltig beeinflusste, sondern auch Texte für die Band »Grateful Dead«, er gründete mit anderen die Electronic Frontier Foundation, die berühmteste NGO, die sich für Bürgerrechte in digitalen Zeiten einsetzt. Und auch wenn ich seine extrem libertären Ansichten nicht teile, schätze ich seinen unermüdlichen Kampf gegen staatliche Eingriffe in die Meinungsfreiheit und die Grundrechte im Netz. Im Jahr 2013 wurde er dafür auch in die »Internet Hall of Fame« aufgenommen.[41]

Barlow hat das Verständnis von Anonymität im Netz mitgeprägt, fast schon eine Ideologie daraus gemacht. Im unabhängigen Cyberspace spielt die Offline-Identität angeblich keine Rolle, oder wie es in der Unabhängigkeitserklärung heißt: »Eure juristischen Konzepte von Eigentum, Meinungsäußerung, Identität, Bewegung und Kontext spielen für uns keine Rolle. Sie basieren alle auf der Materie. Und hier gibt es keine Materie.«[42]

Für mich hört sich das fast schon esoterisch an, aber es gibt tatsächlich Menschen, die das glauben. Ich habe für das Buch mit Internetforenpostern gesprochen, denen Anonymität extrem wichtig ist. Sehr oft wollen diese Anonymitäts-Verfechter nicht einmal sagen, wie alt sie sind oder welches Geschlecht sie haben; sie glauben an den

---

[40] Vgl. ebd.
[41] Die Internet Hall of Fame zeichnet Menschen aus, die einen maßgeblichen Beitrag für die Entwicklung des Netzes geleistet haben. Hier ist der Beitrag zu John Perry Barlow zu finden: http://www.internethalloffame.org/inductees/john-perry-barlow
[42] Ebd. (Übers. ins Deutsche von I. B.)

unabhängigen Cyberspace, in dem sich das bessere Argument irgendwann durchsetzen wird. Und sie wollen unter keinen Umständen mit ihrer Offline-Identität in Verbindung gebracht werden. Journalisten glauben oft, diese Poster würden ihren Namen aus purer Feigheit nicht angeben. Das wäre aber eine verkürzte Darstellung, denn viele hängen tatsächlich dieser Netzideologie an, dass aus der Anonymität ein besserer Mensch geboren wird.

Allein, ganz so hat sich das nicht erfüllt, und man sieht eher, dass anonym Niederträchtigkeiten ausgetauscht werden. Auch John Perry Barlows Hoffnungen wurden enttäuscht. Erstens weil es die Nationalstaaten, die »Riesen aus Fleisch und Stahl«, erfolgreich geschafft haben, sich den digitalen Raum einzuverleiben, wie etwa die Online-Spionage des amerikanischen Geheimdienstes zeigt. Zweitens weil die Idee vom Cyberspace als losgelöster Raum für viele Menschen nicht praktikabel ist. Auch viele User wollen, dass der Staat notfalls eingreift. Wer beschützt sie sonst vor fiesen Attacken, vor Datendiebstahl oder anderer Kriminalität?

Heutzutage scheint es ziemlich schrullig, würde man behaupten, dass das Netz zu einem selbstverwalteten, unabhängigen Raum werden soll. Aber vor knapp zwei Jahrzehnten war John Perry Barlow längst nicht der Einzige, der darauf hoffte. 1996 prophezeiten die beiden Juristen David Johnson und David Post in der »Stanford Law Review« einen Cyberspace mit »seinen eigenen Gesetzen und Rechtsinstitutionen«, der getrennt sei von der »Doktrin im Einklang mit territorialer Rechtshoheit«.[43]

Die beiden Rechtswissenschaftler postulierten, dass das Netz ein diverser Raum sei und die Communitys deswegen in Zukunft ihre eigenen Regeln entwerfen würden. Grundsätzlich ein cleverer Gedanke, denn auch heute zeigt sich, dass es im Web unterschiedliche Usancen gibt. Denken wir nur an Twitter und Facebook: Dort herrschen unterschiedliche Regeln im Umgang mit der Anonymität. Allerdings irrten die beiden Juristen darin, dass diese Regeln mit

---

[43] Johnson, David R./Post, David: Law and Borders – The Rise of Law in Cyberspace. In: Stanford Law Review, Ausgabe 48, Nummer 5, Stanford 1996, S. 1367 (Übers. ins Deutsche von I. B.). Das Dokument ist downloadbar unter: http://papers.ssrn.com/sol3/papers.cfm?abstract_id=535

echten Gesetzen vergleichbar seien und sich online sogar gesetzgebende Körperschaften herausbilden würden. So schrieben sie etwa: »Regierungen können die elektronische Kommunikation, die außerhalb ihrer Grenzen entspringt, nicht stoppen, auch wenn sie das wollen. Ebenso wenig können sie glaubwürdig das Recht einfordern, das Netz zu reglementieren, da angeblich Bürgern ein Schaden entsteht durch Aktivitäten, deren Ursprung außerhalb ihrer Grenzen liegt und die auf elektronischem Weg viele verschiedene Staaten erreichen. (…) Nichtsdestoweniger werden die etablierten Behörden weiterhin behaupten, dass sie die neuen Internetphänomene analysieren und regulieren müssten bezüglich ihrer physischen Verortung. Immerhin argumentieren sie, dass Menschen, die online kommunizieren, noch immer in der materiellen Welt leben und es rechtmäßigen lokalen Behörden möglich sein muss, Probleme zu beseitigen, die in der physischen Welt von jenen verursacht werden, die im Netz tätig sind. Die Entstehung verantwortungsbewusster gesetzgebender Institutionen innerhalb des Cyberspace steht jedoch in krassem Gegensatz zu dem Argument, dass das Netz ›rechtsfrei‹ sei.«[44]

Doch ganz so einfach ist nicht wegzuargumentieren, dass die technische Infrastruktur des Internets in der physischen Welt verankert ist. Webserver – auf ihnen liegen unsere Daten – stehen immer auf dem Territorium irgendeines Staates. Das Netz entspringt notgedrungen der physischen Welt. Und mehr als das: Mittlerweile ist es gar nicht mehr so leicht, die Grenze zwischen Offline- und Online-Leben zu ziehen, was die Frage erübrigt, ob Gerichte auch für das Netz zuständig sein sollen.

Die untrennbare Verbindung von Online und Offline ist ein wesentlicher Grund, warum sich diese hehren Cyberutopien nicht erfüllt haben und die Anonymität im Netz so sehr zum Streitthema wird. Juristisch ist die Debatte längst entschieden. Nach allgemeiner gegenwärtiger Rechtsauffassung ist das Internet »weniger ein Ort (…), der in seiner Grundstruktur vom Leben außerhalb des Internets getrennt ist und kaum Verbindungen dorthin aufweist; sondern

---

[44] Ebd., S. 1390 (Übers. ins Deutsche von I. B.).

eher ein allgegenwärtiges Tool«.[45] So drückt es zumindest Harvard-Professor Jonathan Zittrain aus, einer der bekanntesten Experten im Bereich Internetrecht.

Es dürfte schon klar geworden sein, dass ich keine Anhängerin von libertären Netzseparatisten wie John Perry Barlow bin. In meinen Augen ist es gut, wenn herkömmliche Gerichte über digitale Streitfragen entscheiden. Unser Rechtsstaat dient dem Schutz des Bürgers – zumindest im Idealfall.

Das Schlimme ist, dass gerade der Rechtsstaat online ausgehöhlt wird. Bürgerrechte werden beschnitten, Polizei- und Geheimdienstbefugnisse werden ausgedehnt. Das kritisieren John Perry Barlow und die Bürgerrechtsorganisation Electronic Frontier Foundation völlig zu Recht. Die NGO thematisiert immer wieder das Ungleichgewicht zwischen Bürgern und Staat im Netz, und sehr häufig geht es dabei um Fragen der Anonymität. Regime wie China, aber auch Demokratien wie die USA oder Staaten der Europäischen Union wollen wissen, wer sich hinter einem Netz-Pseudonym versteckt.

Neue Gesetze, die die digitale Kommunikation regeln sollen, sind oft unausgewogen. Während die Interessen von Geheimdiensten, Polizeibehörden oder Internetfirmen willfährig berücksichtigt werden, werden die Rechte der Bürger vernachlässigt. Der Netzbevölkerung fehlt es an einer starken Lobby, die auch auf die Einhaltung der Bürgerrechte im Netz pocht.

Nur selten können umstrittene Rechtsänderungen durch heftige Proteste in letzter Sekunde noch gestoppt werden, so etwa das Handelsabkommen ACTA (Anti-Counterfeiting Trade Agreement) im Jahr 2012. Nach europaweiten Demonstrationen und starker Berichterstattung verhinderte das Europäische Parlament schließlich diesen internationalen Vertrag gegen Produktpiraterie. Das Handelsabkommen ist ein Paradebeispiel für Unausgewogenheit: Es hätte die Befugnisse von Grenzbehörden und großer Firmen massiv ausgedehnt, die Rechte der Konsumenten wurden aber nur am Rande erwähnt

---

[45] Zittrain, Jonathan: Be Careful What You Ask For: Reconciling a Global Internet and Local Law, Harvard 2003, PDF downloadbar unter http://ssrn.com/abstract=535 (Übers. ins Deutsche von I. B.).

oder sogar eingeschränkt. Kein Wunder, dass der Vertragstext auch etlichen Rechtsexperten zu einseitig erschien.[46]

Leider ist ACTA eine seltene Ausnahme, ein Erfolg unter sehr vielen Misserfolgen, darunter die Internet-Überwachung des amerikanischen Geheimdienstes NSA und die europäische Vorratsdatenspeicherung.

VON DER VORRATSDATENSPEICHERUNG BIS ZUR NSA: WIE ANONYM SIND WIR WIRKLICH?

Wie definiert man Anonymität überhaupt? Auf den ersten Blick ist das ganz einfach. Als »Nichtbekanntsein, Nichtgenanntsein; Namenlosigkeit«, so beschreibt es das Wörterbuch.[47] Und doch ist der Begriff eine Spur komplexer, gerade im Zusammenhang mit dem Internet. Einerseits ist das Gefühl der Anonymität online bei vielen Usern viel ausgeprägter. Sie fühlen sich fast schon unsichtbar – weil sie weder mit ihrem Namen noch als Person am Bildschirm für andere sichtbar werden. Meist ist der User für die anderen nur mit einem Pseudonym sichtbar, und solche Pseudonyme lassen sich schnell ändern.

Somit gibt es auch unterschiedliche Grade der Anonymität: Wenn ich online ein fixes Pseudonym verwende, bin ich zwar noch immer anonym, aber stärker als Person sichtbar. Zum Beispiel kann ich ein und denselben Nickname auf verschiedenen Websites verwenden und anderen die Möglichkeiten geben, mehr über mich zu erfahren. Sie können etwa nachforschen, was der User »lovehurts21« oder »die_ingrid« auf Websites wie YouTube, Twitter, Wikipedia, Foodspotting, flickr etc. gemacht hat. So entsteht oft ein ziemlich

---

[46] Grenzschutz- und Polizeibehörden bekamen diverse Rechte eingeräumt, es fehlten jedoch Sicherheitsmechanismen, mit denen sich zu Unrecht Beschuldigte verteidigen konnten. Der größte Kritikpunkt an ACTA aber lautete, dass das Abkommen überaus undemokratisch zustande gekommen war: Der Text war hinter verschlossenen Türen verhandelt worden, die breite Öffentlichkeit wurde erst darüber informiert, als schon alles ausformuliert war, Änderungen wären keine mehr möglich gewesen. Und so stimmte das EU-Parlament mit großer Mehrheit dagegen.

[47] Duden: Anonymität, die, online unter http://www.duden.de/rechtschreibung/Anonymitaet (Stand: 9. September 2013).

detailliertes Bild von mir als Person, selbst wenn man meinen vollen Namen nicht kennt.

Andererseits ist die Anonymität im Netz auch sehr trügerisch. Wem gegenüber ist man als Internetuser überhaupt noch anonym? Hier zeigt sich, dass Staaten und große Internetkonzerne sehr viel wissen – sehr viel mehr, als den meisten bewusst ist. Wirklich unidentifizierbar sind wir oft nur für andere Internetuser. Wenn wir über Anonymität im Netz reden, meinen wir in erster Linie die Anonymität unter Gleichrangigen, dass andere Internetuser nicht wissen, wer sich hinter einem Nickname versteckt.

Viel transparenter sind wir hingegen für Internetfirmen und den Staat. Viele Webdienste haben zumindest die E-Mail-Adresse ihrer Mitglieder oder noch viel sensiblere Informationen wie die Kreditkartennummer, in vielen Fällen können sie den einzelnen User also ausfindig machen.

Durch die umfangreiche Speicherung von Daten wird das grundsätzliche Konzept der Anonymität herausgefordert. Denn diese Daten lassen sich mit anderen verknüpfen und dadurch mitunter Rückschlüsse auf die Identität des einzelnen Anwenders ziehen – selbst wenn es sich auf den ersten Blick um einen anonymen User handelt. Im August 2006 veröffentlichte AOL 20 Millionen Suchanfragen von 657.000 Usern. Die Daten waren sorgfältig anonymisiert worden, der Username etwa wurde durch Zahlen ersetzt. Die Information sollte Forschern helfen, wissenschaftliche Erkenntnisse aus dem Suchverhalten so vieler Menschen zu gewinnen. Womit der Internetkonzern nicht gerechnet hatte: Obwohl AOL die einzelnen User anonymisierte, konnten Journalisten einen Betroffenen ausfindig machen. Redakteure der »New York Times« fanden User Nummer 4417749. Es handelte sich um eine ältere Dame aus dem US-Bundesstaat Georgia, die online nach »männlichen Singles um die 60«, »Gesundheitstee« und »Gartenbaufirmen in Lilburn, Ga« gesucht hatte. Als sie die »New York Times« kontaktierte, sagte sie: »Meine Güte, das ist mein ganzes Privatleben.«[48]

---

[48] Vgl. Mayer-Schönberger, Viktor/Cukier, Kenneth: Big Data. Die Revolution, die unser Leben verändern wird. Redline, München 2013. S. 194 f.

Ein immer größer werdendes Geschäftsfeld heißt »Big Data«. Dabei geht es darum, aus den gesammelten riesigen Datenmengen neue Erkenntnisse zu gewinnen. Firmen nutzen Big Data für verschiedenste Zwecke, etwa um das Kaufverhalten ihrer Kunden besser analysieren zu können. Das ist oft praktisch, zum Beispiel wenn einem der schlaue Algorithmus von Amazon.de ein Buch vorschlägt, das man tatsächlich lesen möchte. Dafür wird nämlich unser bisheriges Kaufverhalten analysiert und mit den Bestellungen anderer User verglichen.

Das Problem ist nur: Es fehlt bisher eine Debatte darüber, wie weit Big Data gehen darf. Zunehmend stellt sich die Frage, inwiefern wir durch die Verknüpfung so vieler Daten und den Erkenntnisgewinn daraus überhaupt noch die Möglichkeit haben, unidentifizierbar zu bleiben. Viele Internetfirmen verkaufen die anonymisierten Daten ihrer Kunden – werden mehrere solcher Daten miteinander kombiniert, ist der Einzelne womöglich erst recht wieder ausforschbar. Der Jurist Viktor Mayer-Schönberger, ein gebürtiger Österreicher, der das Vorwort für vorliegenden Titel verfasst hat und in Oxford lehrt, hat mit dem »Economist«-Journalisten Kenneth Cukier ein Buch namens »Big Data« geschrieben, in dem sie auch das Datenschutzdilemma inmitten der Datenflut erklären:

»Ein technischer Ansatz zum Datenschutz, die Anonymisierung, hilft in vielen Fällen ebenfalls nicht mehr. Anonymisierung bedeutet, dass aus einem Datenbestand alle Daten gelöscht werden, die einen Betroffenen persönlich identifizieren, zum Beispiel Name, Adresse, Kreditkartennummer, Geburtsdatum und Sozialversicherungsnummer. Die so behandelten Datensätze können analysiert und weitergegeben werden, ohne dass jemandes Privatsphäre verletzt wird. In einer Welt mit wenigen Daten mag das funktionieren. Aber Big Data, mit mehr und vielfältigeren Daten, erleichtert die Re-Identifikation anonymisierter Datenbestände.«[49]

Aber man muss oft gar nicht riesige Datenbanken heranziehen oder clevere Algorithmen einsetzen, um einen Internetuser auszuforschen. Insbesondere die staatlichen Behörden bekamen in den letzten Jahren zunehmend Befugnisse eingeräumt, um anonyme,

---

[49] Ebd., S. 194.

verdächtige Internetuser ausforschen zu können. Hier hat sich das Gleichgewicht zwischen Staat und Bürger bereits verschoben.

Wie werden User in der Regel ausgeforscht? Technisch funktioniert das folgendermaßen: Jeder Internetbenutzer bekommt eine IP-Adresse zugewiesen, genauer gesagt wird die IP-Adresse dem jeweiligen Internetaccount zugeteilt, mit dem man sich einloggt. Die IP-Adresse ist quasi ein digitaler Fußabdruck oder eine virtuelle Nummerntafel.[50] Viele Websites speichern diese IP-Adresse. Hinterlässt jemand zum Beispiel auf meinem Blog einen Kommentar, kann ich einsehen, welche IP-Adresse der User hat.

So eine IP-Adresse ist allerdings eine sehr kryptische Information. Da steht nicht »Hans Huber, 4020 Linz«, sondern eine Zahl mit Punkten dazwischen, zum Beispiel: 80.109.70.182. Als normaler Internetuser kann man fremden IP-Adressen bis zu einem gewissen Punkt nachforschen und eine »Whois«-Abfrage machen (dafür gibt es etliche Websites).[51] Diese verrät, welchen Internetprovider jemand benutzt und aus welchem Land die Adresse stammt.[52]

Der Staat hat die Möglichkeit, den Besitzer dieser Adresse ausfindig zu machen – ähnlich wie er auch den Besitzer einer Nummerntafel ermitteln kann.[53] Wobei in demokratischen Staaten wie Österreich oder Deutschland dafür meist die Einwilligung eines Richters notwendig ist.

---

[50] Dazu passend wurde das Netz in den Neunzigerjahren auch als Informationshighway bezeichnet. Die IP-Adresse wäre dann das Nummernschild auf der virtuellen Straße.

[51] Zum Beispiel: http://www.heise.de/netze/tools/whois/

[52] Es gibt übrigens statische und dynamische IP-Adressen. Wer einen Internetaccount mit statischer IP-Adresse hat, dessen IP-Adresse bleibt immer gleich. Bei dynamischen IP-Adressen bekommen die User immer wieder andere Nummern zugewiesen, allerdings müssen die Telekomunternehmen auch sechs Monate lang aufzeichnen, wer wann zu welchem Zeitpunkt welche IP-Adresse zugewiesen bekam. Dies sieht zumindest die österreichische Umsetzung der Vorratsdatenspeicherung vor.

[53] Der Unterschied ist, dass IP-Adressen nicht immer gleich bleiben. Bei vielen Internetprovidern wird den Usern immer wieder eine andere Nummer zugewiesen. Außerdem ist es für erfahrene User möglich, die eigene IP-Adresse zu maskieren und sich hinter einer anderen Nummernabfolge zu verstecken. Das ist übrigens ganz legal.

2 Wie das Internet die Anonymität revolutionierte

Konkret können die Behörden in Verdachtsfällen (mit richterlicher Anordnung oder entsprechenden Polizeibefugnissen) von den Internetanbietern die Auskunft einholen, welcher Kunde hinter welcher IP-Adresse steckt. Die Ermittler können etwa vom Internetanbieter UPC die Information anfordern, wer am 23. März um 9:15 Uhr die IP-Adresse »80.109.70.182« verwendet hat.[54] Zumindest funktioniert das in den meisten Fällen so; Profis können mit verschiedenen Tools ihre IP-Adresse verschleiern. Je nach Kenntnissen des Users und der eingesetzten Technik funktioniert das mehr oder weniger gut.[55]

Die allermeisten User nutzen keine Anonymisierungstechnologien, sind also in der Regel ausforschbar. Das heißt, der Internetuser ist so lange anonym, bis der Staat diese Anonymität aufhebt. Viele Staaten haben die Möglichkeit zur De-Anonymisierung rechtlich ausgebaut und Ermittlern mehr Befugnisse eingeräumt, damit sie User auch noch einige Zeit später ausforschen können. Eines der berühmtesten Beispiele ist die europäische Vorratsdatenspeicherung.

Diese EU-Richtlinie schreibt vor, dass Internetanbieter die Verbindungsdaten ihrer Kunden mindestens ein halbes Jahr lang speichern müssen. Verbindungsdaten sind die Information über das Kommunikationsverhalten der Bürger. Gespeichert wird: Mit wem hat jemand wann, wo und wie lange telefoniert? Wem hat er SMS gesendet und von wo? Wem hat er E-Mails geschickt? Wann war er wie lange im Internet? Im Rahmen der Vorratsdatenspeicherung müssen österreichische Internetanbieter auch für mindestens sechs Monate speichern, wer wann welche IP-Adresse zugewiesen

---

[54] Genauer gesagt kann die Polizei herausfinden, wem der UPC-Anschluss gehört, der zu dieser Zeit die jeweilige Adresse zugewiesen bekam. Der Internetanbieter weiß natürlich nicht, ob der offizielle Besitzer dieses Internetanschlusses am Computer saß, dessen 13-jährige Tochter, sein WG-Kollege oder der Nachbar, der sich den Anschluss mit ihm teilt.

[55] Interessanterweise könnte es mitunter in den USA rechtliche Konsequenzen haben, wenn man seine IP-Adresse ändert. Das Landesgericht in Northern Carolina kam in einem Fall zum Schluss, dass die Verschleierung der eigenen IP-Adresse strafbar ist, wenn man damit auf Webseiten zugreifen will, für die man mit der eigentlichen Adresse gesperrt wurde. Siehe: Brodkin, Jon: Changing IP address to access public website ruled violation of US law, online unter http://arstechnica.com/tech-policy/2013/08/changing-ip-address-to-access-public-website-ruled-violation-of-us-law/ (Stand: 25. September 2013).

bekam. So können die Exekutivbehörden im Verdachtsfall ein halbes Jahr rückwirkend nachvollziehen, wer hinter einer solchen Adresse steckte.[56] Nicht gespeichert werden die Inhaltsdaten, also etwa die Information, welche Seiten ein User besucht hat oder was in der E-Mail stand, die er verschickt hat.

Die Vorratsdatenspeicherung ist so umstritten, weil sie eine pauschale Datenspeicherung darstellt. Man stelle sich vor, es gäbe ein ähnliches Überwachungssystem im Straßenverkehr und Nummerntafeln würden einer ebenso strengen Kontrolle unterliegen. In diesem Fall würde der Staat von den Autoversicherungen verlangen, ein halbes Jahr lang aufzuzeichnen, wo sich welches Auto wann befunden hat. Auch hier würden nicht die Inhaltsdaten gespeichert (also, was die Person in dem Fahrzeug getan hat, wer neben ihr saß), trotzdem entstünde ein genaues Protokoll der Verbindungsdaten, also der gesamten Bewegung des Autos. Nie im Leben würden es die Politiker wagen, ein derartiges Gesetz für den Straßenverkehr zu erlassen! Im Netz allerdings geht das, weil die digitale Kommunikation für viele Menschen noch immer ein sehr vages Konzept ist und die Auswirkungen solcher Polizeibefugnisse oft nicht verstanden werden.[57]

Deswegen sind auch einige namhafte Verfassungsjuristen Gegner der Vorratsdatenspeicherung, so mancher Richter hat schon Zweifel geäußert hinsichtlich der konkreten Umsetzung. In Deutschland erklärte das Bundesverfassungsgericht die Vorratsdatenspeicherung im März 2010 für verfassungswidrig und nichtig. Die Höchstrichter hielten die Speicherung von Vorratsdaten zwar nicht per se für verfassungswidrig, aber die Umsetzung war ihrem Urteil nach zu

---

[56] Die Vorratsdatenspeicherung bezieht sich auch nicht rein auf das Internet, sie schreibt ebenso vor, dass Verbindungdaten von Festnetz-Telefonaten und Handy-Anrufen mindestens ein halbes Jahr lang gespeichert werden. Damit können rückblickend sehr genaue Profile erstellt werden, wann sich jemand wo bewegt hat, denn viele Menschen tragen ihr Mobiltelefon jederzeit mit sich, und gespeichert wird auch die Position des Handys.

[57] Auch ist es online oft viel leichter, solche Überwachungsmethoden umzusetzen. Die Daten sind oft ohnehin schon vorhanden und digital, somit leicht speicherbar. Auch wird Speicherplatz immer günstiger, was Firmen und Staaten ermuntert, riesige Datenmengen zu sammeln, weil man vielleicht später – verknüpft mit anderen Datenbanken – Schlüsse daraus ziehen könnte.

vage, und sie forderten klarere Vorgaben, in welchen Fällen Behörden auf die Daten zugreifen können. Seitdem die Richter in Karlsruhe das Gesetz für nichtig erklärt haben, gibt es keine Vorratsdatenspeicherung in Deutschland, obwohl dies von der EU-Richtlinie eigentlich vorgeschrieben wird. Politisch ist dieses Thema brisant, doch es sieht so aus, als wolle die große Koalition in Deutschland trotz heftiger Kritik einen zweiten Anlauf wagen.

Streng genommen muss jeder EU-Staat die Vorratsdatenspeicherung umsetzen, sonst verstößt er gegen eine Vorgabe der Union, und es drohen hohe Strafzahlungen. Aus diesem Grund führte auch Österreich nach langem Zögern die pauschale Datenspeicherung mit 1. April 2013 ein – kurz bevor die Republik wegen Säumigkeit eine Strafe hätte zahlen müssen. Die österreichische Umsetzung ist relativ zurückhaltend. So müssen österreichische Internetprovider die Daten nur ein halbes Jahr lang speichern, möglich wären bis zu zwei Jahre Speicherpflicht gewesen. Doch auch hier wurde eine pauschale Datenspeicherung aller User angeordnet.

Deswegen wird auch die österreichische Umsetzung rechtlich bekämpft. Während dieses Buch geschrieben wird, findet vor dem Europäischen Gerichtshof (EuGH) ein Verfahren dazu statt. Die Hauptkritik lautet: Man kann die pauschale Vorratsdatenspeicherung nicht grundrechtsfreundlich gestalten. Durch die pure Tatsache, dass von jedem Bürger die Verbindungsdaten aufgezeichnet werden, werden wir alle wie potenzielle Kriminelle behandelt – egal wie gut dann die Sicherheitsmechanismen oder wie hoch die Anforderungen für die Polizei sind, auf diese Daten zuzugreifen. Die Datenschützer erklären das gern mit den Worten: Ein »bisschen Vorratsdatenspeicherung«, also eine wahrhaft milde Umsetzung, sei ebenso wenig möglich, wie »ein bisschen schwanger« zu sein.

Wie konnte es überhaupt dazu kommen, dass die EU eine dermaßen umstrittene Richtlinie beschloss? Erklärbar ist das mit der allgemeinen Stimmung, die nach den Bomben-Anschlägen von Madrid (März 2004) und London (Juli 2005) herrschte. Plötzlich wurde sichtbar, dass Terroristen auch in Europa unerkannt agieren können, und sicherheitspolitische Scharfmacher wie der damalige britische Premierminister Tony Blair sahen ihre Chance gekommen. Schon Jahre zuvor hatten er und andere dieses Überwachungstool gefordert, nun konnten sie es auf europäischer Ebene durchsetzen. Die Vorratsdatenspeicherung wurde also erst in der Post-9/11-Ära mehrheitstauglich, in einer übernervösen Zeit, in der die Angst vor dem Terror zu einem massiven Ausbau der polizeilichen Überwachung führte.

Die Vorratsdatenspeicherung engt die Anonymität ein, wir Europäer sind nun länger rückwirkend ausforschbar. Aus juristischer Sicht sind Bestimmungen wie diese Richtlinie etwas Neues, sie stellen einen Paradigmenwechsel im Grundrechtsverständnis dar. Früher sollte das Strafrecht einen »Antwortcharakter« haben. Die Polizei wurde aktiv, wenn jemand eine Straftat beging oder zu einer Straftat aufrief. Heute geht es immer mehr darum, Straftaten zu verhindern, wenn sie sich erst in der Planungsphase befinden. Oder wie es unter Juristen heißt: Die Polizei möchte vor dem Täter am Tatort sein.

Sogar der »Täter« ist mittlerweile nicht mehr zentral, gesucht wird der »Gefährder«. Soll heißen, die Behörden recherchieren oft nicht konkrete Straftaten, die sich bereits ereignet haben, sondern verdächtiges Verhalten. Problematisch ist das aus rechtlicher Sicht, weil die Polizei schon massive Rechte einfordert, wenn noch gar keine Straftat begangen wurde, und für den Einzelnen, weil er die Datenspeicherung tolerieren muss in der Hoffnung, einen sogenannten Gefährder zu finden. Juristisch stellt sich die Frage, ob dies noch verhältnismäßig ist.

Der Rechtsstaat baut darauf auf, dass in Bürgerrechte nur eingegriffen wir, wenn dies absolut gerechtfertigt ist. Behörden müssen das gelindeste Mittel anwenden, um für Sicherheit zu sorgen. Gerade was unsere Anonymität und die digitale Kommunikation betrifft, gerät dieses Gleichgewicht zwischen Bürger und Staat allerdings zusehends ins Wanken. Nichts zeigt das so sehr wie die Überwachungstools des amerikanischen Geheimdienstes NSA, der National Security Agency. Auch deren Abhörprogramme wurden in der Post-9/11-Phase möglich, als Terrorfahnder zunehmend Rechte zugestanden bekamen und richterliche Kontrolle sukzessive eingeschränkt wurde.

Bekannt wurde all das im Sommer 2013. Der Amerikaner Edward Snowden spielte mehreren Medien, vor allem der britischen Tageszeitung »The Guardian«, geheime Dokumente zu. Die Überwachungsprogramme tragen Namen wie PRISM oder XKEYSCORE und ermöglichen es dem US-Geheimdienst, ungeheure Mengen an digitaler Kommunikation abzufangen und auszuwerten.[58]

Der damals 29-jährige IT-Spezialist Snowden hatte Zugriff auf diese Informationen, weil er sowohl für NSA und CIA als auch für die Technologie-Firma Booz Allen Hamilton gearbeitet hatte, die die NSA bei ihrer Netzspionage berät. Die Dokumente, von denen einige mittlerweile auszugsweise veröffentlicht wurden, zeichnen ein düsteres Bild.

Auf welche Daten kann die NSA demnach zugreifen? Erstens: Auf E-Mails, Facebook-Einträge und Chatnachrichten. Und zwar nicht nur auf die Verbindungsdaten, also wann wer wem eine Nachricht gesendet hat, sondern sogar auf den Inhalt dieser Nachrichten. Zweitens: Auf nahezu alle Web-Aktivitäten. Auch hier werden Facebook-Nachrichten, E-Mails, aber auch das Surfverhalten abgespeichert, Bilder, nach denen man gesucht, Wikipedia-Artikel, die man gelesen hat. Dies geht zumindest aus den Berichten des »Guardian« über das Programm XKEYSCORE hervor. Drittens: Auf Telefonate. Anscheinend werden die Verbindungsdaten nahezu aller Anrufe innerhalb der USA gespeichert, hier geht es also um die Information, wer wann mit wem wie lang telefoniert hat. Gespeichert werden demnach Milliarden von Telefonverbindungen pro Tag. Bei manchen Telefonaten wird laut Berichten auch das komplette Gespräch aufgezeichnet, allerdings betrifft das vermutlich nur einen weit kleineren Teil der Anrufe, nicht zuletzt, weil solche Audiodateien wesentlich mehr Speicherplatz benötigen. Viertens: Nicht einmal verschlüsselte Kommunikation ist unbedingt sicher; laut internen Dokumenten, die dem »Guardian« zugespielt wurden, kann der amerikanische Geheimdienst sogar große Teile von verschlüsselter Kommunikation knacken, was auch sehr viele Sicherheitsexperten überrascht hat.[59]

---

[58] Die National Security Agency ist der Auslandsgeheimdienst der USA, der für die weltweite Telekommunikationsüberwachung zuständig ist.

[59] Vgl. Stray, Jonathan: FAQ: What You Need to Know About the NSA's Surveillance Programs, online unter http://www.propublica.org/article/nsa-data-collection-faq (Stand: 23. August 2013). Vgl. auch Ball, James/Borger, Julian/Greenwald, Glenn: Revealed: how US and UK spy agencies defeat internet privacy and security, online unter http://www.theguardian.com/world/2013/sep/05/nsa-gchq-encryption-codes-security (Stand: 9. September 2013).

• Und warum nun über das Ende der Anonymität diskutiert wird

Auch die NSA setzt also auf Big Data, sammelt (ähnlich wie viele Internetfirmen) riesige Datenmengen und versucht aus dem Meer an Information einzelne Verdächtige herauszufischen. Es ist wohl kaum so, dass der Geheimdienst alles und jeden jederzeit überwacht. Eher entsteht der Eindruck, dass sie Tag für Tag riesige Mengen an Verbindungsdaten sammelt, diese automatisiert auswertet und dann auch noch im Detail nachsehen kann. »Beinahe alles, was ein User online tut«, ist laut den internen Unterlagen einsehbar.[60]

Das exakte Ausmaß und wie das technisch genau funktioniert, welcher IT-Konzern wie mit der NSA kooperiert, all das ist – während ich dieses Buch schreibe – noch nicht bekannt. Aber ein Eindruck erhärtet sich: Die USA haben das umfassendste Schnüffelprogramm seit der Erfindung des Internets eingerichtet.[61]

Am 31. Juli 2013 bekam Edward Snowden von Russland ein Jahr Asyl gewährt, sehr zum Missfallen der USA, die eine Auslieferung des Whistleblowers verlangen.[62] Warum hatte sich Snowden dazu entschieden, die Machenschaften des US-Geheimdienstes offenzulegen? Im »Guardian« erklärte er: »Ich will nicht in einer Gesellschaft leben, die diese Art von Dingen macht (...). Ich will nicht in einer Welt leben, wo alles, was ich tue und sage, aufgezeichnet wird. Ich bin nicht bereit, das zu unterstützen oder damit zu leben.«[63]

Die US-Regierung bestreitet gar nicht die Existenz dieser Überwachungsprogramme. Stattdessen verweist man im Weißen Haus

---

[60] Greenwald, Glenn: XKeyscore: NSA tool collects ›nearly everything a user does on the internet‹, online unter http://www.theguardian.com/world/2013/jul/31/nsa-top-secret-program-online-data (Stand: 23. August 2013).

[61] Die rechtliche Grundlage von PRISM bildet das amerikanische Abhörgesetz FISA. Der »Foreign Intelligence Surveillance Act« reguliert, inwiefern die NSA ausländische Kommunikation überwachen darf, ist jedoch auch innerhalb der USA umstritten. Denn das Gesetz schwächt gängige rechtsstaatliche Sicherheitsmechanismen ab.

[62] Vgl. Heritage, Timothy/Holland, Steve: Russia gives Snowden asylum, Obama-Putin summit in doubt, online unter http://www.reuters.com/article/2013/08/01/us-usa-security-snowden-russia-idUSBRE9700N120130801 (Stand: 23. August 2013).

[63] Zit. nach MacAskill, Ewan: Edward Snowden, NSA files source: ›If they want to get you, in time they will‹, online unter http://www.theguardian.com/world/2013/jun/09/nsa-whistleblower-edward-snowden-why/print (Stand: 17. Juni 2013, Übers. ins Deutsche von I. B.).

darauf, dass hauptsächlich Menschen außerhalb der USA betroffen seien.[64] Aufgabe der NSA ist es, ausländische Kommunikation abzuhören. Eine wahrhaft perfide Argumentation für uns Europäer: Heißt das etwa, Grundrechte wie der Schutz der eigenen Privatsphäre gelten nur für US-Bürger? Rechtlich ist all dies möglich, weil die NSA nach 9/11 ungeheure Befugnisse eingeräumt bekam.[65] Auf dem Papier gibt es zwar eine vage juristische Kontrolle durch ein geheimes Gericht, den sogenannten FISA Court.[66] Doch überprüft dieses Gericht in erster Linie, ob von der Überwachung keine US-Amerikaner direkt betroffen sind.[67] Will die NSA aber einen Europäer, Afrikaner oder Australier überwachen, braucht sie nicht für jeden einzelnen Fall eine eigene richterliche Erlaubnis – so wie das rechtlich üblich ist. Oder wie es die Rechercheplattform ProPublica sehr treffend beschreibt: Wenn man kein US-Bürger ist, ist alles möglich. »Es scheint, als gebe es keinerlei rechtliche Einschränkungen, was die NSA mit der Kommunikation von Nicht-US-Bürgern tun kann.«[68]

Wo bleibt der große Aufschrei? Gewiss, einige europäische Politiker haben die USA getadelt, die EU will nachrecherchieren. Angesichts des ungeheuren Ausmaßes der Überwachung ist es aber überraschend, dass nicht härtere diplomatische Sanktionen folgten. Warum lässt sich Europa das gefallen? Womöglich deswegen, weil einige europäische Geheimdienste ebenfalls von den Daten profitieren, die die US-Behörden sammeln. Und weil es auch innerhalb der EU ähnliche Programme gibt.

---

[64] Vgl. Stein, Sam: Obama Administration On PRISM Program: ›Only Non-U.S. Persons Outside The U.S. Are Targeted‹ (UPDATE), online unter http://www.huffingtonpost.com/2013/06/06/obama-administration-prism-program_n_3399858.html (Stand: 29. Juni 2013).

[65] Hier eine schöne Timeline, wie bürgerliche Rechte in den USA abgebaut und Überwachungsinstrumente ausgebaut wurden: http://projects.propublica.org/graphics/surveillance-timeline

[66] »Foreign Intelligence Surveillance Court«. Es ist jenes Kontrollgremium, das entscheidet, was die NSA genau tun darf.

[67] Totenberg, Nina: Why The FISA Court Is Not What It Used To Be, online unter http://www.npr.org/2013/06/18/191715681/why-the-fisa-court-is-not-what-it-used-to-be (Stand: 29. Juni 2013).

[68] Stray, a.a.O. (Übers. ins Deutsche von I. B.)

• Und warum nun über das Ende der Anonymität diskutiert wird

Kurz nachdem PRISM aufgeflogen war, stellte sich heraus, dass die Briten ebenfalls ein weitreichendes Überwachungsprogramm haben. So berichtete der »Guardian« vom Programm namens Tempora, womit der britische Geheimdienst GCHQ (Government Communications Headquarters) Glasfaserkabel anzapfen und ebenfalls große Mengen weltweiter E-Mails, Facebook-Meldungen und das Surfverhalten von Usern überwachen soll.[69] Inhalte würden demnach für drei Tage, Verbindungsdaten für 30 Tage gespeichert. Die Briten kooperieren laut der Zeitung auch mit den amerikanischen Kollegen. In Frankreich wiederum berichtete »Le Monde«, dass dort sowohl Telefonate als auch die Webkommunikation überwacht und Verbindungsdaten auf riesigen Servern gespeichert würden. Auch fehle hier eine ernsthafte Kontrolle. Die Pariser Tageszeitung spricht übrigens vom »Big Brother français«.[70]

Es scheint, als würden viele europäische Politiker ein doppeltes Spiel spielen. Öffentlich plädieren sie für den Schutz der Privatsphäre, inoffiziell kooperieren ihre Geheimdienste mit den Amerikanern oder betreiben sogar selbst den Lauschangriff aufs Internet. Fliegen solche Eingriffe in die Bürgerrechte auf, wird stets mit der unsichtbaren Gefahr des internationalen Terrors argumentiert. So sagte etwa US-Präsident Barack Obama: »Man kann nicht hundert Prozent Sicherheit haben und dann auch hundert Prozent Privatsphäre und null Unbequemlichkeiten.«[71]

Diese Argumentation ist irreführend, denn eine hundertprozentig sichere Gesellschaft ist eine Utopie. Strebt ein Staat dennoch danach, muss er immer mehr Freiheiten seiner Bürger opfern.

---

[69] Vgl. MacAskill, Ewan u.a.: GCHQ taps fibre-optic cables for secret access to world's communications, online unter http://www.theguardian.com/uk/2013/jun/21/gchq-cables-secret-world-communications-nsa (Stand: 23. August 2013).

[70] Vgl. Follorou, Jacques/Johannès, Franck: Révélations sur le Big Brother français, online unter http://www.lemonde.fr/societe/article/2013/07/04/revelations-sur-le-big-brother-francais_3441973_3224.html (Stand: 23. August 2013).

[71] Zit. nach Spetalnick, Matt/Holland, Steve: Obama defends surveillance effort as ›trade-off‹ for security, online unter http://www.reuters.com/article/2013/06/08/us-usa-security-records-idUSBRE9560VA20130608 (Stand: 9. September 2013, Übers. ins Deutsche von I. B.).

Gefährlich für eine Demokratie wird das dann, wenn die Öffentlichkeit, wenn der einzelne Bürger nicht mehr über das Ausmaß der Überwachung informiert wird; wenn also Bürgerrechte heimlich demontiert werden. Oder wie es Whistleblower Edward Snowden ausdrückte: »Ungeniert die Öffentlichkeit anzulügen ist Beweis einer untergrabenen Demokratie.«[72]

Was unsere Anonymität im Netz betrifft, sind all diese Dinge deswegen Quelle von Unbehagen, weil man als User gar nicht richtig einschätzen kann, ob man denn anonym ist, inwiefern alle Aktionen im Rahmen einer riesigen digitalen Rasterfahndung erfasst werden. Eine Demokratie baut jedoch darauf auf, dass die Bürger eines Staates zumindest in groben Zügen wissen, welche Befugnisse die staatlichen Ermittlungsbehörden haben. Nur so ist eine demokratische Kontrolle möglich.

Doch hier fehlt ein entsprechendes Bewusstsein. Als PRISM aufflog, wurde viel darüber diskutiert, aber sogar renommierte und erfahrene Journalisten unterschätzten anfangs die Bedeutung der Abhöraffäre. Bei einer Fernsehdiskussion erklärte etwa der angesehene »Standard«-Journalist und Politik-Kommentator Eric Frey, ihm würde PRISM kein mulmiges Gefühl verschaffen: »Es regt mich das ganze Thema auch überhaupt nicht emotional auf, weil ich ohnehin davon ausgehe, dass alles, was ich elektronisch tue, nicht wirklich privat ist. Wenn ich zu Hause bin in meinen eigenen vier Wänden, dann bin ich es. Wenn ich google, facebooke, auch e-maile, läuft das alles über Dutzende Server. Das ist so wie wenn ich auf der Straße gehe, da ist man oft unbeobachtet, aber gelegentlich wird man beobachtet.«[73]

Worauf Eric Frey wohl anspielte: Information im Netz ist schwer eindämmbar. Vertrauliche E-Mails lassen sich mit einem Knopfdruck an andere weiterleiten; riesige Datenbanken passen mittlerweile auf

---

[72] Zit. nach Porter, Henry: GCHQ revelations: mastery of the internet will mean mastery of everyone, online unter http://www.theguardian.com/commentisfree/2013/jun/21/gchq-mastery-internet-mastery-everyone (Stand: 29. Juni 2013, Übers. ins Deutsche von I. B.).

[73] Konkret handelte es sich um die Sendung »Pro und Contra« vom 17.6.2013 des Senders »Puls 4«. Das Video ist online einsehbar unter http://www.puls4.com/video/austrianews/play/2115606

einen USB-Stick. In der Tat erhöht dies die Wahrscheinlichkeit, dass Geheimnisse oder Privates veröffentlicht werden. Die goldene Regel aller IT-Sicherheitsexperten lautet: Absolut vertrauenswürdige Informationen sollte man vielleicht nicht mailen oder sicherheitshalber verschlüsseln. Das erschwert den Zugriff Dritter darauf.

Es ist gut, wenn Menschen die Unsicherheit ihrer Daten bewusst ist. Gefährlich wird es jedoch, wenn sie gar nicht mehr fordern, online privat zu sein. Genau das wünschen sich manche Ermittler. Jürgen Maurer etwa, Vizepräsident des deutschen Bundeskriminalamts, sagte auf dem Europäischen Polizeikongress Anfang 2013, um die Vorratsdatenspeicherung zu rechtfertigen: »Wer im Internet ist, hat die Privatheit verlassen.«[74]

Tatsächlich existiert also die Vorstellung, dass wir im digitalen Raum, im Zeitalter der vernetzten Kommunikation keinen Anspruch auf Privatsphäre mehr haben, dass also Bürgerrechte im Internet nicht gelten. Natürlich ist das ein Unsinn, und vor allem ist es demokratiepolitisch gefährlich. Unser Leben findet immer mehr im digitalen Bereich statt, auch im digitalen Umfeld müssen Grundrechte gelten. Vor hundert Jahren haben die Menschen Briefe geschrieben, heute schreiben sie E-Mails. Warum sollte das Briefgeheimnis nicht auch für E-Mails gelten?

Hier werden Grundrechte ausgehöhlt, weil das offenbar online leichter umsetzbar ist. Datenschützer warnen davor, dass folglich eine Art Selbstzensur eintritt und Menschen zweimal darüber nachdenken, ehe sie eine Suchanfrage in Google eintippen oder eine Website ansteuern. Wolfgang Blau, Direktor der Digitalstrategie des »Guardian«, hat diese Sorge schön auf den Punkt gebracht: »Wenn jeder weiß, dass alles, was abgefragt und gesagt wird, aufgezeichnet und auf verdächtige Verhaltensmuster hin analysiert wird, dann wird das unweigerlich beeinflussen, was wir anzusprechen wagen; und es

---

[74] Heise: Polizeikongress: Wer ins Internet geht, verlässt die Privatheit, online unter http://www.heise.de/newsticker/meldung/Polizeikongress-Wer-ins-Internet-geht-verlaesst-die-Privatheit-1806851.html (Stand: 15. August 2013).

wird unsere Gesellschaft verändern, unsere Meinungsfreiheit und sogar unsere Gedankenfreiheit reduzieren.«[75]

Ich persönlich glaube nicht, dass wir schon an diesem Punkt angekommen sind und in einem Big-Brother-Staat leben. Zumindest besteht aber die Gefahr, dass das sensible Gleichgewicht zwischen Staat und Bürger noch mehr ins Wanken gerät. Der Rechtsprofessor Daniel J. Solove von der George Washington University zum Beispiel ist ein renommierter Kritiker der NSA-Befugnisse und schreibt schon seit Jahren über dieses Thema. Ihn beunruhigt, dass die Bürger nicht wissen, welche Informationen über sie gesammelt und wofür diese eingesetzt werden: »Es handelt sich um ein strukturelles Problem, bei dem es darum geht, wie Menschen von staatlichen Einrichtungen behandelt werden.« Auf diese Weise entstünde ein Ungleichgewicht im Machtverhältnis zwischen den Einzelnen und der Regierung.[76]

Wird die Anonymität im Internet von Staaten und ihren Geheimdiensten eingeschränkt, wirkt sich das freilich auf dieses Machtverhältnis zwischen der Regierung und ihrer Bevölkerung aus. Wie schon im historischen Kapitel angesprochen, kann Anonymität ein Machtinstrument sein, etwa um jemanden hinterrücks zu attackieren, aber auch um staatliche Missstände anzusprechen. Umso bedenklicher ist es, wenn diese Möglichkeit von Regierungen eingeschränkt wird – noch dazu ohne eine öffentliche Debatte und das Wissen des Bürgers.

Im Kern geht es also darum, dass wir aufpassen müssen, dass hart erkämpfte Grundrechte nicht wieder schrittweise abgebaut

---

[75] Ich zitiere hier einen öffentlichen Eintrag, den Wolfgang Blau auf Facebook verfasst hat. Er verlinkte die Enthüllungen des Guardian und kommentierte diese mit den Worten: »What does this scoop by the Guardian have to do with my personal search queries on Google and my daily routines in Facebook and with Apple, you might ask? If everybody knows that everything asked and said is being tracked and analyzed for suspicious patterns, then this will inevitable affect what we dare to ask and so will change society and reduce our freedom of speech and even our freedom of thought.« Siehe: Blau, Wolfgang: Facebook-Eintrag vom 7. Juni 2013, online unter https://www.facebook.com/wolfgang.blau/posts/10151684797990960 (Stand: 18. August 2013).

[76] Solove, Daniel J.: »I've Got Nothing To Hide« and other misunderstandings of privacy, online unter http://ssrn.com/abstract=998565 (Stand: 18. August 2013, Übers. ins Deutsche von I. B.).

werden – auch online, wo dies offenbar leichter geht. Das große Problem dabei ist, dass viele Menschen das Netz noch immer nicht ganz ernst nehmen, dass sie es nicht für ein reales Medium halten.

Der grösste Irrtum: Was man online tut, hat keine Konsequenzen

Natürlich wissen viele Menschen, dass das Internet wichtig ist und dass Firmen wie Facebook einflussreiche Weltmarken sind, allein Google machte im Jahr 2012 mehr als 50 Milliarden US-Dollar Umsatz.[77] Das Problem ist nur: So ganz ernst nehmen viele Menschen das Netz nicht. Auch was man selbst online tut, wirkt oft konsequenzenlos, fast wie ein Spiel. So wird ja auch zwischen dem Real Life und dem Virtual Life unterschieden, dem »realen« Leben offline und dem vermeintlich »virtuellen« Leben online.

Auch diese gedankliche Trennung zwischen »RL« und »VL« stammt aus den Anfangstagen des Internets, als das Web ein komplett anderer Ort und kaum mit der realen Welt verknüpft war. Wer sich Anfang der 1990er-Jahre einen Internetzugang zulegte, konnte online oft nicht mit seinen »realen« Freunden kommunizieren: Die hatten meist noch kein Modem. Ging man damals online, tauschte man sich tatsächlich eher mit Fremden aus, also den Online-Bekanntschaften. Auch war die digitale Kommunikation ein bewusster Akt: Das Modem pfiff und krächzte beim Einwählen, jede Minute im Netz kostete viel Geld und bei den meisten Anschlüssen konnte man gar nicht telefonieren, während man online eingewählt war. Kaum ein Mensch war damals rund um die Uhr verbunden oder einfach nebenbei im Netz.

Heute ist das ganz anders. Viele von uns sind permanent online, ohne groß darüber nachzudenken. Ich persönlich habe zum Beispiel immer das Smartphone dabei und schaue so beiläufig darauf, wie viele Menschen früher auf ihre Uhr geschaut haben. Unsere Online-Identität verschmilzt zunehmend mit der Offline-Identität. Das beste

---

[77] Vgl. Google: Google Inc. Announces Fourth Quarter and Fiscal Year 2012 Results, online unter http://investor.google.com/earnings/2012/Q4_google_earnings.html (Stand: 9. September 2013).

Beispiel dafür ist Facebook: Die Seite wurde deswegen so populär, weil man sich online nicht mit Wildfremden, sondern mit Freunden und Bekannten vernetzt. Unser Offline-Netzwerk wurde somit auch zum Online-Netzwerk. Und diese Entwicklung wird in den nächsten Jahren noch zunehmen.

Viele Begriffe, die wir auch noch heute für das Internet verwenden, sind kurios. Das Wort »Cyberspace« zum Beispiel stammt ursprünglich aus der Science Fiction[78] und beschreibt digitale Parallelwelten. In Romanen und Filmen wird der Cyberspace oft als Stadt bestehend aus Daten dargestellt, in der man sich mit seinem virtuellen Körper bewegt. Das ist natürlich skurril, weil die Architektur des Netzes nicht aus digitalen Hochhäusern, sondern aus ganz normalen Websites besteht. Anders als im Film »Tron« (1982) werden wir nicht in den Computer hineingesaugt und in einer virtuellen Umgebung rematerialisiert, wenn wir die digitale Welt besuchen.[79]

Wo endet der virtuelle Raum und wo fängt der reale an? Heute ist das nicht mehr so einfach zu entscheiden. Man könnte sagen, der »Cyberspace« legt sich wie eine Folie über unsere Realität, das Internet wird so allgegenwärtig wie Elektrizität. Am schönsten hat das womöglich der »Guardian«-Redakteur Oliver Burkeman zusammengefasst. Er kam zum Schluss: »Das Internet ist vorbei.« Eigentlich mache es keinen Sinn, vom Netz als unabhängigem Raum zu sprechen, denn er sei längst kein »eindeutig räumlich getrenntes Ding« mehr.[80] Vielleicht wird uns der Begriff »Internet« in Zukunft sogar seltsam vorkommen, wenn sich das digitale Netz als eine zusätzliche Informationsebene über unsere Welt spannt.

---

[78] Als »Vater des Cyberspace« gilt der Cyberpunk-Autor William Gibson. Der Begriff kam erstmals in der Kurzgeschichte »Burning Chrome« vor. Hier ein wunderbarer Text über den Science-Fiction-Autor und seine Wortschöpfung: http://www.wired.com/science/discoveries/news/2009/03/dayintech_0317

[79] »Cyberspace« ist übrigens nur einer von vielen Computerbegriffen, die aus Science-Fiction-Werken entnommen wurden. Ebenfalls ist das bei Wörtern wie dem »Virus« oder dem E-Mail-»Wurm« der Fall. Eine unterhaltsame Liste findet man unter http://blog.oup.com/2009/03/science-fiction/

[80] Burkeman, Oliver, SXSW 2011: The internet is over, online unter http://www.theguardian.com/technology/2011/mar/15/sxsw-2011-internet-online (Stand: 26. April 2013, Übers. ins Deutsche von I. B.).

- Und warum nun über das Ende der Anonymität diskutiert wird

In diese Richtung gehen Ideen wie die »Augmented Reality«, die mit digitaler Information erweiterte Realität. Ein Beispiel dafür ist die Datenbrille »Google Glass«, die dem Träger zusätzliche Infos zu seiner Umgebung liefern soll. So kann man auf den Gläsern angezeigt bekommen, wie man zu einer gewünschten Adresse findet. Ob sich dieses Produkt durchsetzen wird, muss sich erst zeigen, eines ist aber abzusehen: Wir stehen am Anfang einer großen technologischen Entwicklung, im Laufe derer das Netz zum allgegenwärtigen Tool wird.

Die Verschmelzung von Online und Offline bedeutet unweigerlich auch, dass viele zwischenmenschliche Konflikte im vermeintlich »virtuellen« Raum ausgetragen werden. Dazu ein etwas kurioser Fall aus dem Süden Österreichs:

Eine 22-jährige Kärntnerin wollte sich an einer Bekannten angeblich rächen. Diese soll böse Gerüchte über sie gestreut und sie in ihrem sozialen Umfeld schlechtgemacht haben. Die junge Frau war wütend und wollte sich revanchieren; das Instrument ihrer Rache: Facebook. Sie legte ein gefälschtes Facebook-Profil an, gab sich als Mann aus und trat mit ihrem Opfer in Kontakt. Ein intensiver Chatkontakt entstand, über mehrere Monate hinweg tauschten die zwei Nachrichten aus, bis sich ihre Chatpartnerin in den erfundenen »Mann« verliebte.

Es kam, wie es kommen musste: Nach elf Monaten flog der Schwindel auf, mit schwerwiegenden Konsequenzen. Die getäuschte Chatpartnerin erkrankte an Depressionen, als ihr bewusst wurde, dass es ihren Schwarm gar nicht gab. Die 22-jährige Profil-Fälscherin musste sich daraufhin vor Gericht wegen Täuschung und Fälschung verantworten. Sie hatte sogar eine Geburtsurkunde und einen Führerschein gefälscht, um die Täuschung aufrechtzuerhalten; beides strafbare Handlungen. Vor Gericht sagte die reumütige Frau: »Ich habe nicht erwartet, dass das so ernst wird. Irgendwann habe ich es nicht mehr kontrollieren können.«[81] Der Fall endete mit einer Diversion, sie musste 70 Stunden gemeinnützige Arbeit verrichten und 500 Euro Schadensersatz leisten.

---

[81] Fercher, Wolfgang: Prozess: Frau gab sich im Internet als Mann aus, online unter http://www.kleinezeitung.at/kaernten/klagenfurt/klagenfurt/3362959/prozess-frau-gab-sich-internet-mann.story (Stand: 7. August 2013).

2 Wie das Internet die Anonymität revolutionierte

Immer wieder staunen Menschen, dass das, was sie im Netz tun, ernsthafte Konsequenzen hat. Aber warum auch nicht? Eine Beleidigung oder eine fiese Täuschung tut nicht weniger weh, nur weil sie »virtuell« erfolgte. Weil viele Menschen Erfahrungen mit solchen Verletzungen gemacht haben, wird auch die Klarnamendebatte immer intensiver geführt. Wurde dieses Spiel mit der Identität und das damit verbundene Konzept der radikalen Anonymität in den Anfangstagen des Webs noch umjubelt, sind heute zusehends auch die Schattenseiten sichtbar – oft unter dem Stichwort »Cybermobbing«. Der Ärger darüber wächst, weil Online und Offline verschmelzen und somit das eigene Handeln im Netz wesentlich mehr Auswirkungen auf den Alltag außerhalb des Netzes hat.

Wann gehört Anonymität aufgehoben? Wann gehört sie geschützt? Immer öfter müssen sich Gerichte mit diesen Fragen beschäftigen. Zum Glück haben wir diese Organe des Rechtsstaats, um auch in komplexen Fällen eine Abwägung treffen zu können. Ehe wir uns den dunkleren Seiten des Netzes zuwenden, möchte ich noch einige Beispiele bringen, bei denen jemandem das Recht auf Anonymität zugesprochen wurde. Sie sollen exemplarisch schildern, dass es auch in funktionierenden Demokratien mitunter Gründe geben kann, den eigenen Namen zu verbergen.

Wann Anonymität berechtigt ist: Von Kritik an Mächtigen bis zur Pressefreiheit

Ein wichtiges Urteil fällte der deutsche Bundesgerichtshof im Juni 2009. Eine Lehrerin hatte das Bewertungsportal spickmich.de geklagt, nachdem ihr Deutsch-Unterricht mit der miserablen Note 4,3 bewertet worden war. Spickmich ist eines von vielen Portalen, auf denen Schüler ihr Lehrpersonal anonym bewerten können. Sie verteilen online Noten dafür, wie »cool und witzig«, »beliebt«, »motiviert« oder »menschlich« ein Pädagoge ist, wie »gut« sein Unterricht und wie »fair« die Noten. Vielen Pädagogen behagt das überhaupt nicht; sie kritisieren, sie würden öffentlich an den Pranger gestellt und müssten diese Kritik ertragen, ohne zu wissen, wer sie da anpatzt.

Es fehle an »Waffengleichheit«, argumentierte auch die Anwältin der Klägerin im Spickmich-Fall.[82]

Im Kern ging es darum, ob das Recht auf Anonymität sowie das auf Meinungsfreiheit mehr zählt; oder das Recht, vor übler Nachrede geschützt zu werden. Die Lehrerin meinte, sie würde sogar in ihrer Menschenwürde verletzt. Das Höchstgericht wies dies ab. In den Augen der Richter stellten die Bewertungen »weder eine unsachliche Schmähkritik noch eine Formalbeleidigung oder einen Angriff auf die Menschenwürde der Klägerin dar«.[83]

Ausschlaggebend für das Urteil war neben technischen Details[84] vor allem, dass die Lehrerin nicht als Privatperson, sondern in ihrem beruflichen Auftreten bewertet wurde. In so einem Fall, argumentierte das Gericht, sollten Meinungsäußerungen nur dann sanktioniert werden, wenn sie wirklich extremen Schaden anrichten, zur sozialen Ausgrenzung der betroffenen Lehrerin oder tatsächlich einer Prangerwirkung führten. Das sei hier aber nicht der Fall gewesen.

Es ist ein für Deutschland bahnbrechender Urteilsspruch, in dem die Richter zudem festhielten, dass die Anonymität »dem Internet immanent« sei. Sie sprachen sogar die bereits erwähnte Gefahr der Selbstzensur an. Denn: »die Verpflichtung, sich namentlich zu einer bestimmten Meinung zu bekennen, würde nicht nur im schulischen Bereich, um den es im Streitfall geht, die Gefahr begründen, dass der Einzelne aus Furcht vor Repressalien oder sonstigen negativen

---

[82] Vgl. Dreyer, Gunda: Anonymität und Autorschaft heute – Aktuelle Probleme anonymer Publikationen im Internet. In: Pabst, Stephan (Hrsg.): Anonymität und Autorschaft. Zur Literatur- und Rechtsgeschichte der Namenlosigkeit. De Gruyter, Berlin 2011, S. 359.

[83] Telemedicus: BGH: Spickmich.de, BGH, Urteil v. 23.06.2009, Az. VI ZR 196/08, online unter http://tlmd.in/u/816 (Stand: 9. September 2013).

[84] So hatten zum Beispiel Mitlesende die Möglichkeit, Fehler oder Missbrauch zu melden; dafür gab es einen Knopf namens »Hier stimmt was nicht«. Gleichzeitig konnte nicht jeder User automatisch posten, sondern musste sich zuerst registrieren und als Schüler der jeweiligen Schule ausgeben. Auch ist die Note einer Lehrkraft nicht durch Zufall auffindbar: In Google oder anderen Suchmaschinen werden die Bewertungen nicht angezeigt. Man muss schon auf Spickmich.de gezielt nach dem Namen des Lehrers oder der Lehrerin suchen. Interessant ist auch, dass alle Bewertungen gelöscht werden, wurde ein Lehrer ein Jahr lang nicht beurteilt. All das sind Sicherheitsmechanismen, um Missbrauch oder veraltete Information auszuschließen.

Auswirkungen sich dahingehend entscheidet, seine Meinung nicht zu äußern. Dieser Gefahr der Selbstzensur soll durch das Grundrecht auf freie Meinungsäußerung entgegengewirkt werden.«[85]

Beim Spickmich-Prozess ist das wohl besonders nachvollziehbar: Immerhin befinden sich Schüler in einem Abhängigkeitsverhältnis zu ihren Lehrern. Und wer würde seinen Prof schon kritisieren, wenn nächste Woche eine Schularbeit ansteht?

Das Urteil macht das Dilemma der anonymen Kritik verständlich: Natürlich war es für die Lehrerin höchst unangenehm, vielleicht sogar karrierehemmend, online nur als mäßig begabte Lehrperson dargestellt zu werden. Die anonyme Bewertung zu verbieten, würde aber einen noch viel größeren Eingriff in das Recht der Meinungsfreiheit bedeuten. Einfach gesagt: Manchmal braucht es Anonymität, um Meinungsfreiheit zu ermöglichen – besonders, wenn sich die Person, die ihre Meinung äußern soll, in einem Abhängigkeitsverhältnis befindet.

Interessanterweise hat sich dieselbe Frage auch schon in anderen Ländern gestellt, und auch in Staaten wie den USA, Großbritannien und Kanada wurden derartige anonyme »Rate-my-teacher«-Seiten von Gerichten erlaubt. Nur in Frankreich urteilte das Pariser Landgericht im Jahr 2008 gegen das Lehrer-Bewertungsportal Note2Be.com und untersagte die namentliche Nennung der Lehrkraft, da es sogar die Gefahr einer »Lynchjustiz« sah.[86] Das zeigt: Auch Rechtsstaaten müssen bei der schwierigen Balance der Meinungsfreiheit nicht immer zur selben Erkenntnis kommen.

Gerade bei Bewertungsportalen im Netz spielt Anonymität eine entscheidende Rolle: Viele Menschen wollen nicht ihren echten Namen angeben, wenn sie das Lokal nebenan oder den gekauften Vibrator bewerten. Spannend dazu ist auch ein Gerichtsurteil aus

---

[85] Telemedicus, a.a.O.

[86] Auf der Seite der Rechtsanwaltskanzlei Maas wird das sehr schön zusammengefasst; dort ist zu lesen: »Das Urteil hat zur Folge, dass die Lehrkräfte nicht mehr namentlich auf der Homepage genannt werden dürfen, nicht einmal mehr in den Diskussionsforen. Lediglich die Schulen selbst dürfen nun noch benotet und diskutiert werden.« Kanzlei Maas: »Note2be« – Französisches »Spick mich« unterliegt vor Gericht, online unter http://www.ra-maas.de/2008/03/07/note2be-franzoesisches-spick-mich-unterliegt-vor-gericht/ (Stand: 9. September 2013).

dem US-Staat Illinois, bei dem es nicht um einen verärgerten Lehrer, sondern einen wütenden Vermieter ging. Dieser wollte den Namen einer anonymen Posterin ausfindig machen, die auf dem Bewertungsportal Yelp einen negativen Kommentar über die Hausverwaltung hinterlassen und dabei das Pseudonym »Diana Z.« verwendet hatte. Dem Hauseigentümer missfiel die Kritik, er klagte Yelp auf Herausgabe der Daten. Doch das Gericht wies seine Klage ab. Auch hier sieht man wieder, dass Anonymität helfen kann, Fehlverhalten oder Missstände aufzuzeigen – speziell wenn man jemanden kritisiert, der eine gewisse Macht über einen hat.[87]

Nicht jeder Fall ist so klar, und manche Aussagen sind hart an der Grenze, zum Beispiel jene des Kärntner Kellners Martin Santner im Onlineforum der »Kleinen Zeitung«. Auf der Website der Regionalzeitung schimpfte er über die Rechtspopulisten in seinem Bundesland, besonders das Brüderpaar Kurt und Uwe Scheuch. Die Scheuchs sind politisch interessierten Österreichern nicht unbekannt: In etliche Korruptionsaffären und politische Eklats waren die beiden involviert. Uwe Scheuch ist mittlerweile wegen Bestechlichkeit verurteilt. Auch sind er und sein Bruder nicht gerade auf den Mund gefallen und bekannt dafür, auch mal härter im Ton zu werden.

Hart im Ton war auch Martin Santner, als er im Jänner 2012 anonym im Onlineforum über Kurt Scheuch postete: »Klag mich (…), du Halstücherl tragender (damit der Strick, der auf dich wartet, nicht so scheuert?) Kurti.« Was er nicht vermutet hatte: Der Politiker kam der Aufforderung nach.[88]

Der Online-Kommentar ist ein Streitfall. Handelt es sich um einen Meinungsexzess oder gar um eine Drohung? In einem Interview sagte Santner zu mir: »Okay, mein Posting war vielleicht provokant,

---

[87] Das gesamte Urteil ist im Web nachzulesen. Vgl. Appellate Court of Illinois, First Judicial District: Rechtsspruch Nr. 1-12-0547, online unter http://www.state.il.us/court/R23_Orders/AppellateCourt/2013/1stDistrict/1120547_R23.pdf (Stand: 9. September 2013).

[88] Brodnig, Ingrid: Die Täter hinter der Tastatur, online unter http://www.falter.at/falter/2012/11/06/die-tater-hinter-der-tastatur/ (Stand: 9. September 2013).

vielleicht frech, aber es war ganz sicher keine Drohung.«[89] Erst in zweiter Instanz gab ihm der Richter recht.[90] Das Oberlandesgericht erachtete seine Aussage für zulässig.

In diesem Fall ging es um viel mehr als um ein angriffiges Posting. Die Gebrüder Scheuch hatten begonnen, auch anderen Usern mit Klagen zu drohen, und wollten deren Identität erfahren. Santner hatte seinen Namen selbst offengelegt, weil er sich dezidiert wehren wollte und meinte, in einer emotional erhitzten Debatte sei das noch zulässig. Dass ihm in zweiter Instanz das Gericht tatsächlich zustimmte, ließ viele Poster aufatmen. Natürlich ist dieses Urteil kein Freibrief für Beschimpfungen jeglicher Art, aber es legt nahe, dass gerade streitbare Populisten nicht darauf setzen können, online mit Samthandschuhen angefasst zu werden.

Haben das Spickmich-Urteil und der Fall des Kärntner Kellners Martin Santner etwas gemein? Bei beiden geht es um die Auslegung der Meinungsfreiheit im Internet, inwieweit man Kritik an Mächtigen ermöglicht – sei es an einer Lehrerin, die einen benotet, oder an einem Politiker, der selbst nicht zimperlich in der Wortwahl ist, aber Kritikern sofort mit dem Rechtsanwalt droht.

Der Rechtsstaat kennt das Instrument der Güterabwägung, wonach die Interessen des Klägers und des Angeklagten abgewogen werden und entschieden wird, was vorrangig ist: das Recht auf Meinungsäußerung oder das Recht, vor übler Nachrede geschützt zu werden. In vielen Fällen, in denen anonym geschimpft wird, geht es genau um diese Frage.

---

[89] Das Interview mit Martin Santner fand am 31. Oktober 2013 persönlich in Klagenfurt statt.

[90] Santner hatte trotz des Freispruchs negative Konsequenzen zu tragen. Er wurde von Kurt Scheuch nämlich auch zivilrechtlich geklagt. Anfangs hatte Santner nicht einmal einen eigenen Anwalt und wurde zivilrechtlich zur Unterlassung der Aussage und Zahlung der Verfahrenskosten verurteilt, immerhin 2.150 Euro. Als Santner dann endlich einen eigenen Anwalt hatte, konnte dieser nicht mehr gegen das zivilrechtliche Urteil berufen. Diesen Betrag muss der Kärntner also zahlen. Weiterführende Artikel der »Kleinen Zeitung«: http://www.kleinezeitung.at/kaernten/klagenfurt/klagenfurt/3143139/kurt-scheuch-laesst-user-pfaenden.story und http://www.kleinezeitung.at/kaernten/klagenfurt/klagenfurt/3338818/scheuch-blitzte-klage-ab.story

Viele User stellen diese Abwägung leider nicht an, und in vielen freiheitsliebenden Communitys wird die Meinungsfreiheit als unantastbares, oberstes Gut dargestellt, egal wofür sie tatsächlich eingesetzt wird. Das ist ein großes Problem in der Debatte um Anonymität, weil hier sehr radikale Sichtweisen aufeinanderprallen. Offensichtlich werden unter dem Denkmantel der Anonymität furchtbare Aussagen getätigt. Die Frage ist: Was können wir dagegen tun? Und ab wann hat man wirklich kein Recht mehr, seine Identität zu verbergen?

Ich plädiere dafür, Anonymität nicht als Schwarz-Weiß-Thema zu sehen – als sollte oder könnte es entweder nur null oder 100 Prozent Anonymität geben. Demokratien funktionieren anders, mit einem Interessensabgleich. An dieser Stelle will ich noch einen Aspekt anführen, der mir sehr wichtig ist: Das Recht auf Anonymität und Informantenschutz muss vor allem im Journalismus aufrechterhalten bleiben.

Wenn ich vom »Journalismus« als vierte Kraft spreche, als Wachhund der Politik und von anderen Mächtigen, dann meine ich damit auch Blogger und andere digitale Aufdecker, die im Grunde journalistische Arbeit leisten, selbst wenn sie in keiner herkömmlichen Redaktion verankert sind. In vielen Fällen ist es irrelevant, ob jemand offiziell als Journalist tituliert werden kann oder nicht, die viel entscheidendere Frage ist: Publiziert diese Person Inhalte, deckt sie Dinge auf, die für die Öffentlichkeit relevant sind?

Der Schutz der eigenen Quellen, auch der Schutz von Lesern, die ihre Meinung sagen wollen, ist ein bedeutendes Recht, das sich die Presse mühsam erkämpft hat. Gegenwärtig stellt sich die spannende Frage: Wie können wir dieses Recht ins 21. Jahrhundert transponieren, in dem Menschen zum Beispiel nicht mehr Leserbriefe schreiben, sondern Onlineforenpostings.

Schreibt jemand einen Leserbrief, kann sich in Österreich und Deutschland das Medium auf das Redaktionsgeheimnis berufen. Es muss den Namen des Lesers nicht offenlegen, selbst wenn das die Staatsanwaltschaft verlangt. Das Redaktionsgeheimnis schützt Medien auch davor, dass Rechercheunterlagen beschlagnahmt werden. Der Zweck ist natürlich, eine freie und unabhängige Presse zu ermöglichen.

Nun stellt sich die Frage: Werden anonyme Poster in Zeitungsforen auch vom Redaktionsgeheimnis geschützt? In Österreich und Deutschland finden Gerichte dazu sehr unterschiedlichen Antworten. Auf der Website der »Augsburger Allgemeinen« schimpfte ein Poster über einen Regionalpolitiker. Dieser zeigte das an und das Amtsgericht erließ tatsächlich einen Durchsuchungsbefehl für die Redaktionsräume. Ehe es so weit kam, rückte die Zeitung mit dem Namen des Posters heraus. Ein einzelner Vorfall eines eher unbekannten Mediums, der aber für viel Aufregung sorgte.

Das umstrittene Posting war – verglichen mit vielen anderen – relativ harmlos. Ein User namens »Berndi« hatte darüber geschimpft, dass der CSU-Politiker Volker Ullrich verbieten wollte, dass Tankstellen nach acht Uhr abends Bier an Fußgänger verkaufen. Berndi schrieb online: »Dieser Ullrich verbietet sogar erwachsenen Männern ihr Feierabendbier ab 20.00 Uhr, indem er geltendes Recht beugt und Betreiber massiv bedroht!«[91]

Die Zeitung wehrte sich rechtlich gegen den Durchsuchungsbefehl und bekam in zweiter Instanz recht. Aus journalistischer Sicht ist das Urteil verzwickt. So hielt das Landesgericht Augsburg zwar fest, dass die Äußerung im Rahmen der Meinungsfreiheit sei, allerdings gelte für Internetforenpostings das Redaktionsgeheimnis nicht.

Ganz anders urteilte ein österreichisches Gericht. Im Forum der Tageszeitung »Standard« postete ein User unter dem Pseudonym »Manfred Verwegener«. Das Verteidigungsministerium wollte seine Identität erfahren, da es die Vermutung hatte, dass »Manfred Verwegener« womöglich ein Beamter war, der im Forum interne Geheimnisse durchsickern ließ. Das Gericht entschied, ebenfalls in zweiter Instanz, dass in diesem Fall das Redaktionsgeheimnis sehr wohl gilt. »Der Rechtsstaat muss in Kauf nehmen, dass die Effizienz der Strafrechtspflege eingeschränkt wird, weil etwa ein Beamter, der einem Journalisten ein Amtsgeheimnis verraten hat, nicht verfolgt werden

---

[91] Beisel, Karoline Meta/Mayr, Stefan: Wer ist Berndi?, online unter http://www.sueddeutsche.de/medien/polizeiaktion-bei-der-augsburger-allgemeinen-wer-ist-berndi-1.1586654 (Stand: 22. September 2013).

kann, wenn das Medium nicht bereit ist, seine Informationsquelle offenzulegen«, hieß es zur Urteilsverkündung im Frühjahr 2013.[92]

Beide Fälle sind zwar rechtskräftig, aber keine höchstgerichtlichen Entscheidungen und geben keine absolute Rechtssicherheit. Im Grunde geht es um die Frage, wie man Rechte aus analogen Zeiten in die digitale Medienwelt transferiert. Bis zu einem gewissen Grad sind Leserbriefe tatsächlich etwas anderes als Internetpostings, weil die simple Kommentarfunktion online eine ganz andere Interaktion ermöglicht. Keine Zeitung der Welt bekam jemals so viele Leserbriefe, wie heute Postings eintrudeln. Gilt für sie alle tatsächlich das Redaktionsgeheimnis? Maria Windhager, Anwältin des »Standard«, spricht sich dafür aus: »Wenn sich das Medium notfalls bei Leserbriefen darauf berufen kann, warum sollte das nicht auch für die Leserkommentare im Netz gelten?« Der einzelne betroffene Poster braucht womöglich genauso viel Schutz wie früher der Leserbriefschreiber.[93]

Der »Standard« hat die interne Richtlinie, sich nur in jenen Fällen auf das Redaktionsgeheimnis zu berufen, in denen der Poster nach Ansicht der Redaktion die Forenregeln eingehalten hat und eine Ausforschung in ihren Augen die Meinungsäußerungsfreiheit verletzen würde. »Der Schutz der freien Meinungsäußerung soll für alle gelten, auch für Poster«, sagt die Anwältin, »wenn die Poster aber gegen Regeln verstoßen haben, wenn es nur mehr um Hetze und nicht um Kritik im demokratischen Interesse geht, dann fallen sie auch nicht in diesen Schutzbereich.« Verletzt ein Kommentar demokratische Grundsätze, hetzt jemand gegen Minderheiten oder ruft sogar zur Gewalt auf, dann rückt die Redaktion mit den Daten des Users heraus. Sie will sich aber das Recht vorbehalten, zum Schutz der Meinungsäußerungsfreiheit die Herausgabe von Daten der Poster zu verweigern.

---

[92] Der Standard: Keine Auskunftspflicht über User, online unter http://derstandard.at/1362108343893/Keine-Auskunftspflicht-ueber-User (Stand: 6. Mai 2013).

[93] Die Anwältin beruft sich übrigens auch auf den Datenschutz. Dieser sei ebenfalls ein wichtiges Argument für einen restriktiven Umgang bei der Herausgabe von Userdaten. Das Interview fand am 20. Juni 2013 telefonisch statt.

Die Schattenseite: Warum Anonymität Aggression befördert

Vielen Menschen, insbesondere Journalisten, ist oft nicht verständlich, warum Leute mit so viel Begeisterung anonym posten. Manche User schreiben Hunderte, gar Tausende Postings im Jahr. Warum tun sie sich das an? Ich habe für dieses Buch mit einigen Postern, insbesondere Usern aus dem »Standard«-Forum gesprochen, weil dort die lebhafteste Community in Österreich zu finden ist.

Eine spannende Erkenntnis für mich war, dass es vielen Postern gar nicht um den Artikel geht, unter dem sie gerade kommentieren. Für viele ist der Artikel nur ein Diskussionsanstoß, unter dem man sich dann streiten oder seine Lieblingsthemen debattieren kann. Am häufigsten werden deshalb auch jene Meldungen kommentiert, zu denen man schon eine klare, vorgefertigte Meinung hat: Nichtraucherschutz, Nahostkonflikt, Rechtspopulisten in Österreich.

Bei solchen Streitthemen haben anscheinend viele Menschen das Gefühl, sie müssten die Wahrheit (oder was sie dafür halten) verbreiten und falsche Meinungen im Netz korrigieren. Ein Hang zum Streiten und Rechthaben treibt viele an. Ein Webcomic illustriert das übrigens wunderbar: Man sieht ein Strichmännchen vor dem Computer. Eine Stimme ruft: »Kommst du jetzt ins Bett?« Darauf das Männchen: »Ich kann nicht. Das ist wichtig. Jemand hat etwas Falsches im Internet gesagt.«[94]

Die Zeichnung stammt von der beliebten Seite xkcd.com. Ein Forenposter namens »Makronaut« brachte sie als Beispiel. Der User schrieb lange Zeit viel über die Außenpolitik Israels und verteidigte diese vehement. Im Interview fragte ich ihn, was ihn denn antreibe. Daraufhin zitierte er dieses Comic, durchaus mit einem Augenzwinkern.[95]

Der Poster »Makronaut« ist jemand, der manch ein (in seinen Augen) dummes Argument nicht unkommentiert lassen kann. Ich hakte nach, ob er online schon jemals einen Andersdenkenden von

---

[94] Vgl. xkcd: Duty Calls, online unter http://xkcd.com/386/ (Stand: 9. September 2013, Übers. ins Deutsche von I. B.). Die Zeichnung ist zu sehen auf Seite 12.

[95] Das Interview fand am 31. Oktober 2012 persönlich in Graz statt.

seiner Meinung überzeugt hätte. »Das ist der große Irrglaube«, antwortete er, »ich schreibe ja nicht für diese Leute, mit denen ich mir den Schlagabtausch liefere, sondern für jene, die diesen Schlagabtausch dann lesen. Es ist eine Art sokratischer Dialog.«

Der »Makronaut« kann als Prototyp für viele andere Poster gelten. Er wirkt völlig normal, hat höhere Bildung und einen Job, der ihm sehr viel Freizeit lässt. Er lebt in einer österreichischen Bundeshauptstadt und will, dass möglichst wenig Details über seine Person bekannt werden, nicht einmal sein genaues Alter. Ich habe mehrere Forenposter wie ihn getroffen, die auf totaler Anonymität bestehen. Für viele User ist das fast schon eine Ideologie. Der »Makronaut« ist davon überzeugt, dass durch die Unsichtbarkeit im Netz die Diskussion letztlich bereichert wird. »Ich schätze die Anonymität im Netz«, sagte er, »man weiß nichts über die Person, die ein Argument verfasst. Nur das Argument zählt.«

Eigentlich ist das ein sehr schöner Gedanke: Er passt zu dieser hehren Idee aus den frühen Internettagen, dass wir online unsere menschlichen Makel abstreifen würden, Details wie die eigene Herkunft, die Hautfarbe, das Geschlecht keine Rolle mehr spielen müssen. Der Sozialwissenschaftler Howard Rheingold schrieb Anfang der Neunziger: »Da wir einander nicht sehen können, können wir auch keine Vorurteile über andere bilden, bevor wir gelesen haben, was sie mitteilen wollen: Rassenzugehörigkeit, Geschlecht, Alter, nationale Abstammung und die äussere Erscheinung werden nur bekannt, wenn jemand diese Merkmale angeben will.«[96]

Bis zu einem gewissen Grad funktioniert das womöglich auch. In Chats oder Foren haben sich schon Leute kennengelernt, die sonst womöglich wenig Kontakt miteinander gehabt hätten.

Offline ist unser Leben sehr stark nach »sozioökonomischen Faktoren« gegliedert: Man geht in das Café, in dem ähnliche Menschen wie man selbst sind; hat meist mit Leuten Kontakt, die eine ähnliche soziale Herkunft und einen ähnlichen Bildungsstand haben. Oft sagen schon das Viertel oder die Gegend, in der man wohnt, viel über den eigenen sozialen Status aus. Diese Kategorisierungen erfolgen

---

[96] Baumgärtel, Tilman: Das Ende der Utopie, online unter http://www.nzz.ch/aktuell/feuilleton/uebersicht/das-ende-der-utopie-1.18110281 (Stand: 6. Juli 2013).

oft unbewusst. Wir meiden eher jene Orte, an denen die Leute ganz anders ausschauen, viel jünger oder viel älter sind, schicker angezogen sind oder mehr vom Leben gezeichnet wirken als wir. Zumindest tun das die meisten von uns. Im Netz ist das anders, weil man nicht sieht, mit wem man gerade spricht. In vielen Online-Communitys gibt es eine stärkere Durchmischung als offline. Ganz so seltsam ist es also gar nicht, was der »Makronaut« sagt. In vielen Bereichen weist das Web weniger soziale Barrieren auf als die physische Welt. Ein 14-jähriger Schüler findet online vielleicht mehr Gehör, wird ernster genommen als offline, wo er als pubertierender Teenager belächelt wird.

Genau diese Unsichtbarkeit im Netz hat eine deutliche Schattenseite: Wir sehen nicht, mit wem wir kommunizieren, und haben auch keine Möglichkeit, auf etwaige Untergriffe oder Bösartigkeiten mit sozialen Sanktionen zu reagieren.

Das Internet ist nicht immer der Ort, an dem sich das bessere Argument durchsetzt. Anstelle einer besseren Diskussionskultur beobachten wir sehr oft, wie auf eine sehr aggressive und persönlich untergriffige Art diskutiert wird. Das liegt auch daran, dass das Individuum nicht greifbar erscheint, verbale Entgleisungen haben online meist weniger Konsequenzen als offline. Dass der Ton deswegen oft rauer ist, werden viele schon selbst beobachtet haben. Es gibt eine Theorie aus der Psychologie, die erklärt, warum mancher User online entgleist: der Online Disinhibition Effect, zu Deutsch: »Online-Enthemmungseffekt«; vereinfacht gesagt: Das Internet enthemmt uns.

Diese Enthemmung kann auch etwas Positives sein, zum Beispiel, wenn man ein schwuler Bursche oder ein lesbisches Mädchen auf dem Land ist. Viele Teenager trauen sich erst im Web, über ihre Gefühle zu sprechen, ihre Homosexualität einzugestehen. Hier hat das Netz eine wahrhaft befreiende Wirkung. Die Heranwachsenden lernen, einen Teil ihrer selbst neu zu bewerten und wertzuschätzen.

Der amerikanische Psychologieprofessor John Suler, der an der Rider University lehrt, spricht in diesem Zusammenhang von einer »gutartigen Enthemmung«. So kann etwa ein Schüchterner online mehr Selbstvertrauen finden und aus dem positiven Erlebnis der Enthemmung grundsätzlich lernen. Oft erleben wir aber das genaue Gegenteil: User nehmen sich kein Blatt vor den Mund, schreiben auf ihrer Tastatur Dinge, die sie nie jemandem ins Gesicht sagen würden, beschimpfen einander auf wüsteste Weise. Auch dafür hat John Suler ein Wort: Er nennt es »toxic«, eine toxische Enthemmung, ein ätzendes Verhalten, das das zwischenmenschliche Klima verseucht. Hier gibt es keinerlei Erkenntnisgewinn für den Internetnutzer, niemand lernt daraus. »Es ist schlichtweg eine blinde Katharsis, ein Ausleben niederträchtiger Bedürfnisse und Wünsche ohne auch nur irgendein persönliches Wachstum.«[97]

Anonymität ist ein maßgeblicher Faktor dabei, aber nicht der einzige. Weil der Online Disinhibition Effect ganz zentral ist, um die ungezügelte Wut im Netz zu erklären, will ich die Bausteine dieser These erklären, wie sie Suler beschreibt:

Erstens: Anonymität. Weil sie online nicht unter eigenem Namen auftreten, trennen viele Menschen gedanklich ihr Online-Leben vom Rest des Ichs. »Usernamen und E-Mail-Adressen mögen sichtbar sein, aber diese Informationen enthüllen oft nicht viel über eine Person. (…) Technisch versierte, neugierige User können vielleicht die IP-Adresse unseres Computers feststellen, aber in der Großzahl der Fälle wissen die anderen über eine Person nur, was diese ihnen erzählt hat«, schreibt John Suler. Das führt einerseits dazu, dass sich viele Leute weniger verwundbar fühlen und mehr über sich preisgeben, und andererseits auch zu einer seltsamen Trennung des Online-Ichs vom Rest der Person. Betroffene erklären etwa, nachdem sie sich im Netz ausgetobt und andere verletzt haben: »Das bin ja nicht wirklich ich.«[98]

Zweitens: Unsichtbarkeit. Es ist eine Besonderheit der digitalen Kommunikation, dass man den Online-Gesprächspartner meist nicht als physische Person wahrnimmt, sondern als ein Pseudonym am Bildschirm. Man sitzt allein hinter der Tastatur, sieht den anderen nicht, hört seine Stimme nicht. Man weiß nicht, ob er froh oder gekränkt ist, man erkennt nicht, wie er gerade dreinschaut. Ein großer Teil der nonverbalen Kommunikation fällt weg, zum Beispiel Stirnrunzeln, Seufzen oder der Gesichtsausdruck, wenn man jemanden gekränkt hat. Doch gerade diese nonverbalen Signale führen dazu, dass wir uns

---

[97] Suler, John: The Online Disinhibition Effect, online unter http://users.rider.edu/~suler/psycyber/disinhibit.html (Stand: 24. April 2013, Übers. ins Deutsche von I. B.).

[98] Vgl. ebd.

einbremsen. Sieht man jemandem in die Augen, neigt man viel eher zu einem gemäßigteren Ton. Das Gefühl der Unsichtbarkeit führt dann zum Eindruck, dass man keine Konsequenzen fürchten muss.

Drittens: Asynchronität. Im Netz ist die Kommunikation oft zeitverzögert, das bedeutet auch, dass man nicht sofort Feedback bekommt und sich unmittelbar mit den Konsequenzen des Gesagten beschäftigen muss. Man kann eine Beleidigung verfassen und dann die Website schließen, sie erst wieder aufrufen, wenn man sich wieder traut. So vermeiden User eine Auseinandersetzung mit ihren eigenen Worten und was diese bedeuten. Ein Kollege von Suler hat dies als »emotionalen Hit-and-Run« bezeichnet – eine Art emotionale Fahrerflucht. Man rast frontal auf andere User, bleibt aber nicht lange genug, um zu sehen, was man angerichtet hat.

Viertens: Jetzt wird es kompliziert, Suler spricht von einer »solipsistischen Introjektion«. Wenn wir mit jemandem chatten, Nachrichten austauschen, entwirft unser Gehirn eine Art Fantasievorstellung vom Gegenüber. Man hat zum Beispiel ein Bild im Kopf, stellt sich eine Stimme vor. Dadurch entsteht eine »introjizierte« Person, eine Mischung aus dem, was diese Person über sich verrät, und dem, was wir in sie hineinprojizieren. Das fördert das Gefühl des Vertrauens und erklärt, warum Menschen dem anonymen Chatpartner mitunter mehr verraten, als ihnen im Nachhinein lieb ist.

Fünftens: Nennen wir es die Vorstellungskraft im Online-Spiel.[99] Dieser Faktor passt sehr gut zu dem, was auch die Soziologin Sherry Turkle in den virtuellen Spielewelten beobachten konnte. Insbesondere in Onlinespielen kreiert man einen neuen Charakter, der losgelöst ist vom Ich der physischen Welt und ihren Regeln. Das mag befreiend sein, es führt aber auch dazu, dass einige Menschen nicht so ernst nehmen, was sie online tun und sagen. Wenn sie im Netz ihre verborgensten Gefühle offenbaren oder womöglich aggressiv werden, können sie noch immer behaupten, das seien nicht »wirklich« sie selbst, das sei ja nur ein Spiel. Hier findet erneut eine starke gedankliche Trennung zwischen dem vermeintlich virtuellen und dem realen Ich statt.

---

[99] Suler spricht von einer »dissociative imagination«, diese dissoziative Vorstellungskraft bedeutet eine gedankliche Trennung zwischen Spiel und Alltag, Online und Offline.

• Und warum nun über das Ende der Anonymität diskutiert wird

Dazu noch eine Beobachtung von Sherry Turkle. Sie beschreibt, dass es bereits in den Rollenspielen der Neunzigerjahre zu virtuellen Vergewaltigungen kam. In diesen textbasierten Welten ereigneten sich Situationen, in denen Spieler ihre technischen Fähigkeiten missbrauchten und andere im Spiel sexuell belästigten. Zum Beispiel zwang ein Angreifer eine Spielfigur, mit seiner Figur virtuellen Geschlechtsverkehr zu haben oder die eigene Spielfigur an den Genitalien zu verstümmeln. Der Spieler dieses Charakters hatte keinerlei Einfluss mehr und konnte nur dabei zusehen. Das ist mit Sicherheit nicht vergleichbar mit einer echten Vergewaltigung, aber es ist wohl auch nicht angenehm für die betroffene Person. Turkle erzählt von einer Spielerin, die das sehr verletzte und die an ihrer Tastatur zu weinen begann. Ein anderer User, der selbst Spielfiguren virtuell vergewaltigt hatte, verteidigte sein Vorgehen mit den Worten: »Wir tun es nicht, um die Leute zu quälen (...), sondern aus purem Spaß. (...) Das ist ein SPIEL, nichts anderes.«[100] John Suler nennt das »dissoziative Imagination«.[101]

Sechstens, der letzte Faktor: die fehlende Autorität. Offline sind wir häufig mit Autoritätsfiguren konfrontiert, mit Polizisten, Vorgesetzten, Lehrern. Auch der soziale Status einer Person ist bereits allein durch Kleidung, Körperhaltung und Sprache erkennbar und wir passen unser Verhalten auch daran an. Wie das Beispiel von Spickmich.de zeigte, schrecken Schüler mitunter davor zurück, Lehrern ihre Meinung ins Gesicht zu sagen. Aus Angst vor negativen Folgen zensurieren wir uns selbst. Dazu schreibt Suler: »Online, wo es sich mehr wie ein Zusammensein von Gleichrangigen anfühlt – da der Eindruck der ›Autorität‹ minimiert wurde –, sind Menschen eher bereit, ihre Stimme zu erheben oder sich schlecht zu benehmen.«[102]

Wie skurril Online-Enthemmung sein kann, führt ein unterhaltsames YouTube-Video von kalifornischen Studierenden vor. Sie stellten nach, wie so manche Online-Pöbelei in unserem physischen Alltag erscheinen würde. Man sieht etwa einen Typen, der im Freien an der Gitarre klimpert, plötzlich kommt ein Unbekannter daher und fängt zu schreien und zu schimpfen an, erklärt, wie furchtbar

[100] Vgl. Turkle, S. 411 (Übers. ins Deutsche von I. B.).
[101] Vgl. Suler, a.a.O.
[102] Suler, a.a.O. (Übers. ins Deutsche von I. B.)

der Sound und wie untalentiert der Sänger sei. Offline erlebt man so etwas wohl nur selten, im Internet allerdings permanent. Auf YouTube scheint sich der Wortschatz mancher User auf »You suck« oder noch Unfreundlicheres zu beschränken. Die Studenten wollten mit ihrem Video eine simple Botschaft verbreiten: Wenn man etwas offline niemals sagen, niemals so ausfällig werden würde, sollte man es auch online vermeiden.[103]

Man muss aber gar nicht Psychologie studieren, um die Enthemmung im Netz zu verstehen. Etwas simpler als der Online Disinhibition Effect ist die »Greater Internet Fuckwad Theory«, man könnte es als das populärkulturelle Pendant dazu bezeichnen. Die Theorie besteht aus einer Gleichung, wonach eine normale Person kombiniert mit Anonymität und einem Publikum zum »total fuckwad«, also zur »totalen Arschgeige« werde:[104]

Normale Person + Anonymität + Publikum = totale Arschgeige

Die Theorie stammt aus dem Webcomic Penny-Arcade.com und ist ein bisschen weniger komplex als die Faktoren von Professor Suler. In einem sind sich beide allerdings einig: Im Netz werden viele Menschen zu echten Arschgeigen. Das erinnert daran, was Platon in der Erzählung vom Ring des Gyges ausführte: Gyges wurde unsichtbar, wenn er seinen magischen Ring auf den Finger steckte. Die Unsichtbarkeit veränderte sein Verhalten, machte ihn zu einem bösartigen, egozentrischen Menschen, und niemand vermochte mehr, ihm eine Grenze zu setzen oder sein böses Verhalten zu sanktionieren. Wenn man so will, war auch schon Gyges ein Opfer der toxischen Enthemmung.

---

[103]   Das Video entstand im Rahmen einer Vorlesung an der University of California, Irvine, darin wird auch folgender Text eingeblendet: »Du würdest zu keinem Wildfremden gehen und ihm erklären, wie scheiße er ist. Du würdest keinen Freund anschreien, weil er eine fade Geschichte erzählt. Du würdest niemanden niedermachen, weil er eine dumme Frage gestellt hat. Aber online machst du das jeden Tag. Lass dich nicht von Online-Enthemmung überkommen.« Vgl. Kam, Lucas: The Online Disinhibition Effect, sans Online, online unter http://www.youtube.com/watch?v=UMpgVRCm9d4 (Stand: 9. September 2013, Übers. ins Deutsche von I. B.).

[104]   Genau genommen handelt es sich bei dieser Gleichung um »John Gabriel's Greater Internet Fuckwad Theory«. Vgl. Penny Arcade: Green Blackboards (And Other Anomalies), online unter http://www.penny-arcade.com/comic/2004/03/19 (Stand: 9. September 2013).

KAPITEL 3

WIE ANONYMITÄT MOBILISIERUNG UND MOBS FÖRDERT

Und warum das Hackerkollektiv Anonymous so furchteinflößend ist

DIE AUSLÖSCHUNG DES ICHS: WARUM IN DER ANONYMEN MASSE DIE WUT HOCHKOCHT

Wie ungezügelt der Hass im Internet sein kann, erfuhr die holländische Künstlerin Tinkebell, die mit bürgerlichem Namen Katinka Simonse heißt. Im Jahr 2004 löste sie einen Sturm der Entrüstung aus, als sie ihre eigene Katze umbrachte und aus ihr eine Handtasche machte.

Zur Vorgeschichte: Simonses Katze war todkrank; das Tier namens Pinkeltje lag laut ihrem Tierarzt bereits im Sterben. Die Künstlerin beschloss, ein Statement zu setzen und den scheinheiligen Umgang mit Tieren zu thematisieren. Tinkebell kritisiert in ihren Werken häufig, dass manche Tiere verhätschelt und wie ein Teil der Familie behandelt, andere hingegen unter furchtbaren Umständen gehalten und massenhaft umgebracht werden. Um diesen Widerspruch offensichtlich zu machen, tat sie etwas, nun ja, Umstrittenes. Sie drehte ihrer eigenen Katze den Hals um und machte eine Handtasche aus ihr. Dann stellte sie eine Anleitung ins Netz, wie man aus dem eigenen Haustier eine stylishe Tasche fabriziert. Das Echo war gewaltig. Tierschützer und Blogger empörten sich über die Tötung und Verarbeitung der Hauskatze, Zehntausende User strömten auf ihre Website und ihr Mail-Postfach wurde mit Hass-Mails überschwemmt. In insgesamt vier Jahren erhielt Tinkebell etwa 100.000 Mails mit Beschimpfungen oder Drohungen. »Ich hatte ehrlich gesagt keine Ahnung, was auf mich zukommen würde«, schrieb sie später in einem Kommentar im »Guardian«.[105]

Tinkebells Kunstprojekt war insofern erfolgreich, als sie den Widerspruch in unserer Gesellschaft aufzeigte, für welche Tiere wir

---

[105] Tinkebell: Online anonymity: you want me dead, but who are you anyway? Online unter http://www.theguardian.com/commentisfree/2012/apr/20/online-anonymity-death-threats (Stand: 9. September 2013, Übers. ins Deutsche von I. B.)

3 Wie Anonymität Mobilisierung und Mobs fördert

Mitleid empfinden und für welche nicht. Dreht man einer todkranken Katze den Hals um, bringt das das Blut vieler Menschen viel mehr zum Kochen, als wenn Tag für Tag Tiere brutal geschlachtet und verarbeitet werden.

Viele Internetuser flippten komplett aus, drohten der Holländerin damit, sie umzubringen, sie zu vergewaltigen, sie auch zu einer Handtasche zu verarbeiten. Tinkebell beschloss, die Hass-Mails nicht zu verschweigen. Stattdessen sammelte sie diese gemeinsam mit der Künstlerin Coralie Vogelaar, die den digitalen Spuren nachrecherchierte. Vielen E-Mails war unten sogar eine Signatur angehängt, sodass der Absender sofort ersichtlich war. Bei anderen Adressen reichte eine Google-Suche, um die Person zu identifizieren. Simonse und Vogelaar schafften es, etliche Absender von Hass-Mails auszuforschen. Dann suchten sie ihr Facebook-Profil, ihren YouTube-Account und andere Websites auf, die etwas über die Personen verrieten. Sie speicherten alles, was sie finden konnten: Profilfotos, Selbstbeschreibungen, sogar die Wohnadresse.

Daraus wurde ein Buch: »Dearest Tinkebell« ist die Sammlung dieser Hass-Mails und ihrer Verfasser. Ich gebe zwei Schriftstücke im englischen Original wieder, weil hier der Hass besonders eindrucksvoll und ungefiltert spürbar wird. Eine Userin schreibt: »I hope that you will be raped and killed, bitch and cat murdererd. I would like to put a knife in your pussy and open you!!!!!! I hope somebody kill you, in the most painful way is possible!!!!!!«[106] Im Buch sind ihre Mailadresse, der Text sowie detaillierte Informationen über die Absenderin abgedruckt. Sie lebt offensichtlich in Turin, interessiert sich für keltische Kultur und trägt gern Blumen im Haar. Außerdem hat sie eine Vorliebe für Katzen.[107]

Eine andere schrieb: »You are a sick fuck and I hope you are murdered in cold blood by your best friends and I hope it is painfully slow I hope they fucking rip out your eyes and skull fuck you and then

---

[106] »Ich hoffe, dass du vergewaltigt und getötet wirst, Schlampe, und von Katzen ermordet. Ich würde gern ein Messer in deine Muschi stecken und dich öffnen!!!!!! Ich hoffe, jemand bringt dich auf die allerschmerzhafteste Weise um!!!!!!« (Übers. ins Deutsche von I. B.)

[107] Tinkebell/Vogelaar, Coralie: Dearest Tinkebell / druk 1, Torch, Amsterdam 2009, S. 246 f.

make you into a purse you sadist evil bitch (…) If I ever find out who the fuck you are I swear to God I will cut your achilles tendons and break your kneecaps (…) That is animal cruelty and those cats are worth more than your pathetic, sick, twisted life will ever be! (…)«[108]

Interessanterweise hören sich viele dieser E-Mails wie Dialoge aus amerikanischen Gewaltfilmen an, es sind groteske Sätze, die man eher in blutigen Tarantino-Filmen hört als im echten Leben. Mit ein bisschen Distanz sind manche Drohungen sogar ungewollt komisch. Es ist schon skurril, wenn ein Absender Tinkebell für ihre Tat beschimpft und ihr im nächsten Atemzug die schlimmsten Formen von Gewalt ankündigt. Vieles wurde offensichtlich im Affekt geschrieben. Auch die zahlreichen Tippfehler in diversen Mails sind wohl ein Indiz dafür, dass viele User nicht sonderlich lang über ihre Botschaft nachdachten oder darüber, ob sie vielleicht identifizierbar sind.

Die Hass-Mails kamen von scheinbar normalen Menschen, Schülerinnen, Hausfrauen, Polizisten. Tinkebell schreibt: »Die Absender kamen aus ganz unterschiedlichen Bereichen. Eine Kombination aus dem falschen Gefühl der Anonymität und der Idee, dass alles Digitale ›nicht echt‹ ist, macht es einfach, Hass-Mail zu versenden.«[109]

Es ist fast schon unbehaglich, wie viele persönliche Details Vogelaar und Simonse über einige Absender herausfinden konnten.[110] Ist das nicht total illegal? Immerhin veröffentlichen die

---

[108] Ebd., S. 461. – »Du bist ein kranker Arsch und ich hoffe, du wirst kaltblütig von deinen besten Freunden umgebracht und es geschieht furchtbar langsam, ich hoffe, sie reißen verdammt noch mal deine Augen raus und ficken dich in den Schädel und machen dich zu einer Handtasche, du sadistische böse Schlampe (...) Falls ich jemals herausfinde, wo du verdammt noch mal bist, schwöre ich bei Gott, dass ich deine Achillessehne rausreiße und deine Kniescheibe zertrümmere (...) Das ist Tierquälerei und diese Katzen sind mehr wert, als dein erbärmliches, krankes, verkommenes Leben es jemals sein wird (...)« (Übers. ins Deutsche von I. B.)

[109] Tinkebell: online anonymity, a.a.O. (Übers. ins Deutsche von I. B.)

[110] Wie kamen die beiden Künstlerinnen zu diesen Daten? Zuerst verwendete Koautorin Vogelaar normale Suchmaschinen und gab dort die E-Mail-Adressen ein, von denen aus Drohungen oder Beschimpfungen gesendet wurden. Dann suchte sie auch Profile in sozialen Netzwerken wie Facebook oder MySpace, und zwar mittels sogenannter Scraper. Das sind Programme, die automatisiert Websites nach Information durchsuchen und Information daraus extrahieren. Insgesamt habe diese Recherche vier Monate gedauert, erklärte Simonse in einem Interview mit der »FAZ«, online unter http://www.faz.net/aktuell/

3   Wie Anonymität Mobilisierung und Mobs fördert

beiden Künstlerinnen in ihrem Buch höchst persönliche Informationen dieser Menschen, von Urlaubsfotos bis hin zur Wohnadresse. Simonse wurde natürlich darauf angesprochen, dass ihr Vorgehen nicht gerade legal sei, worauf sie zum Beispiel gewieft antwortete: »Ist es auch nicht. Aber es ist auch nicht erlaubt, Hass-Mails zu verschicken.«[111] In anderen Worten, es entstand eine rechtliche Pattsituation. Sollte sich jemand über die Veröffentlichung seiner Daten aufregen und mit dem Rechtsanwalt drohen, könnte Tinkebell diese Person mit ihren eigenen – auch nicht einwandfreien – Worten konfrontieren und ebenfalls mit einer Klage drohen. Aber es trudelten keine Rechtsanwaltsbriefe ein.

Im »Guardian« schrieb die Künstlerin einen Kommentar mit einer wunderbaren Pointe. Demnach sei es ihr auch darum gegangen, die Absurdität der vollkommen überzogenen Hass-Mails aufzuzeigen: »Ihre Details zu veröffentlichen, war eine Form, von ihnen Rechenschaft einzufordern: Du willst, dass ich sterbe, aber wer bist du überhaupt?«[112]

Der Fall ist ein eindrucksvoller Beleg für die Enthemmung im Netz, aber auch dafür, dass viele Menschen ihre eigene Anonymität komplett falsch einschätzen. Ein Drittel der Absender der Hassbotschaften konnten die beiden Autorinnen ausfindig machen. Anonymität ist oft de facto gar nicht vorhanden, trotzdem wiegen

---

gesellschaft/menschen/im-gespraech-tinkebell-hass-mails-stammen-von-ganz-normalen-leuten-1796260.html (Stand: 9. September 2013).

[111]   Leyenberg, Arne: »Hass-Mails stammen von ganz normalen Leuten«, online unter http://www.faz.net/aktuell/gesellschaft/menschen/im-gespraech-tinkebell-hass-mails-stammen-von-ganz-normalen-leuten-1796260.html (Stand: 9. September 2013).

[112]   Tinkebell: online anonymity, a.a.O. (Übers. ins Deutsche von I. B.) Eine längere Version des Textes gibt es auf der Website der Künstlerin, die darin weiters beklagt, dass ihr im Netz nicht nur vorgeworfen wird, sie habe ihre Katze getötet. Mittlerweile kursierten dort auch schon allerlei Lügengeschichten, Tinkebell würde allerlei Tiere aus Spaß umbringen. Das Problem ist anscheinend, dass diese Anschuldigungen kaum aus der Welt zu räumen sind, da sie – wenn sie einmal in genügend Quellen zu finden sind, oft genug im Netz herumgereicht und sogar von Printmedien unkritisch übernommen wurden – kaum hinterfragt werden. Oder wie Simonse meint: Als Wahrheit werde angesehen, was am häufigsten in Blogs behauptet wird. Nachzulesen unter http://looovetinkebell.com/pages/you-want-me-dead-but-who-are-you-anyway

sich viele User in einem falschen Gefühl der Unidentifizierbarkeit. Würden sie länger darüber nachdenken, schrieben sie vermutlich keine solchen E-Mails oder täten zumindest mehr dafür, ihre Identität zu verschleiern.

Warum verhalten sich viele Menschen trotzdem so, als sei ihre Identität komplett verhüllt? Ich mache das Gefühl der Unsichtbarkeit dafür verantwortlich. Wie schon in Kapitel 2 ausgeführt, betrachtet der Psychologe John Suler diese Unsichtbarkeit als einen zentralen Faktor, der zur Enthemmung führt. Er schreibt: »In vielen Online-Bereichen können einen die anderen nicht sehen. Vielleicht wissen sie nicht einmal, dass man gerade auch anwesend ist *(zum Beispiel wenn man auf einer Website nur passiv mitliest, Anm. I. B.)*. Unsichtbarkeit verleiht Menschen den Mut, Dinge zu tun, die sie sonst nicht tun würden. Die Fähigkeit sich zu verbergen überschneidet sich mit der Anonymität, da die Anonymität das Verbergen der Identität ist. Aber es gibt ein paar grundlegende Unterschiede. In der Textkommunikation wissen die anderen vielleicht sehr viel über einen. Aber sie können einen weder hören noch sehen – und man selbst kann sie auch nicht hören und sehen. Selbst wenn die Identität von jedem sichtbar ist, verschärft die Möglichkeit, ›körperlich‹ unsichtbar zu sein, den Enthemmungseffekt. Man muss sich nicht darum sorgen, wie man gerade klingt oder ausschaut, wenn man etwas eintippt. Man muss sich nicht darum sorgen, wie andere dabei klingen oder ausschauen. Sieht man ein Stirnrunzeln, ein Kopfschütteln, einen Seufzer, einen gelangweilten Gesichtsausdruck oder viele andere subtile und nicht so subtile Zeichen von Ablehnung oder Gleichgültigkeit, bremst das viele Menschen in ihrem Ausdruck ein.«[113]

Es sei kein Zufall, dass Psychoanalytiker oft hinter ihren Patienten sitzen. Der Therapeut soll körperlich möglichst unauffällig sein, damit die Person frei erzählen kann, ohne stets auf seine körperlichen Signale zu achten. Auch in Beziehungen merkt man oft, dass Menschen ihren Blick abwenden, wenn sie etwas ganz besonders Privates oder Emotionales erzählen. »Es ist einfacher, dabei dem

---

[113] Suler, John: The Psychology of Text Relationships, online unter http://users.rider.edu/~suler/psycyber/psytextrel.html (Stand: 26. August 2013, Übers. ins Deutsche von I. B.).

anderen nicht in die Augen zu schauen«, schreibt Suler, »Textkommunikation ist die Vermeidung des Augenkontakts inhärent.«[114]

Durch das Gefühl der Unsichtbarkeit wird wohl auch die Tatsache verstärkt, dass der andere weit weg zu sein scheint. Die Menschen, die Tinkebell ein Hass-Mail schrieben, rechneten vermutlich nicht damit, dass sie dieser jemals real begegnen würden. Die Gefahr einer unangenehmen Szene, der angemessenen Kritik an diesen hasserfüllten Worten, ist äußerst gering. Und das unmittelbare Fehlen von sozialem Feedback – Augenkontakt und Körpersprache – führt dazu, dass sich Leute nicht einbremsen.

Auch wenn es uns in Alltagssituationen oft nicht bewusst ist, bremsen wir uns selbst ein. Ganz unbewusst nimmt unser Hirn Körperhaltung, Mimik, Gestik wahr und passt unser Verhalten an die Situation an. Wir lernen solche Verhaltensmuster ab der Geburt, aber online fehlt ein Äquivalent dazu, das Menschen auf eine ganz subtile Art dazu bringt, sich einzubremsen. Genauer gesagt: Auf den meisten Websites fehlt es. Manche Onlineplattformen sind da schon wesentlich weiter und probieren auch subtile Strategien aus, um User dazu zu bringen, sich mehr zurückzuhalten. In meinen Augen muss sich das Internet genau in diese Richtung entwickeln.

Im schlimmsten Fall führen dieses Gefühl der Unsichtbarkeit und die scheinbare Konsequenzenlosigkeit zur Enthemmung oder gar zu mobartigen Ausbrüchen. Zum Glück lebt Tinkebell nicht in China. Wer weiß, welche Reaktionen ihr Kunstwerk dort ausgelöst hätte. In dem Milliarden-Einwohner-Land gibt es ein eigenes Wort für den Cybermob, der es auf eine Person abgesehen hat: *Renrou sousuo*, »Menschenfleisch-Suchmaschine«. Häufig laufen diese Fälle nach demselben Muster ab. Jemand zieht die Wut der Netzbevölkerung auf sich, die User jagen die Person, stöbern ihren Spuren nach, veröffentlichen ihre privaten Details, bestrafen sie. Ziel ist es, es der Person so richtig heimzuzahlen. Einige Opfer von Renrou sousuo verloren ihren Job oder mussten ihren Heimatort wechseln. Man könnte es als moderne Form der Hexenjagd bezeichnen, bei der sich die Meute übers Netz mobilisiert.

---

[114] Ebd. (Übers. ins Deutsche von I. B.)

Gewalt an wehrlosen Tieren erzürnt viele Menschen zu Recht. Ein chinesisches Video aus dem Jahr 2006 zeigt derartige Grausamkeit. Man sieht, wie eine kleine Katze umgebracht wird: Eine Frau lächelt in die Kamera, hält ein braunweiß getigertes Kätzchen in ihren Händen, dann stellt sie die Katze vorsichtig auf den Boden und steigt mit ihrem Fuß auf das Tier. Es ist ein furchtbarer Anblick: Der Stöckel ihres Stilettos bohrt sich in den fragilen Katzenkörper.

Das Video sorgte für Entsetzen. Wer tut so etwas einem Tier an? Wer ist diese Frau? Viele User wollten die Tierquälerin ausfindig machen und wurden zu einer Art menschlichen Suchmaschine, sie durchforsteten die Aufnahme nach Hinweisen, in welcher Stadt sie entstanden sein könnte; sie verfolgten die Datenspur und eine E-Mail-Adresse, die mit dem Video in Verbindung gebracht wurde. Schließlich lieferte jemand den entscheidenden Tipp: Es handelt sich um eine Krankenschwester im Nordosten Chinas. Bald waren der Name der Frau, die Adresse und ihre Telefonnummer sowie die Telefonnummer ihres Arbeitgebers ausfindig gemacht und veröffentlicht. Menschen riefen bei ihr, bei ihrem Arbeitgeber an und bedrohten die Tierquälerin. Die Frau verlor ihren Job und zog schließlich um, schilderte ein Bekannter in der »New York Times«.[115]

Der Begriff »Renrou sousuo« beschreibt das Phänomen sehr gut, die Menschenfleisch-Suchmaschine hat etwas Blutrünstiges. Es ist kein Tool für Gerechtigkeit, sondern für Rache. Der Cybermob verliert das Gefühl dafür, wann es zu viel wird, wann ein größeres Unrecht entsteht als jenes, das man eigentlich vergelten wollte. Selbstjustiz par excellence.

Die gesammelte Wut richtete sich mitunter sogar gegen Kader des kommunistischen Parteiapparats. So wurde bereits ein hochrangiger Beamter des Ministeriums für Meeresangelegenheiten gejagt, dem eine Familie vorwarf, dass er ihre Tochter vergewaltigen wollte. Er habe das Kind in einem Lokal auf die Herrentoilette gezerrt, doch das Mädchen konnte sich befreien. Die Polizei ließ den Mann gehen, denn, so die öffentliche Erklärung, es fehlten die Beweise. Viele Internetuser wollten dem nicht glauben. Nach ihrer Ansicht wollte

---

[115] Downey, Tom: China's Cyberposse, online unter http://www.nytimes.com/2010/03/07/magazine/07Human-t.html?_r=1&hp=&pagewanted=all& (Stand: 27. August 2013).

sich ein Apparatschik an einem Mädchen vergehen und die Polizei deckte ihn. Im Internet wurde der Fall zu einem riesigen Thema, bis die Regierung handelte und den Beamten entließt – wohlgemerkt, ohne dass es jemals eine Anklage gegen den Mann gab.[116]

Doch man muss gar nicht unter Verdacht stehen, ein Tierquäler oder Pädophiler zu sein, um zum Opfer der Menschenfleisch-Suchmaschine zu werden. Es kann schon reichen, seiner Frau untreu zu werden. Im Dezember 2007 nahm sich die 31-jährige Chinesin Jiang Yan das Leben. Sie war todunglücklich, weil sich ihr Mann von ihr getrennt und eine neue Beziehung mit einer Kollegin begonnen hatte. Jiang Yan startete im Netz ein geheimes Tagebuch und berichtete von ihrer Pein – und sie bereitete sich gedanklich auf den Selbstmord vor.

Nach ihrem Tod wurde das Tagebuch öffentlich und zu einer Sensation im Netz. Tausende Menschen lasen von der Verzweiflung der Frau und fühlten mit ihr. Viele machten ihren Mann, Wang Fei, für den Selbstmord verantwortlich, er wurde ausgeforscht, verlor seine Anonymität, in der Folge den Job bei der Werbeagentur, bei der er gearbeitet hatte, und musste untertauchen. Doch selbst das reichte noch nicht allen Mitgliedern des Mobs: Ein User erklärte zum Beispiel, andere Agenturen sollten ihm bloß keinen Job geben, denn sonst, so die Drohung, würden sie selbst zum Opfer der Menschenfleisch-Suchmaschine werden.[117]

In China ist das Phänomen namens Renrou sousuo ein großes Problem, allerdings finden auch in vielen anderen Ländern ähnliche Formen digitaler Hexenverfolgung statt, zum Beispiel nach dem Anschlag auf den Boston Marathon. Als am 15. April 2013 während des Marathons zwei Bomben in der Stadt explodierten, startete im Netz eine massenhafte Suche nach den Attentätern. Vor allem die Community des Onlineportals Reddit.com wollte den Terroristen selbst auf die Spur kommen, man analysierte Videoaufnahmen, zeichnete auf den Bildern rot ein, wer in der Menge eine größere Tasche dabeihatte, es wurden Namen potenzieller Täter genannt – die sich allesamt als falsch erwiesen. Statt den Fall aufzuklären, stellte

---

[116] Vgl. Hong, Chen: Shenzhen official cleared of child molestation charge, online unter http://www.chinadaily.com.cn/regional/2008-11/06/content_7179553.htm (Stand: 27. August 2013).

[117] Vgl. Downey, a.a.O.

die Reddit-Community Unschuldige an den Pranger, eine höchst gefährliche Aktion: Unmittelbar nach derartigen Anschlägen sind die Emotionen so stark, ist die Wut so groß, dass dies auch zu Gewalt führen kann gegen einen zu Unrecht Verdächtigten.[118]

Reddit entschuldigte sich im Nachhinein, in der offiziellen Stellungnahme hieß es: »Obwohl ausgelöst durch gute Absichten, befeuerten die Aktivitäten auf Reddit eine Hexenjagd und gefährliche Spekulationen, die zu äußerst negativen Konsequenzen für Unschuldige führten.«[119] Konkret ging es etwa darum, dass ein als vermisst geltender Student als Täter verdächtigt und seiner Familie zusätzlich Schmerz zugefügt wurde. Er hatte offenbar an Depressionen gelitten und eine Auszeit von seiner Universität genommen. Erst später stellte sich heraus, dass der 22-Jährige zum Zeitpunkt des Attentats vermutlich schon tot gewesen war. Der Verdacht liegt nahe, dass er sich selbst das Leben genommen hatte.

Die digitale Hexenjagd beschränkt sich also beileibe nicht auf China. Es gibt allerdings einen Grund, warum ausgerechnet dort dieses Phänomen so ausgeprägt ist. Der Staat schützt seine Bürger nicht so effektiv vor derartiger Verfolgung und einem Eingriff in die Privatsphäre wie zum Beispiel in Europa oder den USA. Dabei hat China die totalitärste Überwachung der eigenen Internetbevölkerung aufgebaut, den die Menschheit bisher kennt. Die »Great Firewall of China« gibt genau vor, welche Seiten die Bürger und Bürgerinnen lesen dürfen. Und, wie der Cyberdissident Michael Anti erklärte, ist echte Anonymität bloßes Wunschdenken: »Das kommunistische Regime weiß alles.«[120]

Ich habe mit Anti auch über das Phänomen der Menschenfleisch-Suchmaschine gesprochen. Er erklärte mir, dass viele Menschen genau deswegen anonym bleiben wollen. Sie könnten ihre Identität zwar nicht vor den Zensoren verbergen, aber wenigstens

---

[118] Pickert, Kate: Inside Reddit's Hunt for the Boston Bombers, online unter http://nation.time.com/2013/04/23/inside-reddits-hunt-for-the-boston-bombers/ (Stand: 27. August 2013).

[119] N.N.: Reflections on the Recent Boston Crisis, online auf dem Reddit-Firmenblog unter http://blog.reddit.com/2013/04/reflections-on-recent-boston-crisis.html (Stand: 27. August 2013).

[120] Aus dem Gespräch im Mai 2013 via Skype (Übers. ins Deutsche von I. B.).

3 Wie Anonymität Mobilisierung und Mobs fördert

hoffen, nicht zum Opfer von Renrou sousuo zu werden.»Wird man im Westen von irgendeinem Typen gejagt und ist keine öffentliche Figur, sondern nur ein normales Individuum, dann wird dieser Typ von Gesetzes wegen verfolgt werden. Stimmt's? Aber in China, in Thailand, in Taiwan, ich würde meinen, sogar in Südkorea, fehlt es der Regierung an der Fähigkeit, das Individuum zu beschützen. Das Rechtssystem ist noch nicht reif genug, um mit diesen Fragen fertigzuwerden.«[121]

Offenbar investiert das chinesische Regime viel Geld und Personal dafür, die eigenen Bürger zu überwachen – nicht jedoch, um sie vor einem wütenden Mob zu beschützen. Auch in anderen, demokratischen asiatischen Staaten scheint die Justiz dieses Problem nicht in den Griff zu kriegen. In Südkorea etwa ereignete sich ein extremes Beispiel, bekannt als Fall des »Dog Poop Girl«, des Hundescheiße-Mädchens; auf Koreanisch: »gae-ttong-nyue«.[122]

Die junge Frau wurde zur Unperson, zur Geächteten im ganzen Land, bloß weil sie im Juni 2005 in der Seouler U-Bahn negativ aufgefallen war. Ihr Schoßhündchen hatte auf den Boden gemacht. Der Studentin war das anscheinend unangenehm, Passagiere regten sich auf, aber die Frau wischte den Haufen trotzdem nicht weg, sondern verließ die U-Bahn bei der nächsten Station. Fotos von dem Vorfall erschienen im Netz, die Geschichte verbreitete sich rasant. Ein wahrer »Shitstorm« – so bezeichnet man im Netz einen Sturm der Entrüstung, bei dem mehrere User über eine Person, eine Organisation oder ein Unternehmen herziehen; manchmal allerdings in einer komplett überzogenen Art und Weise.

Internetuser forschten Identität, Alter und die Universität der Studentin aus. Binnen weniger Tage waren diese Informationen auf etlichen Websites zu finden, inklusive zahlreicher Witze und viel Fäkalhumor. Egal, wohin die junge Frau ging, überall war sie als

---

[121] Ebd. (Übers. ins Deutsche von I. B.)
[122] Solove, Daniel J.: Future of Reputation. Gossip, rumor, and privacy on the internet, Yale University Press, New Haven and London 2007, S. 1. Das Buch kann kostenlos heruntergeladen werden unter http://docs.law.gwu.edu/facweb/dsolove/Future-of-Reputation/text.htm

Hundescheiße-Mädchen gebrandmarkt. Schließlich verließ sie sogar ihre Universität.[123]

Der Fall sorgte international für Aufsehen, amerikanische und europäische Medien berichteten über den Cybermob, der Rechtsprofessor Daniel J. Solove von der George Washington University schrieb darüber in seinem Buch »The Future of Reputation«: »Im Falle des Hundescheiße-Mädchens nutzten die Menschen die Kraft des Internets, um eine Norm zu erzwingen – die Verpflichtung, dass man hinter seinem Hund aufräumt. (...) Normen halten Gesellschaften zusammen, regulieren unseren alltäglichen Umgang, fördern die Höflichkeit.«[124] Das Mädchen hatte diese Norm eindeutig verletzt, aber waren die Reaktionen im Netz noch angemessen? Eine Frage, die der Jurist gleich selbst beantwortet: »Die Blogosphere kann ein viel mächtigeres Werkzeug zum Norm-Erzwingen sein, indem Blogger sich als Cybermob aufführen, einzelne Regelverletzer ausforschen und mit einem digitalen Schandfleck brandmarken. Mit solch einem permanenten Aufzeigen des eigenen Regelverstoßes konfrontiert zu werden, hebt die Sanktion auf ein bisher nicht dagewesenes Level.«[125]

Genau das macht den Netzpranger so unangenehm: Nach einem derartigen Vorfall kann ein Betroffener nicht einfach Adresse oder Arbeitgeber wechseln und hoffen, niemals mehr damit konfrontiert zu werden. Die Information bleibt in der Regel gespeichert und für künftige Arbeitskollegen, Chefs, Freunde auffindbar. Die Wahrscheinlichkeit ist sehr hoch, dass man auch in Zukunft immer wieder darauf angesprochen oder deswegen benachteiligt wird. Im Fall des Hundescheiße-Mädchens war die Unverhältnismäßigkeit eklatant: Hat sie wirklich so viel Häme verdient, weil sie einmal nicht hinter ihrem Hund aufgeräumt hat?

---

[123] Vgl. Krim, Jonathan: Subway Fracas Escalates Into Test Of the Internet's Power to Shame, online unter http://www.washingtonpost.com/wp-dyn/content/article/2005/07/06/AR2005070601953.html?referrer=emailarticle (Stand: 13. Juni 2013).

[124] Solove, Future of Reputation, S. 6 (Übers. ins Deutsche von I. B.).

[125] Ebd. (Übers. ins Deutsche von I. B.)

3 Wie Anonymität Mobilisierung und Mobs fördert

Es gibt durchaus Vorschläge, wie die Problematik des scheinbar[126] lückenlosen Netzgedächtnisses zu lösen wäre. Der Rechtsprofessor Viktor Mayer-Schönberger[127] von der Universität Oxford fordert in seinem Buch »Delete« etwa ein »Recht auf Vergessen«, Informationen sollten nicht mehr in alle Ewigkeit gespeichert werden. In einem Interview, das ich mit ihm für die Wochenzeitung »Falter« führte, erklärte er mir:

»Das Wiederaufrufen einer alten Information soll nicht beiläufig passieren, damit man nicht so leicht darüberstolpert. Speichern Sie Ihre alten E-Mails etwa auf einer externen Festplatte und verstauen Sie diese Festplatte in der Schublade! Dann werden Sie nur darauf zugreifen, wenn Sie gezielt nach einer Information suchen. Oder Google könnte alte Suchresultate grau einfärben, damit diese etwas vergilbt aussehen. Dann bekommen wir sofort das Gefühl, dass es sich um alte Informationen handelt, die vielleicht nicht mehr so relevant sind.«[128]

Mayer-Schönberger kann sich vorstellen, dass Gesetze oder neue technische Tools uns die Möglichkeit geben, veraltete Information zu beseitigen. Auch gibt es bereits Firmen, die sich darauf spezialisiert haben, dass unliebsame Einträge wieder aus dem Netz entfernt werden. Dem Professor aus Oxford geht es aber vor allem um eine Debatte, die uns bewusst macht, wie unbarmherzig eine Gesellschaft werden kann, die nichts vergisst. »Bisher hat einem die Gesellschaft zugestanden, dass man sich verändert, es wurde akzeptiert, dass man

---

[126] Ich schreibe »scheinbar«, da es natürlich sehr wohl Lücken in der digitalen Speicherung gibt. Zum Beispiel passiert immer wieder, dass Websites offline gehen oder dass Technologien und Dateiformate veralten, sodass man nur schwer auf sie zugreifen kann.

[127] Mayer-Schönberger hat auch das bereits erwähnte Buch »Big Data« mit dem Journalisten Kenneth Cukier gemeinsam verfasst. »Delete« erschien zuvor. In beiden Werken geht es um die Frage, die sich das Speichern all dieser Daten auf uns Menschen auswirkt. Weitere Infos zu Viktor Mayer-Schönberger: http://www.vmsweb.net/

[128] Brodnig, Ingrid: Hilfe, das Internet vergisst nichts!, in: Falter 40/11, 5. Oktober 2011, S. 27 – das Interview ist auch online unter http://brodnig.org/2011/10/09/hilfe-das-internet-vergisst-nichts/

Fehler macht, diese Fehler wurden vergeben – und vergessen. Psychologen sagen: Nur wer vergisst, kann auch vergeben.«[129]

Vergeben zu können und auch Milde zu zeigen, ist wichtig für eine Gesellschaft, die aus Menschen besteht, die allesamt Fehler machen. Doch leider fällt gerade der Cybermob nicht durch Empathie oder Zurückhaltung auf. Doch woran liegt es, dass Menschen in der anonymen Masse zu Ausschreitungen neigen?

Neu ist dieses Phänomen von Massenausschreitungen auf keinen Fall. Treffen viele Menschen aufeinander, kann das mitunter ausarten. Das kennt man von Fußballspielen, bei denen Hooligans zu randalieren beginnen, vielleicht sogar den Platz stürmen, oder von Demos, wenn die Stimmung immer geladener wird und irgendwann Steine fliegen. Dabei machen mitunter sogar Menschen mit, die normalerweise nicht zu Gewalttätigkeiten neigen. Psychologen haben diese Gruppendynamik schon lange vor der Entstehung des Webs beobachtet und bezeichnen dies als »Deindividuation«, einen Bewusstseinszustand, der Ausschreitungen in einer anonymen Gruppe erklärt.

Dabei verliert der Einzelne gewissermaßen das Gefühl für seine Individualität und nimmt sich als Teil der Masse wahr. Seit den 1950er-Jahren beobachteten Psychologen wie Leon Festinger, Stanley Milgram oder Philip Zimbardo immer wieder, dass Anonymität oft »antisozialem Verhalten« vorausgeht. Sie führt gewissermaßen zu einer Verringerung der Selbstwahrnehmung. Wenn man sich als einer von vielen und damit unerkannt fühlt, sinkt die Angst vor Sanktionen, ebenso das Verantwortungsbewusstsein und die Schuldgefühle.

Das haben auch etliche Experimente gezeigt. So wurden etwa College-Studentinnen in zwei Gruppen unterteilt und bekamen den Auftrag, anderen Studierenden zu »Lernzwecken« Elektroschocks zu verpassen. Bei der einen Gruppe wurde die Selbstwahrnehmung möglichst eingeschränkt: Die Probandinnen trugen uniform geschnittene Labormäntel und Kapuzen, sie wurden nie einzeln, sondern immer nur als Kollektiv angesprochen. Bei der anderen Gruppe war es genau umgekehrt: Hier bekamen die Frauen große Namensschilder, keine Arbeitsuniform, jede von ihnen wurde mit ihrem Namen

---

[129] Ebd.

3 Wie Anonymität Mobilisierung und Mobs fördert

eingewiesen und den anderen vorgestellt. Das Ergebnis: Die verhüllten, anonymen Teilnehmerinnen gingen wesentlich härter vor, sie verteilten im Durchschnitt doppelt so starke Elektroschocks wie die Teilnehmerinnen aus der Vergleichsgruppe.[130]

Die genialste Studie führte der amerikanische Psychologe Ed Diener gemeinsam mit Kollegen in den 1970er-Jahren durch. Zu Halloween ist es in den USA üblich, dass sich die Kinder verkleiden und in der Nachbarschaft um Süßigkeiten betteln. Gibt ihnen ein Erwachsener nichts Süßes, dann drohen ihm Streiche. Diesen Brauch namens »trick or treat« machte sich Diener zunutze, um den Effekt der Deindividuation an Kindern zu testen. Gemeinsam mit seinen Kollegen überwachte er 27 Häuser in Seattle. Dort stand im Vorraum jeweils eine Schüssel mit Kleingeld und eine mit Naschereien. Läuteten die Kinder an, machte ihnen stets eine Frau die Tür auf und sagte ihnen, dass sie gern ein Stück von den Süßigkeiten nehmen dürften. Dann zog sich die Person wieder zurück, angeblich, weil sie noch arbeiten musste. Die Kinder standen also scheinbar unbeobachtet im Vorraum und konnten sich entscheiden, ob sie eine Süßigkeit, viele Süßigkeiten oder sogar Geld nehmen sollten. Natürlich waren sie nicht unbeobachtet. Im Raum daneben verfolgte man ihre Reaktion und zeichnete sie auf. Mehr als 1.300 Kinder nahmen unwissentlich an der Feldstudie teil. Zuerst die gute Nachricht: Die Kinder waren überraschend ehrlich. Zwei von drei nahmen kein Geld und auch nicht mehr Süßigkeiten, als ihnen zustanden.[131]

Allerdings fielen massive Unterschiede auf, je nachdem, ob die Kinder in einer Gruppe kamen, ob sie identifizierbar waren. Manche Burschen und Mädchen wurden nach ihrem Namen gefragt oder danach, wo sie herkamen. Bei ihnen sollte das Gefühl der Anonymität verringert werden.

Am seltensten klauten jene Kinder, die allein kamen und nach ihrem Namen gefragt worden waren. Von ihnen stahlen nur rund 8

---

[130] Vgl. Hardy, Malcom/Heyes, Steve: Beginning Psychology. A comprehensive introduction to psychology. 5. Ausgabe. Oxford University Press, Oxford 1999, S. 125 f.

[131] Diener, Edward et al.: Effects of Deindividuation Variables on Stealing Among Halloween Trick-or-Treaters. In: Journal of Personality and Social Psychology, Ausgabe 33, Nummer 2, 1976, S. 180 f.

Prozent. Bei den Buben und Mädchen, die in einer Gruppe kamen und sich anonym fühlten, klaute mehr als jeder Zweite, nämlich 57 Prozent. Außerdem wandten die Forscher einen weiteren Trick an, um die Deindividuations-These zu testen: In einigen Gruppen sprach die Erwachsene das kleinste Kind an und erklärte ihm, dass sie dieses Kind verantwortlich machen würde, sollte jemand zu viele Süßigkeiten oder Geld nehmen. Das Ergebnis: Die anderen Kinder klauten umso mehr, hier waren es sogar 80 Prozent. Bei ihnen wurde die Verantwortung sozusagen auf den Schwächsten abgewälzt.[132]

Studienautor Ed Diener erklärt: »Eine deindividuierte Person wird durch situationsabhängige Faktoren in einer Gruppe davon abgehalten, sich selbst wahrzunehmen. Deindividuierte Personen werden daran gehindert, sich selbst als eigenes Individuum wahrzunehmen und ihr eigenes Verhalten zu hinterfragen.«[133]

Diese These passt gut zum Netz, weil hier leicht das Gefühl entsteht, dass man nur einer von vielen und unerkannt ist. Eine der hässlicheren Facetten davon ist die kollektive Menschenfleisch-Suche.

All das führt uns zu einer wesentlichen Frage: Sind viele Menschen in ihrem Innersten böse? Man hat gesehen, dass einige egozentrischer oder gar aggressiver werden, wenn sie sich nicht beobachtet fühlen. Heißt das, diese Menschen sind in Wahrheit keine guten Menschen? Mit der Frage hat sich auch der Psychologieprofessor Suler, der den Online Disinhibition Effect erfand, beschäftigt: »Manche Leute berichten, dass sie sich im Cyberspace mehr als ihr wahres Ich fühlen. Wenn Persönlichkeit also aus mehreren Schichten besteht und in ihrem Kern das wahre Selbst liegt – begraben unter den äußerlichen Abwehrmechanismen und den scheinbar oberflächlichen Rollen alltäglicher sozialer Interaktionen –, setzt dann der Enthemmungseffekt das wahre Selbst frei? Das ist ein verlockender Schluss. (...) Wenn man dieses Ding namens ›Selbst‹ psychologisch

---

[132] Vgl. ebd. – Eine gute Zusammenfassung des Experiments findet man auf http://www.spring.org.uk/2010/01/cheating-does-deindividuation-encourage-it.php

[133] Diener, Edward: Deindividuation: The absence of self-awareness and self-regulation in group members. In: Paulus, Paul (Hrsg.): The Psychology of Group Influence. Erlbaum Verlag, Hillsdale 1980, S. 210 (Übers. ins Deutsche von I. B.).

3 Wie Anonymität Mobilisierung und Mobs fördert

sowie philosophisch näher analysiert, fallen jedoch Komplexitäten auf, die sich nicht auf diese verlockende Weise erklären lassen.«[134]

Das menschliche Selbst ist womöglich nicht so eindimensional, als dass es eine einzige wahre Facette davon gäbe. Vielmehr sind auch diese Schutzmechanismen und Unterdrückungsprozesse Teil unserer Persönlichkeit. Suler bezieht sich beispielsweise auf die These des »Stroms des Bewusstseins« des amerikanischen Psychologen William James, wonach es kein reines »Selbst« gibt, sondern wir von einem Bewusstseinszustand zum nächsten switchen und diese Bewusstseinszustände auch ineinander übergreifen. Man könnte es als eine sehr dynamische Definition des Ichs begreifen, bei der das Bewusstsein des Individuums zwar immer auf denselben Erfahrungen aufbaut, aber doch sehr wandlungsfähig ist und sich je nach Kontext auch unterschiedlich verhalten kann.[135]

Eigentlich tun wir das alle Tag für Tag: Wir verhalten uns anders, nehmen eine andere Rolle ein, je nachdem, ob wir mit unseren Freunden oder dem Chef, dem Partner oder dem Professor reden. Unsere Körperhaltung und der Tonfall verändern sich schlagartig, wenn sich der Kontext wandelt. Es ist ganz normal, dass man sich je nach Kontext unterschiedlich verhält, unterschiedlich viel von sich preisgibt. Jeder Mensch hat verschiedene Gesichter, und die Vorstellung, dass man sich für eines davon entscheiden müsste, hat in meinen Augen etwas Beklemmendes.

Menschen sind also nicht böse, weil sie sich online anders aufführen als offline, weil sie ihr Verhalten eben an die Rahmenbedingungen anpassen. Die entscheidende Frage lautet: Wie können wir Online-Communitys, also die fragmentierte Gesellschaft im Netz, so gestalten, dass Menschen zu einem angenehmen Verhalten motiviert werden und nicht ihre schlimmste Seite zeigen? Es ist wohl ein Balanceakt, ein angenehmes Miteinander zu schaffen, ohne gleich in eine Überwachungsinfrastruktur abzugleiten. Das zeigt nicht zuletzt die Klarnamendebatte, bei der es genau um dieses Dilemma geht.

---

[134] Suler, Online Disinhibition Effect, a.a.O. (Übers. ins Deutsche von I. B.)
[135] Vgl. ebd.

Die Macht der Trolle: Warum die Störenfriede im Netz so erfolgreich sind

In den Anfangstagen des Webs waren viele tatsächlich der Meinung, dass es keiner Regeln und Aufsicht bedürfe. Es herrschte blindes Vertrauen, dass die User im Netz am gleichen Strang ziehen würden. Aber schon bald machten die idealistischen Internetpioniere die Erfahrung, dass nicht alle so hehre Motive verfolgten.

In den Siebzigerjahren gab es das Internet zwar schon, aber nahezu niemand hatte Zugang dazu, nur eine kleine Gruppe hochgebildeter und technikaffiner Menschen, oft Universitätsangehörige oder Mitarbeiter aus der frühen IT-Branche. Im Jahr 1978 ging in Kalifornien eines der ersten Online-Diskussionsforen online, ein ziemlich spiritueller und sozialer Ort, an dem man gemeinsam über die wichtigen Fragen des Lebens nachdenken wollte. Die Entwickler nannten ihr Projekt CommuniTree, eine Mischung aus »Community« und »Tree«, Gemeinschaft und Baum. Es handelte sich um ein Experiment der damaligen virtuellen Hippie-Elite und war auch dementsprechend offen: Jeder konnte unter dem Schutz seiner Privatsphäre alles posten und es gab keine Moderationstools, um problematische Postings zu beseitigen. Dies sollte sicherstellen, dass alle möglichst frei und unzensuriert diskutieren konnten.[136]

Die Mitglieder von CommuniTree waren also Cyberhippies, doch ihr Experiment kam zu einem abrupten Ende. Ab den 1980er-Jahren erhielten immer mehr Menschen Zugang zum Netz, auch Teenager. Apple hatte mit der US-Regerung einen Deal abgeschlossen: Der Computerhersteller musste weniger Steuern zahlen, dafür lieferte er gratis Rechner an Schulen – viele Geräte waren schon mit Modems ausgestattet. So entdeckten Schüler das Diskussionsforum: CommuniTree wurde zum Opfer von klassischen Teenager-Scherzen.

Die Jugendlichen begannen das Diskussionsforum zu sabotieren. Sie brauchten den gesamten Speicherplatz der Seite auf, unter anderem, indem sie möglichst viele Fäkal- und sonstige Kraftausdrücke niederschrieben. Den Macher des Forums, die die Seite mit

---

[136] Vgl. Stone, Allucquère Rosanne: Will the Real Body Please Stand Up?, online unter http://sodacity.net/system/files/Sandy_Stone_Will_the_Real_Body_Please_Stand_Up.pdf (Stand: 9. September 2013).

3   Wie Anonymität Mobilisierung und Mobs fördert

besten Absichten programmiert und nicht mit der Zerstörungsfreude pubertierender Jungs gerechnet hatten, fehlten Moderationstools, um dagegen vorzugehen. Sie hatten schließlich ihre Kontrollmöglichkeiten absichtlich eingeschränkt, um ein möglichst lockeres Ambiente zu schaffen. Jetzt waren sie machtlos.[137]

Nach mehreren Versuchen, die Seite zu retten und neuen Speicherplatz zu schaffen, gab die Community klein bei. Die Seite wurde gelöscht. Die Erinnerung an das gescheiterte Experiment dient Programmierern bis heute als abschreckendes Beispiel und als Beleg dafür, dass Foren Sicherheitsmechanismen und Kontrollmöglichkeiten brauchen. Die Medienforscherin und Künstlerin Sandy Stone hat den Fall miterlebt, dokumentiert und in einem spannenden Beitrag CommuniTree als eine zentrale Erfahrung der Webcommunity beschrieben. Seit damals sei klar, dass es gänzlich ohne Kontrolle nicht gehe: »Das Zeitalter der Überwachung und sozialen Kontrolle hatte die elektronische virtuelle Community erreicht.«[138]

Im Netz gibt es einen eigenen Begriff für Menschen, die gar nicht konstruktiv mitreden wollen; denen es in erster Linie darum geht, andere auf die Palme zu bringen; für die es regelrecht ein Sport ist, andere zu irritieren: »Trolle«. Die Jungs, die CommuniTree zu Fall brachten, waren wohl eine frühe Form davon – und im Laufe der Zeit wurde das Phänomen immer ärger.

In der nordischen Mythologie sind Trolle Sagenwesen, die in Höhlen oder unter Brücken leben und manchmal Menschen fressen oder kleine Kinder stehlen. Doch der Name der Internettrolle stammt vermutlich aus der Anglersprache. Fischer kennen die Methode, einen Köder auf ihre Angel zu spannen und mit dem Motorboot langsam durch ein Gewässer zu fahren. Die Raubfische sehen den

---

[137] Der gesamte Speicherplatz von CommuniTree umfasste damals 300 Kilobytes, was heute nahezu nichts ist. Ein Kilobyte ist etwas weniger als ein Tausendstel eines Megabytes, aber in solchen Dimensionen dachte man freilich Ende der Siebzigerjahre noch nicht. Die Programmierer von CommuniTree waren überzeugt, dass sie niemals die ganzen 300 kb aufbrauchen würden, aber sie unterschätzten die zerstörerische Kreativität der Teenager, die mit ihren Furz- und Sex-Scherzchen das Forum zumüllten.

[138] Stone, a.a.O. (Übers. ins Deutsche von I. B.) Interessant ist auch ein Vortrag, den sie 1993 im Grazer Künstlerhaus hielt, online unter http://gender.eserver.org/what-vampires-know.txt

Köder davonschwimmen und schnappen zu – prompt hängen sie am Haken. Im Englischen heißt diese Technik »Trolling«, im Deutschen »Schleppfischen«.

Auch der Internettroll wirft einen Köder aus, nur will er keine Fische, sondern andere Internetuser an die Angel kriegen. Trolle amüsiert die Aufregung der anderen. Sie sehen es als Beweis ihrer eigenen emotionalen und kognitiven Erhabenheit, wenn sie bei anderen Wut, Verwirrung oder Trauer auslösen.

Judith Donath vom Massachusetts Institute of Technology (MIT) beobachtete dieses Phänomen bereits in den 1990er-Jahren. Damals war das Usenet sehr populär, ein Netzwerk, in dem man sich in verschiedensten Untergruppen austauschen konnte.[139] In der Gruppe soc.couples.wedding holte man sich zum Beispiel Tipps für die Hochzeit oder besprach mit anderen das freudige Event. Die Gruppe wurde im Jahr 1995 von einer Troll-Pionierin heimgesucht – ob es wirklich eine Frau war, weiß man nicht. Die Unruhestifterin nannte sich »Cheryl« und sorgte immer wieder für Aufregung, indem sie die Heiratspläne der User niedermachte. So erklärte sie Usern, dass ihre Hochzeit viel zu ordinär sei und sie lieber gar nicht heiraten sollten, wenn sie nicht genug Geld für ein großes Fest hätten. Naturgemäß erhitzte das die Stimmung und immer wieder zettelte »Cheryl« heftige Streitereien zwischen den Usern an, bis jemand meinte, dass es sich vermutlich um einen »Troll« handle. Schon damals gab es also diesen Begriff.[140]

Donath bezeichnete das Trollen als »Spiel, bei dem man seine Identität verschleiert, wobei dieses Spiel ohne die Zustimmung der meisten anderen Mitspieler abläuft. Der Troll versucht wie ein seriöser Teilnehmer zu wirken, der die gemeinsamen Interessen und Anliegen der Gruppe teilt.«[141]

Trolle sind auch deswegen so fies, weil sie oft den Eindruck erwecken, als wollten sie ernsthaft mitdiskutieren, während es ihnen

---

[139] Das Usenet gibt es zwar noch heute, aber es ist nicht mehr so von Bedeutung, wie es in den Achtziger- und Anfang der Neunzigerjahre war.
[140] Vgl. Donath, Judith S.: Identity and Deception in the Virtual Community, online unter http://smg.media.mit.edu/people/Judith/Identity/IdentityDeception.html (Stand: 9. September 2013).
[141] Ebd. (Übers. ins Deutsche von I. B.)

3 Wie Anonymität Mobilisierung und Mobs fördert

tatsächlich nur um die Provokation geht. Das sorgt häufig für Streit innerhalb der Community, und es wird diskutiert, ob man den Störenfried sperren soll oder ob das ungerecht wäre. Trolle sind quasi Hacker unserer Gefühle, sie versuchen, die Mechanismen des menschlichen Miteinanders zu durchschauen, und greifen dort an, wo sie Schwachstellen finden.[142]

Aber Trolle sind längst nicht mehr Einzelkämpfer, es gibt mittlerweile eigene Websites und eine eigene Online-Enzyklopädie, die diesen Quälgeistern huldigt, die »Encyclopedia Dramatica«. Was Wikipedia für den normalen User ist, ist die Encyclopedia Dramatica für Trolle.[143] Hier werden die wichtigsten Stunts der Unruhestifter dokumentiert und zelebriert und Trollen zu einer Art Ideologie hochstilisiert. Eine wirkungsvolle Methode gegen diese Unruhestifter ist übrigens, sie einfach zu ignorieren. Kriegen sie kein emotionales Feedback, ziehen sie meist weiter und suchen sich ein leichteres Opfer. Ein Grundsatz im Netz lautet: »Don't feed the Trolls«, gib Trollen bloß kein Futter.

Eine simple Lösung, die aber nicht immer funktioniert. Denn es gibt Situationen, in denen man einen Troll nicht unkommentiert weitermachen lassen kann, in denen es sinnvoll wäre, dass die Community gegen so jemanden vorgeht – das passiert aber oft nicht. Denn die Trolle wenden einen Trick an: Sie berufen sich auf einen Grundwert, der der Netzcommunity ungeheuer wichtig ist: die Meinungsfreiheit.[144]

---

[142] Diesen wunderbaren Vergleich, dass Trolle quasi die Hacker unserer Gefühle sind, habe ich vom »Gawker«-Journalisten Adrian Chen, nun ja, abgeschaut: http://gawker.com/5950981/unmasking-reddits-violentacrez-the-biggest-troll-on-the-web – Wie man im Englischen sagt: Imitation is the sincerest form of flattery, Nachahmung ist die aufrichtigste Form von Schmeichelei.

[143] Der Eintrag zu den Trollen auf der Encyclopedia Dramatica ist sozusagen eine Huldigung dieser Quälgeister: https://encyclopediadramatica.es/Troll

[144] Zum Beispiel ist es ein Sport unter manchen Trollen, die Memoriums-Seiten von Verstorbenen zu verschandeln. Wenn Jugendliche sterben, veröffentlichen oft Klassenkameraden eine öffentliche Gedenkseite auf Facebook. Immer wieder kommt es vor, dass Trolle diese Seiten aufsuchen und dort Gemeinheiten über den Toten verbreiten. Das ist zwar eine total primitive Taktik, aber sie wirkt und löst heftige Emotionen bei den Angehörigen aus. Hier funktioniert der Rat »Don't feed The troll« kaum, weil sich die Freunde und Familienmitglieder natürlich verantwortlich fühlen, auf diesen gemeinen Troll zu reagieren.

Vielen User ist Meinungsfreiheit ein zentrales Anliegen, weil sie das Netz als demokratisches Tool betrachten, das auch die Stimmen jener wiedergibt, die sonst nicht gehört werden. Dieses egalitäre Ansinnen ist auch so manchem Forenposter wichtig. Meinungsfreiheit gilt als oberstes Gut und es herrscht eine extrem ausgeprägte Sensibilität gegenüber jeglicher auch noch so unauffälliger Form von Zensur. Aus demokratiepolitischer Sicht ist es grundsätzlich gutzuheißen, dass die Internetcommunity auf diesem Grundrecht beharrt – nicht zuletzt, weil wir in einer Zeit zunehmender Überwachungsgesetze und größer werdender Polizeibefugnisse leben.

Nur: Das ausgeprägte Rechtsempfinden vieler User, diese Begeisterung für die Meinungsfreiheit, wird von Trollen missbraucht, die nichts anderes als emotionalen Schaden anrichten wollen. Dazu ein besonders krasses Beispiel.

Der Onlineposter Violentacrez ist der »größte Troll im Web«, zumindest behauptete das das Onlinemedium »Gawker«, als es die Identität des Amerikaners im Oktober 2012 offenlegte. Violentacrez war zu einer öffentlichen Figur geworden, Fernsehstationen und Zeitungen hatten über seine Gehässigkeiten berichtet und viele Menschen fühlten sich angegriffen.[145]

Violentacrez könnte man als einen Großmeister der Trollerei bezeichnen. Er lebte diese destruktive Kunstform auf dem Onlineportal Reddit.com aus. Reddit ist eine extrem populäre Seite, die neue und spannende Links liefert. Wer wissen will, was im Netz gerade für Gespräche oder Gelächter sorgt, muss nur dort auf der Frontpage vorbeischauen.

Viele User und Userinnen kennen die unterhaltsame Startseite von Reddit, es gibt aber auch einen umstritteneren Teil von Reddit, nämlich Unterforen, in denen die User Themen wie Gewalt, Rassismus oder Frauenfeindlichkeit glorifizieren.[146] Diese Foren waren das

---

[145] Chen, Adrian: Unmasking Reddit's Violentacrez, The Biggest Troll on the Web, online unter http://gawker.com/5950981/unmasking-reddits-violentacrez-the-biggest-troll-on-the-web (Stand: 17. April 2013).

[146] Ein Unterforum heißt etwa »rapingwomen«, in dem die User die Vergewaltigung von Frauen verherrlichen. Auf der Seite http://www.reddit.com/r/rapingwomen sieht man gleich das Bild von Josef Fritzl, dem verurteilten Sexualstraftäter aus Amstetten in Niederösterreich, der seine Tochter 24 Jahre lang gefangen hielt, vielfach vergewaltigte und mit ihr mehrere Kinder zeugte. Unter

3 Wie Anonymität Mobilisierung und Mobs fördert

Reich von Violentacrez[147], er moderierte oder erschuf Themenseiten wie »Chokeabitch«, »Misogyny«, »Incest«, »Jewmerica«, »Hitler«, »Rapebait«. Von Frauenhass über Vergewaltigungsfantasien bis hin zu Antisemitismus war alles dabei.

Auf Reddit war Violentacrez für seine provokanten Postings bereits eine Legende, richtig berühmt wurde er aber mit dem Unterforum »Jailbait«. Dort zeigten Violentacrez und andere User sexualisierte Bilder von minderjährigen Mädchen her. Man kann es nicht wirklich als Kinderpornografie bezeichnen, in der Regel sah man Mädchen im Bikini oder kurzen Röcken. Die Bilder hatten einige Reddit-Benutzer etwa von Facebook-Seiten der Kinder und Teenager entwendet und einem großen Publikum vorgeführt. Wie »Gawker« berichtet, löschte Violentacrez Bilder, wenn ihm ein Mädchen zu alt erschien, also älter als 16 oder 17.[148]

Das Forum lockte viele an, mehr als 20.000 Menschen abonnierten den Kanal, Monat für Monat verzeichnete die Jailbait-Seite Millionen von Zugriffen. Schließlich berichtete CNN darüber und Moderator Anderson Cooper kritisierte, dass Reddit so etwas erlaubt. Für sexualisierte Bilder von Minderjährigen haben viele Amerikaner kein Verständnis.

Widerwillig lenkten die Reddit-Betreiber ein und verbannten Jailbait sowie andere Unterseiten, auf denen Minderjährige sexualisiert wurden. Der Beitrag auf CNN war wohl der Höhepunkt in Violantacrez' Troll-Karriere. Aber diese war damit noch nicht beendet. Kurz darauf managte er das Unterforum »Creepshots«, bei dem es darum ging, dass Männer fremde Frauen im öffentlichen

---

seinem Bild steht: »Rape, it's what's forever.« Auf Deutsch in etwa: »Vergewaltigung ist für die Ewigkeit.«

[147] Violentacrez hat diesen Usernamen gewählt, weil er ein Fan des Blogs »Violent Acres« ist, das vor ein paar Jahren recht beliebt war und deren Verfasserin ebenfalls anonym blieb und sehr eigenwillige, häufig antifeministische Einträge verfasste. Sie hat übrigens auch erklärt, warum sie ihren Namen zurückhält: »Für mich sind die eingebrachten Ideen wichtig und mir ist der Name scheißegal. Wenn ich behaupten würde, mein Name sei Sissy McRealnamepants aus New Jersey, würde das irgendetwas, das ich sage, richtiger machen?« Der englische Originaltext ist nachzulesen auf http://www.violentacres.com/archives/52/frequently-asked-questions/

[148] Vgl. ebd.

Raum heimlich fotografierten und die Bilder dann auf Reddit verbreiteten. Man sah unscharfe Nahaufnahmen von Brüsten und Hinterteilen unbekannter Frauen, also das Bildmaterial von Stalkern.

Adrian Chen, Reporter des populären Blogs »Gawker«, machte Violentacrez ausfindig. Hinter dem Pseudonym steckte ein Amerikaner namens Michael Brutsch, ein damals 49-jähriger Informatiker aus Arlington, Texas. Der Troll bat den Journalisten, seine Identität nicht offenzulegen. Er argumentierte damit, dass nichts, was er geschrieben hatte, strafbar sei, aber dadurch sein Ruf ruiniert würde. Er bot dem Redakteur sogar an, zu dessen Marionette zu werden und als Violentacrez alles zu posten, was ihm dieser befahl. Chen lehnte ab und schrieb lieber seine Story.

In der Reddit-Community sorgte es für Empörung, dass es ein Redakteur gewagt hatte, jemanden aus ihren Reihen zu deanonymisieren. Im Hackerslang gibt es sogar einen eigenen Begriff dafür. »Doxing« bezeichnet die Veröffentlichung privater Daten oder Dokumente, um jemanden zu bestrafen. Der Begriff stammt von der Recherchemethode »Document tracing«, bei der man den digitalen Spuren eines Users folgt.

Viele Reddit-Teilnehmer fanden es unfair, dass Violentacrez' Identität enthüllt wurde, selbst wenn sie seine Ansichten zu Frauen oder Juden gar nicht teilten. Warum wollten sie den Troll beschützen? Erstens behagte diese Enthüllung vielen Usern wohl generell nicht, da sie selbst anonym bleiben wollen. Jede Abkehr von der Anonymität, und sei sie auch noch so gerechtfertigt, gefährdet ein Stück weit auch ihr eigenes Recht auf Anonymität. Zweitens baut Reddit auf einer sehr weitreichenden Definition von Meinungsfreiheit auf. Beiträge zu löschen wäre in den Augen manch eines Mitglieds Zensur, oder wie es der »Gawker«-Journalist Adrian Chen treffend formulierte: »Wenn du jemanden für etwas kritisierst, das du selbst nicht magst, bist du ein weinerlicher Faschist.«[149]

Nachdem der Artikel erschienen war, verlor Michael Brutsch tatsächlich seinen Job. Googelt man heute seinen Namen, stößt man sofort auf einen Wikipedia-Artikel über seine Zeit als Violentacrez. In den Augen manch eines Reddit-Mitglieds verletzte der Journalist

---

[149] Ebd. (Übers. ins Deutsche von I. B.)

die Privatsphäre des Trolls, der nun soziale Ächtung fürchten musste. Die Privatsphäre all jener Frauen und Mädchen, die Violentacrez jahrelang verletzt hatte, war weniger ein Thema: eine klassische Täter-Opfer-Umkehr.

Brutsch hat sich selbst zu einer öffentlichen Figur gemacht, er hat unglaublich viele Menschen in ihrer Würde verletzt, Frauen und Angehörige von Minderheiten als Menschen zweiter Klasse behandelt. Sein Vorgehen wurde von den Reddit-Moderatoren und vielen Usern toleriert und als seine Identität aufflog, hatten einige auch noch Mitleid. All das im Namen der Meinungsfreiheit.

Aus juristischer Sicht ist es ein Unsinn, dass die Meinungsfreiheit grenzenlos sein soll. Selbst in den USA, die ein viel toleranteres Verständnis von Meinungsfreiheit haben als wir im deutschsprachigen Raum, handelt es sich nicht um ein unumstößliches Menschenrecht. So notierte der Rechtsprofessor Daniel J. Solove: »Der Supreme Court entscheidet derzeit über Meinungsfreiheit-Fälle, indem er die Redefreiheit mit entgegengesetzten Rechten abwägt. Bei dieser Rechtsabwägung ist der Wert der freien Rede hoch, aber er ist keine absoluter Wert. Gibt es ausreichende Gründe, kann die freie Rede übertrumpft werden. Diese Rechtsabwägung schätzt die Meinungsfreiheit als wichtig ein, aber nicht als sakrosankt.«[150]

Die Güterabwägung ist das zentrale Instrument, mit dem in einem Rechtsstaat miteinander kollidierende Interessen ausverhandelt werden. Gerichte prüfen in solchen Fällen, welches Gut schützenswerter ist: das Recht des Posters auf Meinungsfreiheit oder das Recht des Betroffenen, vor Beleidigungen oder der Verletzung seiner Privatsphäre geschützt zu werden.

Erinnern wir uns an das Spickmich-Urteil, da entschied das deutsche Höchstgericht – nach gründlicher Abwägung – für das Recht auf Meinungsfreiheit. Dieses war im konkreten Fall wichtiger als das Recht der Lehrerin, nicht im Netz zur Schau gestellt zu werden. Oder überlegen wir uns, wie es in China wäre, würden die Gerichte tatsächlich Online-Stalking und Mobbing verfolgen. Dann wären Phänomene wie Renrou sousuo viel unwahrscheinlicher. Wang Fei, der Mann, dessen Frau sich nach der Trennung umgebracht hatte,

---

[150] Solove, Future of Reputation, S. 128 (Übers. ins Deutsche von I. B.).

wäre womöglich beschützt worden, hätte nicht seinen Job verloren und untertauchen müssen. In funktionierenden Demokratien haben wir Gerichte, die abwägen, ob eine Aussage noch zulässig ist oder unverhältnismäßig.

Trolle wollen diese Abwägung verhindern, sie tun so, als gäbe es nur hundert oder null Prozent Meinungsfreiheit. Das ist aber eine zu simple Weltsicht und hilft jenen, die ungestraft Meinungsexzesse betreiben wollen. Nach dieser Logik müssten alle anderen Grundrechte, der Schutz der Privatsphäre oder jener vor Verleumdung, dem Troll und seiner Redefreiheit untergeordnet werden. Diese Interpretation der Meinungsfreiheit führt dazu, dass in so manchen Online-Communitys die Rüpel geschützt werden, aber nicht deren Opfer.

Das Dilemma: Schaffen wir die Anonymität ab, um Kinderpornografie zu verhindern?

Die Debatte um Anonymität dreht sich zentral um die Frage, wie wir mit Meinungen umgehen sollen, die uns widerstreben oder die sogar strafrechtlich bedenklich sind. In meinen Augen verharmlosen viele Communitys solch verbale Entgleisungen – aus Angst, dass sonst generell ein Ende der Meinungsfreiheit oder der Anonymität droht. Um dies zu illustrieren, begebe ich mich auf dünnes Eis und spreche eines der größten Reizthemen im Internet an: Kinderpornografie.

Viele User hassen dieses Wort, weil damit stets der Ausbau der Polizeibefugnisse und Überwachungsgesetze gerechtfertigt wird. Mit Hinweis auf den Kampf gegen Kinderpornografie wurden schon diverse umstrittene Maßnahmen beschlossen, unter anderem die Vorratsdatenspeicherung. Kinderpornografie ist wie ein trojanisches Pferd, mit dem manch ein Sicherheitspolitiker umstrittene Bestimmungen ins Gesetzbuch schmuggelt. Die Taktik funktioniert: Welcher Politiker möchte schon den Eindruck erwecken, dass er Pädophile deckt?

Zu Recht kritisieren Datenschützer und Bürgerrechtler, dass die Kinderpornografie gern als Ausrede verwendet wird, um Gesetze zu verschärfen, die uns alle und nicht nur Pädophile betreffen. Eine

3 Wie Anonymität Mobilisierung und Mobs fördert

unbequeme Wahrheit ist allerdings auch, dass es einen deutlichen Zusammenhang zwischen anonymen Diensten und der Wahrscheinlichkeit gibt, dort Kinderpornografie zu finden. Nicht nur Cyberdissidenten oder Whistleblower – die der Öffentlichkeit wichtige Informationen liefern – haben ein Interesse, unerkannt zu bleiben, Pädophile haben es auch.

Das zeigt auch einer der wichtigsten Dienste zur Anonymisierung. Das sogenannte Tor-Netzwerk wurde entwickelt, um Internetuser vor Zensur und undemokratischen Regimes zu schützen. Dissidenten und kritische Bürger auf der ganzen Welt setzen die Software ein, um sich zu informieren, Internetsperren zu umgehen oder unerkannt ihre Meinung zu äußern. So weit, so gut.

Tor ist ein extrem praktisches Programm; man besucht die Website torproject.org und lädt sich den Tor-Browser herunter. Der sieht aus wie ein normaler Webbrowser, mit dem entscheidenden Unterschied, dass er nicht direkt eine Website ansteuert, sondern die eigenen Spuren zuerst maskiert. Tor steht übrigens für »The Onion Routing«, und wie bei einer Zwiebel gibt es mehrere uneinsehbare Schichten, hinter denen die Identität des Users versteckt wird. Übrigens ist auch das Logo von Tor eine Zwiebel.[151]

Wie schon erläutert, bekommt jeder Internetuser eine IP-Adresse zugewiesen, mit dieser kann er rückwirkend von der Polizei oder staatlichen Behörden identifiziert werden. Tor jedoch verschleiert die eigenen Spuren. Ruft man mit dem Programm eine Website wie google.com auf, wählt es nicht den direkten Weg, sondern leitet die Verbindung über mehrere Computer, sogenannte Nodes (Knotenpunkte). Am Ende lässt sich nicht mehr feststellen, von welcher IP-Adresse die Anfrage wirklich kommt. Die angesteuerte Website, zum Beispiel Google, sieht nicht die richtige IP-Adresse des Users, sondern die Adresse des letzten Nodes, über den die Anfrage geleitet wurde, des sogenannten Exit Nodes.

Klingt kompliziert, soll aber für Schutz sorgen. Menschenrechtsorganisationen wie Human Rights Watch oder Reporter ohne Grenzen empfehlen kritischen Bloggern den Einsatz dieser Technik.

---

[151] Konkret erscheint die Meldung: »Congratulations. Your browser is configured to use Tor.« Optisch wird der Tor-Browser so manchen User an den Firefox-Browser erinnern. Es handelt sich nämlich um eine Adaption davon.

Auch die deutsche Wochenzeitung »Die Zeit« verwendet sie, um mit Informanten in Kontakt zu treten.[152]

Tor eröffnet einem auch Zugang zu einem etwas verborgeneren Teil des Internets, der als »Deep Web« oder auch als »Darknet« bezeichnet wird. Mit dem Tor-Browser kann man Websites mit der Endung .onion aufrufen, sogenannte »hidden services«, deren Betreiber wie auch Besucher unidentifizierbar bleiben. Hacker, politische Randgruppen tauschen sich dort aus, aber eben auch Kriminelle. Über Tor bekommt man Zugang zum digitalen Schwarzmarkt, zu Waffen, Drogen und Kinderpornografie.[153]

Es ist wie ein zweites Internet im Internet und es gibt dort zum Beispiel Shops, die behaupten, Drogen zu verkaufen und einem per Post zuzuschicken. Bei einem Anbieter namens Bitpharma etwa wird ein Gramm pures Kokain um 85 Euro feilgeboten.[154] Dass man über solche Dienste tatsächlich Drogen bestellen und von der Post zugeliefert bekommen kann, haben Journalisten bewiesen, die, wie zahlreiche Ermittler auch, das Deep Web zu Recherchezwecken nutzen.[155]

Wenn Journalisten über das Deep Web oder Darknet berichten, klingt das meist sehr spektakulär, für ganz normale Bürger ist das dunkle Netz gar nicht so rasend interessant. Es dauert Ewigkeiten, bis eine Website lädt, viele Diskussionsforen sind leer, kaum jemand

---

[152] Wobei eine neue Studie zeigt, dass die Benutzer von Tor zum Teil doch de-anonymisiert werden können, wenn jemand über ausgeprägte technische Kenntnisse und Zugang zur Infrastruktur des Netzes hat – wie dies zum Beispiel bei manch einem Zensur ausübenden Staat wie dem Iran oder auch dem US-Geheimdienst NSA der Fall zu sein scheint. Dies haben Forscher der Georgetown University und des Naval Research Labors der US-Navy herausgefunden. Siehe: Farivar, Cyrus: Snoops can identify Tor users given enough time, experts say, online unter http://www.wired.co.uk/news/archive/2013-09/06/tor-vulnerability (Stand: 25. September 2013).

[153] Während normale Adressen im Web Endungen wie .com, .at oder .de haben, enden die Adressen im Deep Web mit .onion. Die Endung .onion ist freilich eine Anspielung auf die Anonymisierungstaktik namens Onion-Routing.

[154] Genau genommen ist das nur der umgerechnete Wert. Im Darknet zahlt man häufig mit Bitcoin, jener virtuellen Währung, die sich in echtes Geld umwandeln lässt, die auch Blogger, Onlinespiele oder NGOs für Spenden verwenden.

[155] Hier ist eine von vielen Geschichten, die beschreibt, wie man mittels Tor Drogen kaufen kann: http://motherboard.vice.com/blog/traveling-down-the-silkroad-to-buy-drugs-with-bitcoins

ist dort aktiv. Denn das Unpraktische an Tor ist, dass der Dienst extrem langsam ist, das Programm muss jede Anfrage über mehrere Knotenpunkte leiten, um die Spuren zu verschleiern. Diese Langsamkeit sowie zusätzliche Hürden sind der Preis, den man für die Anonymität zahlt. Wer keine Drogen bestellen, kein Regime stürzen oder keine Hackertipps austauschen will, wird das wohl nur selten in Kauf nehmen.

Pädophilen hingegen ist es den Aufwand oft wert. Sucht man im Deep Web nach dem Stichwort »CP«, kurz für Child Pornography, findet man auch entsprechende Communitys. Häufig funktioniert das Initiationsritual so, dass ein neues Mitglied der Gruppe zuerst selbst gesammelte Kinderpornografie schicken muss. Erst dann erhält die Person Zutritt und weitere Aufnahmen. Diese Barriere hat zwei Gründe: Erstens kann sich der Kinderpornoring relativ sicher sein, dass es sich um einen Gleichgesinnten handelt, und zweitens vermehrt die Gruppe damit ihr Material an Kinderpornografie.

Immer wieder versuchen das FBI und andere Behörden gegen diese Seiten vorzugehen, zum Beispiel suchen sie nach technischen Schwachstellen auf den .onion-Seiten und schleusen schadhafte Software ein.[156] Auch werden manchmal Hausdurchsuchungen bei den Betreibern eines sogenannten »Exit Nodes« durchgeführt. Sehr oft sind das digitale Enthusiasten und Verfechter von Bürgerrechten, die freie Rede und Anonymität verteidigen wollen. Sie stellen Server zur Verfügung, um das Tor-Netzwerk zu unterstützen.

Derartige Hausdurchsuchungen erfolgten auch schon in Österreich und Deutschland. Im November 2012 erschien der Verfassungsschutz bei einem 20-jährigen IT-Administrator in Graz und beschlagnahmte alle seine Computer und Speichermedien. Über seine Verbindung wurde anscheinend Kinderpornografie verteilt. Der Grazer erklärte den Behörden, wie Tor funktioniert und dass er als Knotenbetreiber nicht beeinflusst, was über seinen Anschluss

---

[156] Vgl. Chen, Adrian: Dark Net Busted Wide Open After Child Porn Arrest, online unter http://gawker.com/dark-net-busted-wide-open-after-child-porn-arrest-1030239391 (Stand: 27. August 2013).

läuft, »plötzlich waren sie deutlich freundlicher zu mir«, berichtete er in seinem Blog über das Erlebnis.[157]

In Deutschland wurde im Mai 2011 die Wohnung eines 23-jährigen Mannheimers durchsucht und ebenfalls sein Computer beschlagnahmt. Letzten Endes stellte die Behörde das Ermittlungsverfahren aus Mangel an Beweisen ein.[158] Beide Fälle sind sich sehr ähnlich: Es ist wohl kaum so, dass die beiden Interesse an Kinderpornos hatten. »Der sexuelle Missbrauch von Kindern ist für mich eine der abscheulichsten Taten, die man einem Menschen zufügen kann«, schreibt zum Beispiel der Mannheimer Sören Weber in seinem Blog.[159]

Und der Grazer IT-Administrator erklärte ebenfalls online: »Ich glaube an freien Informationsfluss; aber hauptsächlich betreibe ich diese *(Tor-Knotenpunkte, Anm. I. B.)*, um es Menschen, die nicht dieselben Chancen haben wie wir, möglich zu machen, unzensierten Zugang, ohne jeglichen Einfluss von Regierungen, zum Internet zu haben.«[160]

Beide Fälle illustrieren das Dilemma, dass natürlich auch Pädophile diese Dienste nutzen – und nicht nur Cyberdissidenten. Ich erachte es als problematisch, wenn verharmlost wird, wozu solche Anonymisierungsdienste ebenfalls eingesetzt werden. In Teilen der Netzcommunity gibt es diese Tendenz. Sie haben recht mit ihrer Behauptung, dass Kinderpornografie von Politikern gern als Ausrede verwendet wird, um generell härtere Überwachungsgesetze

---

[157] N.N.: Interview über die Hausdurchsuchung mit William Weber, online unter http://raided4tor.cryto.net/2012/11/29/interview-uber-die-hausdurchsuchung-mit-william-weber/ (Stand: 9. September 2013).

[158] Weber, Sören: Rückblick, online unter http://blog.herrschaftsfrei.org/?p=49 (Stand: 6. Juni 2013).

[159] Der Blogeintrag, in dem der Student von der Hausdurchsuchung berichtet, heißt übrigens: »Der Preis einer freien, weltweiten Kommunikation«. Siehe: http://blog.herrschaftsfrei.org/?p=10

[160] N.N.: Interview über die Hausdurchsuchung mit William Weber, a.a.O. – in einem Artikel des »Wall Street Journal« wurde er übrigens auch zitiert. »Klar ist es schlecht«, dass Tor von Kriminellen verwendet werden könne, sagt er dort, aber »da gibt es nichts, das ich oder das Tor-Projekt tun können.« Siehe: Fowler, Geoffrey A.: Tor: An Anonymous, And Controversial, Way to Web-Surf, online unter http://online.wsj.com/article/SB10001424127887324677204578185382377144280.html (Stand: 5. Juni 2013, Übers. ins Deutsche von I. B.).

einzuführen; aber es ist auch gefährlich, Kinderpornografie zu verharmlosen und nicht ernst zu nehmen, wie furchtbar die Verbreitung von derartigem Material ist.

Der Schwede Rick Falkvinge ist ein ziemlich bekannter Mann, er hat die schwedische Piratpartiet, die erste Piratenpartei weltweit, gegründet und ist eine Galionsfigur dieser Bewegung. Mit einem Blogeintrag stieß er aber selbst seine Parteikollegen vor den Kopf. Falkvinge schlug vor, den Besitz von Kinderpornografie zu legalisieren: »Die Kinderpornografie ist aus jedem Blickwinkel und in jedem einzelnen Aspekt furchtbar und schrecklich. Aber sie ist nicht gefährlich für das Gefüge unserer Gesellschaft. Jedoch: Zensur und elektronische Bücherverbrennung sind es. Die Meinungsfreiheit als Ganzes steht und fällt mit der Wiederherstellung von Informationsfreiheit und, damit verbunden, der erneuten Legalisierung von Kinderpornografie. Ja, es ist furchtbar – aber so furchtbar ist auch das Video eines Teenagers, dem mit einem Schraubenzieher ins Auge gestochen wird. Das ist kein Grund, ein Zensurregime einzuführen.«[161]

Falkvinges Interpretation der Meinungsfreiheit geht so weit, dass also auch der Konsum von Kinderpornografie geschützt sein soll. Der Schwede ist nicht der Einzige mit dieser Sichtweise. Neben Tor gibt es auch andere Anonymisierungsprogramme, eines heißt Freenet. Dabei stellen die User einen Teil des Speicherplatzes ihres Computers zur Verfügung und werden selbst zu einem Knotenpunkt im anonymen Netzwerk. Auch via Freenet findet man Kinderpornografie, was auf der Website dieses Onlinedienstes thematisiert wird. Bei den »Frequently Asked Questions«, den häufig gestellten Fragen, heißt es dazu:

»Ich will nicht, dass mein Knotenpunkt dafür verwendet wird, Kinderpornos zu speichern, auch nicht für anderes anstößiges Material oder für Terrorismus. Was kann ich tun?

Der wahre Test für jemanden, der behauptet, an Redefreiheit zu glauben, ist, ob man auch jene Rede toleriert, der man nicht zustimmt oder die man sogar abstoßend findet. Ist das für dich

---

[161] Falkvinge, Rick: Three Reasons Possession Of Child Porn Must Be Re-Legalized In The Coming Debate, online unter http://falkvinge.net/2012/09/07/three-reasons-child-porn-must-be-re-legalized-in-the-coming-decade/ (Stand: 3. Juni 2013, Übers. ins Deutsche von I. B.).

nicht akzeptierbar, solltest du keinen Freenet-Knotenpunkt betreiben. Außerdem ist ein Inhalt auf Freenet nur so lange zugänglich, solange er nachgefragt wird, verlieren die Menschen das Interesse daran, verschwindet er. Er wird jedoch noch für einige Zeit erhalten bleiben, und wenn genug Menschen daran interessiert sind, bleibt er für immer erhalten.«[162]

Das Argument hat etwas für sich: Natürlich ist nicht das Internet schuld, dass es Kinderpornografie gibt. Selbst wenn wir das gesamte Netz überwachten, würde dies wohl kaum die Ursache bekämpfen – dass manche Männer diese Neigung verspüren. Ich persönlich habe dennoch ein großes Problem mit dieser extremen Meinungsfreiheit-Rhetorik: Sie ist in meinen Augen eine Verharmlosung. Kinderpornografie ist keine Meinung, der man »nicht zustimmt oder die man sogar abstoßend findet«. Kinderpornografie ist ein Verbrechen, das inkludiert ihren Konsum und die Weitergabe. Warum? Weil durch das Ansehen dieser Videos das Opfer erneut verletzt wird.

Oft zirkulieren die Aufnahmen von solchen Vergewaltigungen jahre- oder gar jahrzehntelang in Kinderpornoringen, häufig auch im Netz. Die betroffenen Kinder, oftmals schon Erwachsene, kommen nie aus ihrer Opferrolle heraus. Sie leben mit dem Wissen, dass irgendwo irgendjemand sich an ihrer Pein ergötzt. Oder wie eine Betroffene in einem Artikel der »New York Times« erklärte: »Man hat dieses Bild von sich selbst als Person, aber dann gibt es noch dieses andere Bild«, sagte die Frau, deren Vater sie vergewaltigt und davon Videos gemacht hatte, »du weißt, das bist nicht wirklich du. Aber all die anderen Leute werden glauben, dass du es bist – dass es das ist, was du wirklich bist.«[163]

Kinderpornografie ist die Wiederholung eines Verbrechens. Mir behagt es nicht, wenn so salopp über dieses Thema gesprochen wird,

---

[162] N.N.: Freenet Frequently Asked Questions, online unter https://freenetproject.org/faq.html#offensive (Stand: 6. Juni 2013, Übers. ins Deutsche von I. B.).

[163] Das Zitat stammt aus einem berührenden Artikel der »New York Times«, in dem es um die Frage geht, ob Opfer von Kinderpornografie später Entschädigungszahlungen erhalten sollen. Siehe: Bazelon, Emily: The Price of a Stolen Childhood, online unter http://www.nytimes.com/2013/01/27/magazine/how-much-can-restitution-help-victims-of-child-pornography.html?pagewanted=all (Stand: 6. Juni 2013, Übers. ins Deutsche von I. B.).

wie das manche tun. Die Behauptung, dass Meinungsfreiheit ein unantastbares, uneinschränkbares Gut sei, kann zu extremen und sehr bedenklichen Auswüchsen führen.

Was bedeutet das für die Zukunft von Anonymisierungsdiensten? Gehören Programme wie Tor verboten? Das Problem solcher Forderungen ist, dass man die Möglichkeit zur Maskierung Pädophilen oder Kriminellen nicht wegnehmen kann, ohne sie auch allen anderen Bürgern, also auch Dissidenten oder Whistleblowern, zu nehmen.

Wir leben in einer Zeit, in der offenbar zahlreiche Staaten ungeheure Überwachungsprogramme installiert haben und im Netz mitlauschen. Offensichtlich finden bereits massive Eingriffe in die Privatsphäre vieler Menschen statt und es fehlt an einer öffentlichen Debatte, was Geheimdienste und Sicherheitsbehörden tun dürfen sollen. Da wäre es meines Erachtens zu leichtfertig, die Verwendung derartiger Software einfach zu verbieten und somit allen Bürgern jene Tools wegzunehmen, mit denen sie ihre Privatsphäre doch ein Stück weit schützen können.

Die meisten Menschen werden wohl niemals ein Programm wie Tor auf ihrem Computer installieren, weil das vielen zu umständlich erscheint oder sie keine Notwendigkeit sehen, ihre Spuren zu verschleiern. Doch dass sie dies im Zweifelsfall tun könnten, ist in einer Demokratie ein wichtiger Wert – das zeigt nicht zuletzt das Beispiel des Whistleblowers Edward Snowden. Um unbeobachtet Journalisten kontaktieren und ihnen geheime Dokumente zuspielen zu können, nutzte er beispielsweise Verschlüsselungstechnologie, bei der der Inhalt eines Dokuments nur mit dem richtigen Passwort einsehbar ist, anders als bei herkömmlichen E-Mails: Wird ein unverschlüsseltes E-Mail abgefangen, kann es auch jeder lesen.[164]

Snowden ist offenbar ein Fan von Tor. Auf seinem Laptop klebt ein Sticker mit dem Tor-Logo, die bereits erwähnte Zwiebel, wie auf einem Foto des »Guardian« zu sehen ist. Wer Anonymisierungstools

---

[164] Ein unverschlüsseltes E-Mail ist keineswegs versiegelt wie ein Brief, sondern ähnelt eher einer Postkarte, die jeder lesen kann, der damit in Kontakt kommt.

verbietet, hindert damit nicht nur Pädophile bei ihren Aktionen, sondern auch Whistleblower wie Snowden.[165]

Die Betreiber von Tor, die nicht auf Profit ausgerichtete amerikanische Firma Tor Project Inc., wählen jedenfalls eine sehr kluge Taktik. Sie suchen das Gespräch mit den Polizeibehörden demokratischer Staaten, treffen regelmäßig Ermittler verschiedener Länder und erklären ihnen, was die Idee und Funktionsweise von Tor ist, zudem liefern sie Tipps, wie man außerhalb der Tor-Infrastrukur Kriminelle ausforschen könnte.[166] Und natürlich nutzen Polizeibehörden Tor auch als Undercover-Tool, um Zugang zu Drogenlieferanten oder Kinderpornoringen zu bekommen.

So unlogisch ist es gar nicht, dass die Tor-Mitarbeiter mit der Exekutive zumindest reden. Denn die Grundzüge der Technik stammen ursprünglich von einer Forschungseinrichtung der US-Navy, auch erhält die Non-Profit-Einrichtung einen Großteil ihrer Förderung von demokratischen Staaten, die damit die Meinungsfreiheit im Netz fördern wollen.[167]

WIKIPEDIA: WIE ANONYMITÄT DIE ZUSAMMENARBEIT FÖRDERN KANN

Von der Menschenfleisch-Suchmaschine bis zu den Drogenhändlern im Deep Web: All diese Beispiele zeigen, wie sehr das Netz Menschen zusammenbringt und Mobilisierung ermöglicht. Das wird bejubelt, wenn sich kritische Bürger zusammenfinden und gemeinsam Regime stürzen oder wenn ein Whistleblower unbemerkt Journalisten

---

[165] Dieses Foto wurde im »Guardian« veröffentlicht und vielfach geteilt: http://www.theguardian.com/world/2013/jun/09/nsa-whistleblower-edward-snowden-why

[166] Vgl. N.N.: Trip report: Tor trainings for the Dutch and Belgian police, online auf dem Blog des Tor-Projekts: https://blog.torproject.org/blog/trip-report-tor-trainings-dutch-and-belgian-police (Stand: 6. Juni 2013).

[167] Vgl. Fowler, a.a.O.

3 Wie Anonymität Mobilisierung und Mobs fördert

kontaktieren kann. Dasselbe Phänomen behagt uns jedoch weniger, wenn sich dabei ein anonymer Mob vernetzt.[168]

Die wahre Macht des Internets ist diese Möglichkeit, sich zusammenzuschließen, zusammenzuarbeiten. Niemand hat das so schön beschrieben wie der Netztheoretiker Clay Shirky in seinem Buch »Here Comes Everybody«.[169] Über die digitalen Medien sagte er: »Diese Tools machen es für Gruppen einfacher, sich selbst zusammenzufinden, und für Individuen, an den Aktionen dieser Gruppen mitzuwirken, ohne dass es einer formalen Aufsicht (und der damit verbundenen Kosten) bedarf; damit haben sie die alten Einschränkungen aufgehoben, die bestimmten, wie groß, wie ausgeklügelt oder weitreichend solche unkontrollierten Aktionen sein können.«[170]

Auch die Anonymität spielt bei der Mobilisierung eine besondere Rolle. Sie ermöglicht mitunter besonders konstruktive Formen der Zusammenarbeit, bei denen nicht mehr die Bedeutung des Einzelnen im Vordergrund steht, sondern die Qualität des Endergebnisses. Das beste Beispiel für diese kollaborative Macht vieler anonymer User ist Wikipedia.

Die Bedeutung der Online-Enzyklopädie mit ihren mehr als 38 Millionen Artikeln in insgesamt 285 Sprachen muss man wohl nicht weiter erklären. Bedeutend für den Erfolg von Wikipedia ist, dass die Seite ganz bewusst ihre Autoren in den Hintergrund drängt. Auf der Plattform gibt es die Regel, dass im Artikeltext keine Autoren genannt werden. Erst wenn man sich tiefer in Wikipedia hineinbewegt, auf Zusatzinfos wie »Versionsgeschichte« oder »Diskussion«

---

[168] Im Englischen gibt es das wunderbare Sprichwort: »You can't have your cake and eat it too.« Man kann den Kuchen nicht essen und gleichzeitig auf dem Teller behalten, kann nicht den Cybermob de-anonymisieren, ohne auch den Cyberdissidenten das Leben zu erschweren.

[169] Shirky, Clay: Here Comes Everybody. The Power of Organizing Without Organizations. Penguin Books, New York 2008.

[170] Shirky, S. 21 (Übers. ins Deutsche von I. B.). Im Original: »By making it easier for groups to self-assemble and for individuals to contribute to group effort without requiring formal management (and its attendant overhead), these tools have radically altered the old limits on the size, sophistication, and scope of unsupervised effort.«

klickt, sieht man, welche Wikipedianer an einem Text mitgearbeitet haben.[171]

Wikipedia hinterfragt das gängige Konzept von Autorschaft, das stark an den Namen gebunden ist, und hat eine ausgeprägte Kultur der Anonymität: Man kann den realen Namen angeben, muss aber nicht. Wer zum Beispiel den Eintrag zu Kaiserin Elisabeth aufruft, findet dort die Spuren von »Pittimann«, »Hubertl« oder »Annika Höhne« sowie die Veränderungen anderer Mithelfer, die gar kein Wikipedia-Profil haben.[172] Diese Namenlosigkeit stellt tatsächlich ein Gefühl der Egalität[173] her. Jeder kann am Beitrag zu Kaiserin Elisabeth mitarbeiten, egal ob er Historiker ist oder nur den Spielfilm »Sissi« gesehen hat.[174]

Natürlich hat auch die Wikipedia ihre Probleme. Zum Beispiel gibt es immer wieder »Edit Wars«, Bearbeitungskriege, im Zuge derer sich unterschiedliche User bekriegen und die Texte des anderen umschreiben oder löschen. Für derartig frustrierende Erlebnisse hat die Community sogar ein eigenes Wort: »Wikistress«. Freilich gibt

---

[171] Wikipedia heißt so, weil das Internetlexikon auf der sogenannten Wiki-Technologie beruht. Wikis sind Seitensammlungen im Web, an denen jeder User mitschreiben darf. »So stellt bereits das grundlegende Prinzip der Wiki-Technik, nämlich dass jeder beteiligte Autor sämtliche Texte verändern darf und soll, eine massive Infragestellung des für die Buchkultur charakteristischen Konzepts von der Autorschaft als Werkherrschaft dar«, schreibt Literaturwissenschaftler Maximilian Sterz in seiner Magisterarbeit. Siehe: Sterz, Maximilian: 7.1 Die heimliche Medienrevolution?, online unter http://www.netzthemen.de/sterz-wikipedia/7-1-die-heimliche-medienrevolution (Stand: 10. Juni 2013).

[172] In diesem Fall wurde nur ihre IP-Adresse gespeichert.

[173] Ich spreche hier von einem Gefühl der Egalität, da es bei näherer Betrachtung doch klare Hierarchien bei Wikipedia gibt. So gibt es in der Enzyklopädie auch User, die anderen übergeordnet sind, zum Beispiel Administratoren. Sie haben relativ viel Macht, können andere sperren, Versionen einer Seite so löschen, dass sie nur noch von anderen Administratoren eingesehen werden können. Mithilfe solch höherrangiger Mitglieder verwaltet sich Wikipedia selbst, allerdings führt das natürlich immer wieder zu Streitigkeiten. Eine Übersicht über die verschiedenen Benutzertypen bei Wikipedia gibt es etwa auf: http://de.wikipedia.org/wiki/Hilfe:Benutzer

[174] Vgl. Wikipedia: »Elisabeth von Österreich-Ungarn« – Versionsgeschichte, online unter http://de.wikipedia.org/w/index.php?title=Elisabeth_von_%C3%96sterreich-Ungarn&action=history (Stand: 10. Juni 2013).

es dazu auch einen eigenen Eintrag: http://de.wikipedia.org/wiki/Wikipedia:Wikistress.

Nichtsdestoweniger lässt sich behaupten, dass die Online-Enzyklopädie ein beeindruckendes Tool der Wissensvermittlung ist. Spannenderweise liefern oft nicht die alteingesessenen Mitglieder die besten Beiträge, sondern gänzlich anonyme User, die nur kurz einen Eintrag adaptieren oder ausnahmsweise einen Text zu einem Thema verfassen, das sie interessiert. Ihnen geht es nicht darum, sich in der Community eine Reputation aufzubauen oder zu einem einflussreichen Mitglied zu werden, sondern um eine konkrete Verbesserung. Das legt auch eine Studie der University of Dartmouth nahe. Forscher untersuchten mehr als 7.000 Profile der französischen und holländischen Wikipedia und kamen zum Ergebnis, dass die einwandfreien Texte nicht von registrierten Usern stammen, die schon lange dabei sind, sondern von vielen gänzlich anonymen Wikipedianern, die nur einzelne Verbesserungen machen. Die Wissenschaftler bezeichnen sie als »gute Samariter«. Wirklich gut werden Wikipedia-Einträge oft also nicht dank registrierter User, sondern einer Heerschar wohlwollender, anonymer Menschen, die nur ausnahmsweise ab und zu mitwirken.[175]

Interessanterweise ist das auch eine Facette der »Deindividuation«, zumindest wenn man von einer Weiterentwicklung dieser These ausgeht. Forscher wollten wissen, ob es nicht auch positive Facetten des anonymen Gruppengefühls gibt und kamen auf das sogenannte SIDE-Modell, kurz für »Social Identity model of Deindividuation Effects«. Im Kern besagt es, dass der Verlust des eigenen Ich-Gefühls sogar den Gruppenzusammenhalt stärken kann. Die Wissenschaftler sprechen von einer »Verstärkung der sozialen und kontextabhängigen Dimension des Gruppenlebens«.[176]

---

[175] Anthony, Denise/Smith, Sean W./Williamson, Tim: The Quality of Open Source Production: Zealots and Good Samaritansin the Case of Wikipedia, online unter http://www.cs.dartmouth.edu/reports/TR2007-606.pdf (Stand: 9. September 2013).

[176] Vgl. Tanis, Martin/Postmes, Tom: Two faces of anonymity: Paradoxical effects of cues to identity in CMC. In: Computers in Human Behaviour, Ausgabe 23, Nummer 2, S. 959 (Übers. ins Deutsche von I. B.).

Steht das Individuum weniger im Vordergrund, richtet sich die Aufmerksamkeit eher auf die gemeinsamen Ziele und Bedürfnisse der Gruppe. Auf Wikipedia lässt sich das gut beobachten: Die meisten Menschen arbeiten dort in erster Linie mit, weil sie es gut finden, dass es so etwas wie Wikipedia gibt. Zwar gibt es immer wieder Probleme in der Community, aber im Kern ist es eine intrinsische, auf das Gemeinwohl ausgerichtete Tätigkeit. Ich zum Beispiel habe noch nie einen Beitrag auf Wikipedia verfasst, aber mehrfach Rechtschreibfehler ausgebessert. Auch das habe ich anonym gemacht, warum hätte ich mich für solche Kleinigkeiten registrieren sollen?

Anonymität treibt Menschen also nicht nur zu Bösartigkeiten, sondern mitunter auch zu freundlichen Gesten oder uneigennützigen Aktionen. Es wäre zu einfach, kategorisch zu sagen, die Unidentifizierbarkeit führe entweder zu etwas Gutem oder etwas Schlechtem. Die Frage ist eher: In welchem Kontext werden Menschen, wenn sie anonym sind, ausfällig oder aggressiv, und in welchem Kontext werden sie großzügig oder hilfsbereit?

Wikipedia macht eines jedenfalls richtig: Es lässt die User auf ein größeres gemeinsames Ziel hinarbeiten. Das Motto von Wikimedia, der Non-Profit-Organisation hinter Wikipedia, lautet: »Imagine a world in which every single human being can freely share in the sum of all knowledge. That's our commitment.« – »Stell dir eine Welt vor, in der jeder einzelne Mensch uneingeschränkt die Summe des menschlichen Wissens teilen kann. Darin sehen wir unsere Verpflichtung.«[177] Weil die User bewusst auf dieses gemeinsame Ziel hinarbeiten, weil die Community selbstständig gegen Vandalen und Trolle vorgeht, geht das Konzept auf. Die freiwilligen Helfer verbessern permanent Seiten, sie fühlen sich für deren Zustand verantwortlich. Sie bekommen auch die nötigen Instrumente, um selbst für die Wartung der Seiten zu sorgen. Zum Beispiel werden innerhalb der Community sogenannte Administratoren gewählt, die zusätzliche Rechte erhalten, um gegen Vandalismus vorzugehen.[178]

---

[177] Wikimedia Foundation: Vision, online unter http://wikimediafoundation.org/wiki/Vision (Stand: 9. September 2013).

[178] Zum Beispiel kann ein Administrator einen Seitenschutz aktivieren. In diesem Fall können nur noch registrierte Benutzer oder Administratoren die Seite bearbeiten. Das hilft etwa, wenn ein Eintrag auf Wikipedia attackiert und

3 Wie Anonymität Mobilisierung und Mobs fördert

Von diesem Beispiel könnten viele Websitebetreiber lernen, sie müssten sich allerdings dafür fragen: Wie schaffen wir es, an die hilfsbereite, produktive Seite der User zu appellieren und sie auch zu überreden, mehr Verantwortung für das Gemeinwohl zu übernehmen? In so einem Fall ist Anonymität kein Problem, weil sich die User gegenseitig regulieren und auf Fehltritte reagieren. Wikipedia zeigt auch: Viele Menschen wollen Gutes tun.

Der Mobilisierungsexperte Clay Shirky spricht in seinem Buch »Here Comes Everybody« sogar von einer Form von Liebe: »Wikipedia funktioniert, weil sie genug Menschen lieben und, das ist noch wichtiger, sich auch gegenseitig in diesem Kontext lieben. Das bedeutet nicht, dass sich die Menschen, die daran mitarbeiten, immer einig sind. Jemanden zu lieben schließt nicht aus, mit ihm zu streiten (wie man sicher auch aus eigener Erfahrung bestätigen kann). Die Liebe zu Wikipedia liefert aber die Motivation, sie zu verbessern und zu verteidigen. (…) Wenn alle Menschen, die Wikipedia lieben, gleichzeitig das Interesse daran verlieren, (…) würde die Seite fast augenblicklich verschwinden. Die Vandalen und Gruppen mit Eigeninteressen scheitern nur deswegen in ihrem konstanten Bestreben, Artikel zu verändern, weil Menschen Wikipedia am Herzen liegt, sowohl einzelne Artikel als auch das Ganze, und weil ihnen die Wikipedia als Tool auch die nötigen Waffen gibt, gegen diese Gruppen anzukämpfen.«[179] Verlören all diese freiwilligen Kämpfer das Interesse, würden binnen kürzester Zeit Artikel zu Streitthemen wie Islam, Vergewaltigung oder Evolution zerstört, so Shirky, und auch die ganze Wikipedia würde kaum eine Woche überleben.

Liebe mag ein großes Wort sein, Shirkys Analyse ist aber zutreffend: Im Netz geht es sehr oft um Emotion, und Communitys sind gerade dann erfolgreich, wenn in ihnen ein Gefühl von Gemeinschaft und Verantwortungsbewusstsein herrscht – Anonymität muss dem nicht im Wege stehen; auch ein User mit einem Alias kann sich einer Community verbunden fühlen.

---

immer wieder von Störenfrieden umgeschrieben wird. Mehr Infos dazu: http://de.wikipedia.org/wiki/Wikipedia:Administratoren

[179] Shirky, S. 141 (Übers. ins Deutsche von I. B.).

- Und warum das Hackerkollektiv Anonymous so furchteinflößend ist

Wie weit das Potenzial der Online-Mobilisierung geht, wie sehr Anonymität auch als Machtinstrument eingesetzt werden kann, zeigt das Onlinekollektiv Anonymous, eines der spannendsten und missverständlichsten Phänomene der letzten Jahre, wobei sich die Beobachter nicht ganz einig sind, ob es sich um eine Hackergruppe, eine Protestbewegung oder gar um Cyberterroristen handelt.

Phänomen Anonymous: Wie Anonymität als Drohgeste eingesetzt wird

Das diffuse Kollektiv Anonymous stellt sich gern als namenloser Rächer des Internets dar. Wann immer ein Regime Zensur ausübt oder ein Konzern unter Verdacht steht, die Meinungsfreiheit zu gefährden, schalten sich die selbst ernannten Robin Hoods des Internetzeitalters ein und drohen mit Vergeltung. Was viele nicht wissen: Anonymous entstand nicht aus einer politischen Idee heraus, sondern aus Freude am Streichespielen.

Die Bewegung, die sich bereits mit Firmen wie Mastercard und Organisationen wie Scientology angelegt hat, hat ihre Wurzeln in einem Online-Forum namens 4Chan. 4Chan ist eine Community, in der so ziemlich alles erlaubt ist, und am ärgsten geht es im Unterforum /b/ zu.[180] /b/ ist eine Spielwiese für Trolle, sie posten dort lustige Bilder, Pornografie, rechtsradikales Gedankengut, Katzenfotos, Erlebnisberichte – wirklich alles Mögliche. Die einzige Regel ist, dass es keine Regeln gibt.

Den meisten Menschen würde der Ton auf 4Chan wohl viel zu rau sein. Man stößt dort permanent auf harte Pornografie, Vergewaltigungsfantasien oder rassistische Anmerkungen. Gleichzeitig macht diese Kultur der hundertprozentigen Meinungsfreiheit den Grundgedanken und den Reiz für viele aus.[181] Totale Anonymität ist ebenfalls

---

[180] /b/ heißt so, weil man früher Unterforen alphabetisch benannte, also http://boards.4chan.org/a/, dann kommt http://boards.4chan.org/b/ dann /c/ und so weiter. Während im Unterforum /a/ hauptsächlich über Anime und Manga diskutiert wird, ist /b/ der Bereich für Verschiedenstes, auf Englisch: Random.

[181] Einzig Kinderpornografie wird gelöscht, wenn sie den Moderatoren auffällt.

3 Wie Anonymität Mobilisierung und Mobs fördert

ein zentraler Bestandteil der Seite. Auf 4Chan sind nicht einmal Pseudonyme üblich. Die meisten User posten nur unter dem Namen »Anonymous«, eine extreme Form der Identitätsverhüllung. Man weiß nicht einmal, was ein User in der Vergangenheit schon geschrieben hat: eine totale Negation der Identität, auch eine Negation von Autorität, worauf viele Mitglieder der Seite stolz sind. Sie sind stolz, als »Anonymous« zu gelten und die gängigen Normen zu brechen. Übrigens hat das Onlinekollektiv von hier seinen Namen.

Auch die 4Chan-Besucher können als Cybermob auftreten. Berühmt ist der Fall des damals elfjährigen Mädchens Jessi Slaughter. In einem YouTube-Video prahlte sie damit, wie hübsch und populär sie doch sei, wie blöd all diese Hass-Poster wären, die ja nur eifersüchtig seien. Das Video machte im Netz schnell die Runde, landete unter anderem auf 4Chan und forderte die Trolle heraus; sie wollten es dem elfjährigen Mädchen so richtig heimzahlen. Eine lange Tortur, kurz zusammengefasst: Die Familie bekam Drohanrufe, in einem zweiten Video sah man Jessi in die Kamera heulen, während ihr Vater herumschreit. Der Spott wurde daraufhin noch schlimmer, über das Mädchen und die Familie findet man die allerhässlichsten Gerüchte im Internet. Der Vater ist mittlerweile an einem Herzinfarkt gestorben.[182]

Es ist eine traurige Geschichte, aber viele User auf 4Chan finden den Fall Jessi Slaughter noch heute lustig. Im Netz gibt es sogar ein eigenes Wort für diese Form der Schadenfreude: LULZ. Es handelt sich um eine Abwandlung der Chatabkürzung LOL, »Laughing out loud«. Damit signalisiert man, dass man über etwas lacht. LULZ könnte man hingegen als schadenfrohes Gelächter bezeichnen, als grenzwertigen, pubertären Humor. Es ist quasi die Währung der Internettrolle: Je mehr LULZ jemand hervorruft, desto besser hat er getrollt. Das Onlinekollektiv Anonymous, das heute vor allem mit politischen Angriffen auf Konzerne, Regimes oder religiöse

---

[182] Vgl. Chen, Adrian: How the Internet Beat Up an 11-Year-Old Girl, online unter http://gawker.com/5589103/how-the-internet-beat-up-an-11+year+old-girl?skyline=true&s=i (Stand: 25. April 2013). Interessant ist auch die Häme, mit der das Trollportal Encyclopedia Dramatica über Jessi Slaughter schreibt: https://encyclopediadramatica.se/Jessi_Slaughter

Organisationen auffällt, entspring genau dieser Trollkultur. Anfangs ging es ganz um die LULZ.

Damals war Anonymous keine Aktivistengruppe, sondern eher eine Vereinigung von Lausbuben. Die Anons (so heißen die Mitglieder von Anonymous) vernetzten sich auf 4Chan und planten gemeinsam Streiche, zum Beispiel den Angriff auf das Onlinespiel »Habbo Hotel«. Eine ziemlich skurrile Aktion: Im Juli 2006 stürmten Hunderte 4Chan-User gleichzeitig das Game und störten die Spieler, die in der virtuellen Welt ihre Freizeit verbrachten. Zum Beispiel versperrten sie Mitspielern den Zugang zum Pool und erklärten, dieser sei »wegen Aids« geschlossen.[183] Ziemlicher Nonsense ohne politisches Anliegen.[184]

Bei Attacken wie jener auf »Habbo Hotel« bemerkten die Anons, wie mächtig sie gemeinsam sind. Langsam dämmerte ihnen, dass sie die Fähigkeit zur Mobilisation auch gegen ernst zu nehmende Gegner einsetzen könnten. Der erste wichtige Feind war Scientology: Im Jänner 2008 wollte die Religionsgemeinschaft ein umstrittenes Video aus dem Netz entfernen lassen, auf dem ihr berühmtes Mitglied Tom Cruise wie ein manischer Prediger wirkt, der den Kontakt zur Realität verloren hat.[185]

---

[183] Die Aktion war wahrhaft absurd: Die Anonymous-Störenfriede hatten ihre Spielfigur alle nach den gleichen Merkmalen gestylt, einen schwarzen Mann im Anzug mit Afro-Frisur. Es sah aus, als hätte die hundertfache Kopie derselben Spielfigur die Onlinewelt eingenommen. Die Spielfiguren fanden kreative Wege, um andere nichtsahnende Spieler zu stören oder zu irritieren. Zum Beispiel stellten sie ihre Spielfiguren so auf, dass sie aus der Beobachterperspektive gemeinsam ein großes Hakenkreuz formten.

[184] Vgl. Singel, Ryan: Palin Hacker Group's All-Time Greatest Hits, online unter http://www.wired.com/threatlevel/2008/09/palin-hacker-gr/ (Stand: 9. September 2013). Der Angriff auf »Habbo Hotel« illustriert das Konzept der LULZ, es geht in erster Linie um Schabernack, um Schadenfreude, aber nicht um Moral. Viele Trolle halten diese Aktion für genial und sind eher unglücklich damit, dass Anonymous mittlerweile so moralinsauer wurde, siehe auch: https://encyclopediadramatica.se/Habbo_Hotel

[185] Denton, Nick: The Cruise Indoctrination Video Scientology Tried To Suppress, online unter http://gawker.com/5002269/the-cruise-indoctrination-video-scientology-tried-to-suppress (Stand: 9. September 2013). Scientology behauptete daraufhin, die Aufnahme sei eine Fälschung, ein irreführender Zusammenschnitt eines viel längeren Films. Die Religionsgemeinschaft ist bekannt dafür, Kritiker zu verklagen. Auch diesmal ging eine Klagsandrohung an

3 Wie Anonymität Mobilisierung und Mobs fördert

Diesmal attackierten die Anons ihren Gegner nicht nur im Netz. Im Jahr 2008 gingen sie erstmals auf die Straße, um gegen Scientology zu protestieren. In Städten wie Florida, London, Berlin und Wien versammelten sich vermummte Menschen. Viele trugen die Guy-Fawkes-Maske, deren hämisches Grinsen zum Symbol für Anonymous wurde. Offline wie online bleibt das Kollektiv somit gesichtslos.[186]

Der Kampf gegen Scientology wirkte wie ein Dammbruch und es mischten viele neue User bei dem Onlinekollektiv mit, denen es nicht mehr nur um LULZ, sondern um Politik ging. Die Sache wurde ernst. Der wichtigste Kampf begann zu Jahresende 2010: Die Online-Enthüllungsplattform Wikileaks hatte Hunderttausende geheime oder vertrauenswürdige Dokumente von US-Botschaften veröffentlicht. Ein diplomatisches Desaster. Daraufhin erklärten die USA der Seite quasi den Krieg und übten auf Unternehmen Druck aus, nicht mit der Website zu kooperieren. Die Kreditkartenfirmen Mastercard und Visa sowie das Internet-Bezahlsystem PayPal froren die Konten der Organisation ein und überwiesen keine Spendengelder mehr, angeblich wollte man prüfen, ob die Aktion gegen die Nutzungsbedingungen verstieß. Auch Onlinehändler Amazon nahm Wikileaks von seinen Webservern.[187]

YouTube und andere Websites, denen das Video zugespielt worden war. YouTube entfernte daraufhin die Aufnahme, was für heftige Empörung sorgte.

[186] Es ist schwierig zu sagen, wie viele Menschen insgesamt an diesen globalen Protesten teilnahmen, laut Schätzungen von Anonymous selbst demonstrierten im März zwischen 7000 und 8000 Menschen weltweit (ähnlich wie im Februar), berichteten zumindest australische Medien, wo die Aktion besonders gut ankam. So gingen in Australien etwa 800 Menschen gegen Scientology auf die Straße. Vgl. Ramadge, Andrew: Second round of Anonymous v Scientology, online unter http://www.news.com.au/technology/second-round-of-anonymous-v-scientology/story-e6frfro0-1111115818537 (Stand: 23. Mai 2013).

[187] Vgl. Addley, Esther/Halliday, Josh: WikiLeaks supporters disrupt Visa and MasterCard sites in ›Operation Payback‹, online unter http://www.theguardian.com/world/2010/dec/08/wikileaks-visa-mastercard-operation-payback (Stand: 9. September 2013). Bradley Manning, der als Unteroffizier in der US-Armee diente, war der Informant von Wikileaks und wurde dafür zu 35 Jahren Haft verurteilt. Nach dem Urteil verkündete Manning, sich nun als Frau zu definieren, und heißt seither Chelsea Manning, zudem suchten sie und ihr Anwalt bei US-Präsident Barack Obama um Gnade an. Während dieses Buch

Die Seite sollte finanziell in die Knie gezwungen werden. Wikileaks-Chef Julian Assange wurde in London verhaftet – jedoch nicht wegen der Veröffentlichung der Depeschen, sondern weil ihm zwei Schwedinnen sexuelle Nötigung und sexuelle Belästigung vorwarfen.[188] In den Augen vieler Wikileaks-Sympathisanten war klar: Das sei ein Scheinprozess, um die unliebsame Seite mundtot zu machen. Der Aufschrei im Netz war gewaltig.

Vorhang auf, Anonymous betritt die Bühne und droht Firmen wie Mastercard, Visa und PayPal mit Vergeltung. In einem Video[189] hieß es, man werde es den »freiheitsfeindlichen Organisationen« ordentlich heimzahlen. Das namenlose Kollektiv startete Online-Attacken auf PayPal, Visa und Mastercard und legte ihre Websites zeitweise lahm.[190]

Wie funktionieren diese Online-Angriffe? Im Grunde wandte Anonymous eine sehr gängige Methode an: Es überlastete die Webserver seiner Feinde. Auf den Servern sind Firmendaten und die Website gespeichert. Onlinefirmen entsteht ein Nachteil, wenn ihre Webpräsenz zeitweise nicht erreichbar ist. Konkret starteten die Anons sogenannte DDoS-Attacken, kurz für Distributed Denial of

---

verfasst wird, gab es noch keine Entscheidung zu diesem Gnadengesuch. Vgl. Al Jazeera: Chelsea Manning seeks pardon, online unter http://america.aljazeera.com/articles/2013/9/3/chelsea-manning-slawyerasksforpardon.html (Stand: 9. September 2013).

[188] In den Medien und auch bei Anhängern dreht sich der Fall Wikileaks denn auch stark um die Figur Julian Assange, den man als äußerst umstritten bezeichnen kann. Der gebürtige Australier wehrt sich gegen eine Auslieferung nach Schweden. Während dieses Buch verfasst wird, sitzt er weiterhin in der Botschaft Ecuadors in London fest. Ecuador gewährte Assange politisches Asyl, doch kann Assange das Botschaftsgelände nicht verlassen, da er sofort von britischen Behörden verhaftet würde. Seine politischen Kritiker werfen Assange insbesondere vor, das Leben von verdeckten Agenten und Informanten der USA gefährdet zu haben, da in den veröffentlichten Dokumenten auch ihre Namen zu finden sind. Nachzulesen im umfassenden BBC-Porträt des Wikileaks-Gründers: http://www.bbc.co.uk/news/world-11047811

[189] Auf diesem YouTube-Account kann man sich das Video ansehen: http://www.youtube.com/watch?feature=player_embedded&v=kZNDV4hGUGw

[190] Mackey, Robert: »Operation Payback« Attacks Target MasterCard and PayPal Sites to Avenge WikiLeaks, online unter http://thelede.blogs.nytimes.com/2010/12/08/operation-payback-targets-mastercard-and-paypal-sites-to-avenge-wikileaks/?_r=0 (Stand: 9. September 2013).

3 Wie Anonymität Mobilisierung und Mobs fördert

Service.[191] Dabei steuern viele unterschiedliche Rechner gleichzeitig eine Website an und überfordern sie mit sinnlosen Anfragen. Manchmal wird diese Methode, bei der die Anons zum Beispiel verhindern, dass andere User die Website von Visa oder Mastercard aufrufen können, auch mit einem virtuellen Sitzstreik verglichen.

Nun wurde Anonymous erstmals von der gesamte Weltpresse wahrgenommen. Die anonymen Rächer aus dem Netz und ihr Kampf gegen die Konzerne waren eine Sensation. Der »Guardian« schrieb: »Obwohl es nicht ungewöhnlich ist, dass Gruppierungen motivierter Aktivisten DDoS-Attacken durchführen, machen das Ausmaß und die Intensität dieser Online-Angriffe – sowie die einflussreichen kommerziellen und politischen Kritiker von Wikileaks, die gemeinsam als Gegenspieler der Hacker auftreten – dies zu einem riskanten Unterfangen, mit dem auch Neuland im Internetzeitalter betreten werden könnte.«[192]

Es ist allerdings falsch, Anonymous als einen Zusammenschluss von Hackern zu bezeichnen. Viele Anons sind ganz normale Internetuser, die gar nicht so genau wissen, was die vier Buchstaben DDoS genau bedeuten. Trotzdem konnten sie an den Protesten teilnehmen, dafür gab es ein eigenes Tool. Technisch affinere Anons haben für diesen Zweck eine Software entwickelt, die »Low Orbit Ion Cannon«, die »Ionenkanone in niedriger Umlaufbahn.«[193]

Jeder Internetuser kann dieses Programm auf seinen Rechner laden und dann in den Automatik-Modus schalten. Ihr Computer nimmt dann an den gemeinsamen Attacken von Anonymous teil und steuert das gewünschte Ziel an – die Vielzahl der Anfragen legt daraufhin zum Beispiel die Website von PayPal lahm. Gesteuert wird die Low Orbit Ion Cannon (LOIC) dann von jenen Anon-Mitgliedern, die die jeweilige Aktion gerade koordinieren.

---

[191] Anonymous hatte DDoS-Attacken auch schon zuvor eingesetzt, beispielsweise gegen die Church of Scientology.

[192] Addley/Halliday, a.a.O. (Übers. ins Deutsche von I. B.)

[193] Dass die Anons ihre wichtigste Waffe als Low Orbit Ion Cannon bezeichnen, ist kein Zufall und ein Schmäh für Insider. Es handelt sich um eine popkulturelle Anspielung, die vor allem Fans der Videospielreihe »Command & Conquer« etwas sagen wird. In dieser Videospielreihe, bei der man als militärischer Kommandant Krieg führt, ist die Ionenkanone die effektivste Waffe; aus der Umlaufbahn vernichtet sie den Gegner.

• Und warum das Hackerkollektiv Anonymous so furchteinflößend ist

Das Fiese an der Ionenkanone war, dass viele Wikileaks-Sympathisanten wohl gar nicht bewusst war, was sie da taten. Für einen unerfahrenen User mag die LOIC wie ein harmloses Spielzeug ausschauen: Man geht auf einen Link, macht ein paar Klicks und der eigene Computer wählt eine voreingestellte Adresse an. Wie schlimm kann so etwas schon sein? Auch hier führt die gefühlte Anonymität des Internets dazu, dass Menschen ihr eigenes Handeln nicht so ernst nehmen und nicht mit Konsequenzen rechnen.

Doch dies kann strafrechtliche Konsequenzen haben. DDoS-Attacken sind in vielen Ländern, auch in Österreich und Deutschland, illegal. Immerhin greift man dabei mutwillig eine fremde Website an und verursacht gezielt einen Schaden. Die Ionenkanone ist zudem für ihre Benutzer überaus unsicher. Wer keine zusätzlichen Sicherheitsmaßnahmen trifft, ist genauso sichtbar wie jeder andere Internetuser, die angegriffene Website kann also die IP-Adresse des Angreifers speichern und die Polizei diesen später ausforschen.[194]

Genau das passierte auch. Nach den Angriffen wurden Dutzende Anons weltweit von unterschiedlichen Behörden verhaftet. Wer Glück hatte, kam mit ein paar Sozialstunden davon, wie zum Beispiel ein 17-Jähriger aus Den Haag.[195] Härter war die Strafe für

---

[194] Je nachdem, wie hoch der verursachte Schaden ist, greifen unterschiedliche Paragrafen. In Österreich hängt es zum Beispiel davon ab, ob der Angriff eine länger dauernde Funktionsunfähigkeit verursacht, dann muss man mit einer Freiheitsstrafe von bis zu zwei Jahren oder einer Geldstrafe von bis zu 360 Tagsätzen rechnen. Wird das System beim Hackerangriff beschädigt oder findet die Attacke im Rahmen einer kriminellen Organisation statt, drohen bis zu fünf Jahre Haft. Wird nur eine kürzere Störung verursacht, könnte man immerhin mit einem halben Jahr Haft bestraft werden, diese Auffassung vertritt zumindest der Jurist Johannes Öhlböck. Vgl. Dax, Patrick: Rechtliche Konsequenzen bei DDoS-Angriffen, online unter http://futurezone.at/digital-life/rechtliche-konsequenzen-bei-ddos-angriffen/24.561.018 (Stand: 9. September 2013). Mit der deutschen Rechtslage beschäftigt sich zum Beispiel das Juristenblog Telemedicus: http://www.telemedicus.info/article/1914-Wikileaks-Gegenschlag-per-DDoS-wer-zahlt-die-Zeche.html

[195] Nachzulesen in der Pressemitteilung des niederländischen Justizministerium; der Junge war übrigens nicht der Einzige, der für den Angriff auf die Unternehmensseiten geradestehen musste. Auch ein 20-Jähriger wurde zu 80 Stunden gemeinnütziger Arbeit verurteilt. Vgl. Openbaar Ministerie: Taakstraffen voor aanvallen op websites, online unter http://www.om.nl/actueel-0/nieuwspersberichten/@157968/taakstraffen/ (Stand: 24. Mai 2013).

3 Wie Anonymität Mobilisierung und Mobs fördert

einige britische Anons: Der 22-jährige Student Christopher Weatherland etwa wurde zu einer Haftstrafe von 18 Monaten verurteilt. Laut Gericht hatte er nicht nur an den Angriffen teilgenommen, sondern diese auch maßgeblich mitgeplant.[196]

Dass nicht nur Computerprofis bei Anonymous mitmischen, legt der Fall der Kalifornierin Tracy Valenzuela nahe; gegen sie und 13 weitere US-amerikanische Internetuser läuft ein Verfahren, da sie verdächtigt werden, an den Attacken teilgenommen zu haben. Valenzuela erklärte sich für unschuldig und wandte sich selbst an die Medien. Die US-Bürgerin ist alleinerziehende Mutter zweier Kinder und arbeitet als Heilmasseurin. Im amerikanischen Fernsehen erklärte sie, sie sei wahrhaftig keine Hackerin: »Ich war im Internet, las die Nachrichten, klickte auf verschiedene Seiten. Ich sah etwas über PayPal, das Zahlungen an Wikileaks sperrt. Und ich klickte auf eine andere Seite und nahm an einem Protest teil. Und das Nächste, was ich mitbekomme: Etwa drei Monate später wache ich um sechs Uhr früh auf und mein Haus ist von FBI-Agenten umstellt (...).«[197]

In den amerikanischen Medien werden diese 14 Verdächtigen, die angeblich an den DDoS-Attacken teilgenommen haben, als »PayPal 14« bezeichnet. Sie haben das ungeheure Pech, dass ausgerechnet ihre IP-Adresse aufgezeichnet und von den Behörden ausgeforscht wurde. Jetzt müssen sie sich vor Gericht verantworten, und es drohen ihnen hohe Strafen, auch wenn sie womöglich nicht viel mehr gemacht haben, als ein Programm auf ihrem Rechner zu installieren. Es ist ein juristisches Dilemma: Wie reagiert man auf solche Angriffe der anonymen Masse? Die Behörden können nicht alle

---

[196] Weatherland wurde im Gerichtsverfahren als »hochrangiges Mitglied« bezeichnet, das auch Server für Anonymous zur Verfügung stellte. Nachzulesen im Prozessbericht des Guardian: http://www.guardian.co.uk/technology/2013/jan/24/anonymous-hackers-jailed-cyber-attacks. Vgl. auch N-TV: Schlag gegen Hackergruppe: Anonymous schwört Rache, online unter http://www.n-tv.de/politik/Anonymous-schwoert-Rache-article3848566.html (Stand: 24. Mai 2013).

[197] Das Interview ist auch auf der Website des TV-Senders ABC7 zu sehen, der den Beitrag brachte und Tracy Valenzuela zu Hause besuchte. Siehe: Freedman, Wayne: Woman accused of hacking Paypal speaks out, online unter http://abclocal.go.com/kgo/story?section=news/local/south_bay&id=8357756 (Stand: 27. Mai 2013, Übers. ins Deutsche von I. B.).

Angreifer verfolgen, aber ist es angemessen, Einzelne aus der Masse herauszupicken und an ihnen ein Exempel zu statuieren?[198]

Anonymous profitiert von dieser Ungerechtigkeit, dass Einzelne für alle geradestehen müssen. Es schweißt die Anons zusammen, die sich umso mehr missverstanden und verfolgt fühlen. Hinzu kommt, dass Anonymous ganz bewusst eine niederschwellige Bewegung ist. Jeder kann mitmachen; es reicht, sich eine Maske aufzusetzen oder sich Anonymous zu nennen, schon gehört man dazu. Das ist die wahre Macht dieses Kollektivs: Es hat das Spiel mit der Anonymität vollends verstanden.

Anonymous setzt die Identitätsverschleierung als Taktik ein, nicht nur um seine Mitglieder zu schützen, sondern auch um Eindruck zu schinden. Die Feinde von Anonymous wissen nicht, von wem sie attackiert werden und wie viele dahinterstecken. Das Netz, das ein ungeheures Mobilisierungstool ist, vervielfacht diesen Effekt: Hier kann man noch größer wirken, als man ist. Im Englischen nennt man das »punching above one's weight«, boxen über seiner Gewichtsklasse. Anonymous tut das regelmäßig: Es legt sich mit mächtigen Gegnern an, etwa Konzernen und Regimen. Die Öffentlichkeit tappt dabei im Dunkeln, wie viele Menschen bei dem diffusen Kollektiv wirklich mitmachen, wie mächtig die Bewegung tatsächlich ist. Dieses Rätselraten lässt das ohnehin schon dubiose Phänomen Anonymous noch mysteriöser erscheinen – und was man nicht versteht, davor fürchtet man sich besonders.

Die Medienforscherin Jana Herwig von der Universität Wien hat das Konzept vortrefflich beschrieben: »Anonymous ist weder eine einzelne, real existierende Person (…) noch ein klar umreißbarer Zirkel von real existierenden Personen. Anonymous kann man am besten verstehen als eine kollektive Identität, die man sich aneignen kann: um nicht man selbst zu sein, um von einer Position aus zu sprechen, die einem sonst nicht zustehen würde, ähnlich einer

---

[198] Die meisten waren übrigens Männer; das FBI verhaftete im Juli 2011 zwölf Männer und zwei Frauen als vermeintliche Teilnehmer der Operation Payback. Während ich diese Zeilen schreibe, ist noch unklar, ob sie ins Gefängnis müssen oder eine (andere) Strafe erhalten. Vgl. Smith, Gerry/Reilly, Ryan J.: Alleged »PayPal 14« Hackers Seek Deal To Stay Out Of Prison After Nearly 2 Years In Limbo, online unter http://www.huffingtonpost.com/2013/05/18/paypal-14-hackers_n_3281768.html (Stand: 27. Mai 2013).

3   Wie Anonymität Mobilisierung und Mobs fördert

Maske, die man sich aufsetzen kann. (...) Ich muss keine Mitgliedanträge ausfüllen, ich muss nicht die anderen MaskenträgerInnen um Erlaubnis bitten, die Maske aufsetzen zu dürfen – und dies unterscheidet Anonymous von den diversen Geheimbünden – ich muss lediglich bereit sein, meine Identität aufzugeben.«[199]

Dazu passend spielt Anonymous gekonnt mit der Maskierung. Gehen die User auf die Straße demonstrieren, verstecken sie sich hinter der Guy-Fawkes-Fratze. Das weckt auch offline den Eindruck einer anonymen Heerschaft und ist eine kluge popkulturelle Anspielung. Die Maske, ein schaurig lachendes Gesicht, stammt aus dem Comic »V for Vendetta« von Alan Moore, das mittlerweile auch verfilmt wurde. Darin kämpft ein freiheitsliebender, radikaler, maskierter Held gegen die Tyrannei eines Überwachungsregimes, antwortet auf die Gewalt mit Terrorakten und löst eine Revolution aus. In der Verfilmung heißt es: »Hinter der Maske ist mehr als nur Fleisch. Hinter der Maske ist eine Idee (...), und Ideen sind kugelsicher.«[200] Das mag pathetisch klingen, aber es passt zur Selbstinszenierung das Kollektivs.[201] Mittlerweile gibt es in vielen Ländern Untergruppen von Anonymous. Die nationalen Splittergruppen sind vielleicht nur kleine Ableger, aber auch sie vermitteln den Eindruck, als stecke dahinter eine riesige Bewegung. Egal in welchem Land, egal bei welchem Thema, die Botschaften von Anonymous enden meist mit dem Satz: »We are Anonymous. We are Legion. We do not forgive. We do not forget. Expect us.« – »Wir sind Anonymous. Wir sind viele. Wir vergeben nicht. Wir vergessen nicht. Rechnet mit uns.«

---

[199]   Ich empfehle diesen Blogpost generell, wenn man sich näher mit dem Phänomen Anonymous beschäftigen möchte. Siehe: Herwig, Jana: Wer oder was ist Anonymous – was ist Anonymous nicht? Online unter http://digiom.wordpress.com/2010/12/10/wer-oder-was-ist-anonymous/ (Stand: 17. Mai 2013).

[200]   V for Vendetta, Regie: McTeigue, James, Drehbuch: The Wachowski Brothers, USA, Warner Bros. 2005, Fassung: DVD, Warner Bros. 2006, 128 Minuten.

[201]   Guy Fawkes war ein gescheiterter katholischer Attentäter, der das Parlament und King James I. am 5. November 1605 in die Luft sprengen wollte. Sein Plan flog auf und Fawkes wurde gehängt, doch bis heute erinnern sich die Briten an das Scheitern des sogenannten »Gunpowder Plot« und Künstler wie Alan Moore gewannen daraus literarischen Stoff.

Diese Theatralik übt auf so manchen enttäuschten Bürger ihren Reiz aus. Politische Parteien oder staatliche Einrichtungen stecken in einer Krise, das Vertrauen in diese Institutionen sinkt. Viele Menschen spüren ein Gefühl der demokratischen Ohnmacht, als seien sie nur Zwerge, die gegen die Riesen dieser Erde (Konzerne, Lobbys, supranationale Organisationen) ohnehin nichts ausrichten können. Anonymous steht außerhalb dieses Systems und fordert es auf eine freche Weise heraus. Ganz im Sinne des *Punching above one's weight*. Ist man als Bürger irgendjemand, quasi ein Zwerg, wird man als Anon, hat man sich die Maske angelegt, zum Riesen. Auch hier vermittelt die Anonymität ein neues Gefühl der Selbstsicherheit: Deindividuation in Reinkultur.

Tatsächlich ist Anonymous mehr Schein als Sein, denn was hat das Kollektiv bisher erreicht? Es hat einige Websites lahmgelegt und einige peinliche Daten von Politikern, Behörden und Firmen offengelegt. Das ist unangenehm, aber es gefährdet nicht das gesellschaftliche Gefüge oder erschüttert den Staat in seinen Grundfesten. Doch selbst Politiker und Konzerne fallen auf diese Inszenierung herein, machen Anonymous zu einem Gesprächsthema, indem sie die Anons zu Cyberterroristen hochstilisieren und Einzelne gerichtlich verfolgt sehen wollen. All das nutzt der Bewegung in Wirklichkeit: Die Macht, die Anonymous hat, basiert auf der Aufmerksamkeit, die wir dem Phänomen schenken.

Man könnte noch viele andere Beispiele anführen, etwa wie Anonymous beim Arabischen Frühling mitmischte oder mit den unzufriedenen Bürgern von Occupy Wallstreet kooperierte. Die wesentliche Information ist jedoch, dass die Macht des Kollektivs auf der anonymen Inszenierung aufbaut. Und dass diese Gruppierung Selbstjustiz übt.

Dazu noch ein Fall aus Kanada: Im April 2013 brachte sich die 17-jährige Rehtaeh Parsons um. Der Mutter des Mädchens zufolge wurde das Mädchen eineinhalb Jahre zuvor auf einer Party von vier Burschen vergewaltigt, einer soll Fotos davon gemacht und diese an die ganze Schule geschickt haben. Das Mädchen wurde als Opfer gebrandmarkt, andere Teenager bezeichneten sie als »Slut«, als Schlampe – schließlich nahm sie sich das Leben. Die

3 Wie Anonymität Mobilisierung und Mobs fördert

Polizei untersuchte den Fall, gelangte aber zur Ansicht, dass es nicht genügend stichhaltige Beweise gegen die vier Burschen gebe.[202]

Wieder schaltete sich Anonymous ein, forderte Gerechtigkeit für Rehtaeh. Die Namen der vier Verdächtigen fanden die Anons relativ schnell heraus. Das anonyme Kollektiv drohte daraufhin damit, ihre Identität offenzulegen, sollte die Polizei nicht selbst aktiv werden. Die Operation von Anonymous löste heftige Debatten aus: Hatte die Polizei tatsächlich geschlampt? Ist diese Form der Selbstjustiz angemessen? Soll Anonymous die Namen der vier Burschen veröffentlichen? Wer ist hier Opfer und wer ist hier Täter?

Der Fall sorgte weltweit für Schlagzeilen. Schließlich wandte sich die Mutter selbst an die Öffentlichkeit und an Anonymous. Sie übte Kritik an der Arbeitsweise der Polizei, bat das Kollektiv aber darum, die Namen der Burschen nicht zu veröffentlichen. Das Rechtssystem solle sich mit ihnen befassen. Der öffentliche Druck erwirkte zumindest, dass die Polizei sich erneut mit dem Fall befasste.[203]

Anonymous wollte sich auch in diesem Fall über das Gesetz stellen. Erst durch das Einlenken der Mutter ging man davon ab, die Verdächtigen zu outen. Ich kann den Fall von Rehtaeh Parsons und die Beweislage nicht beurteilen. Aber ich bin mir auch nicht sicher, ob Anonymous das kann. In unseren Demokratien gilt der Grundsatz: »Unschuldig, bis das Gegenteil bewiesen ist.« Natürlich ist das besonders schwer hinzunehmen, wenn der Verdacht besteht, die Polizei habe geschlampt.

Wann ist ziviler Ungehorsam angemessen? Und wie stehen wir zivilem Ungehorsam gegenüber, wenn er von jemand Anonymem

---

[202] Vgl. Huffington Post: Anonymous Claims Suspect Confessed To Rehtaeh Parsons' Rape, online unter http://www.huffingtonpost.com/2013/04/12/anonymous-suspect-confession-rehtaeh-parsons-rape_n_3070615.html (Stand: 9. September 2013). Vgl. auch Huffington Post Canada: Anonymous And Rehtaeh Parsons: Group Slams Suspects Supporters, Makes Demands, online unter http://www.huffingtonpost.ca/2013/04/19/anonymous-rehtaeh-parsons-suspects-supporters-_n_3116954.html?just_reloaded=1 (Stand: 9. September 2013).

[203] Gegen zwei Verdächtige, die mittlerweile volljährig sind, startete ein Prozess wegen Kinderpornografie. Siehe: Patten, Melanie: Child pornography charges laid in Rehtaeh Parsons investigation, online unter http://globalnews.ca/news/770393/child-pornography-charges-laid-in-rehtaeh-parsons-investigation/ (Stand: 25. September 2013).

begangen wird? Nur zum Vergleich: Als sich Rosa Parks im Jahr 1955 weigerte, ihren Sitzplatz im Bus für einen weißen Fahrgast zu räumen, stand die Afroamerikanerin mit ihrer Person und ihrem Namen ein. Sie trug die Konsequenzen ihres Handelns, musste 14 Dollar Strafe zahlen und wurde zur Galionsfigur der schwarzen Bürgerrechtsbewegung in den USA.[204]

Die Anons hingegen betreiben eine annähernd konsequenzenlose Form des zivilen Ungehorsams. Die Wahrscheinlichkeit, einer der wenigen zu sein, die ausgeforscht werden, ist relativ gering. Mir persönlich imponieren Freiheitskämpfer mehr, wenn sie mit ihrem Namen für ihre Handlungen einstehen, wenn sie ihre Anliegen auch vor Gericht auszufechten bereit sind – aber wer weiß, wie die amerikanische Bürgerrechtsbewegung ausgesehen hätte, hätte es damals schon das Internet gegeben. Und wie der britische Autor Gerald Seymour sagte: »One man's terrorist is another man's freedom fighter.«[205] Des einen Terrorist ist des anderen Freiheitskämpfer.

Ob ziviler Ungehorsam angemessen ist oder nicht, beantwortet oft erst die Geschichte. Das Problem bei der Beurteilung von Anonymous ist allerdings, dass das Kollektiv keine klassische Ideologie oder klare Linie verfolgt. Es gibt kein Grundmanifest und keine Werte. Jeder kann Anonymous sein, und das Kollektiv handelt danach, je nachdem welche Meinung sich gerade in den Chatrooms durchsetzt. Das macht Anonymous für Menschen mit einer politischen Haltung so unheimlich.

Dazu noch eine Geschichte aus Österreich, wo der Twitter-Account @AnonAustria oftmals als Sprachrohr des Kollektivs dient.[206]

---

[204] Vgl. CNN: Civil rights icon Rosa Parks dies at 92, online unter http://edition.cnn.com/2005/US/10/24/parks.obit/ (Stand: 9. September 2013).

[205] Henley, Jon: The UK riots and language: »rioter«, »protester« or »scum«? Online unter http://www.theguardian.com/uk/2011/aug/10/uk-riots-language (Stand: 9. September 2013).

[206] Ganz so einfach ist es freilich nicht. Es gibt auch andere Anonymous-Accounts, die sich als österreichischer Ableger von Anonymous verstehen, sowie interne Streits, inwiefern @AnonAustria tatsächlich als Sprachrohr fungiert. Wie das bei dem Kollektiv nun mal so ist, hat niemand alleiniges Anrecht auf den Namen Anonymous, und so könnte man sagen, all diese User und Accounts sind Facetten des globalen Phänomens Anonymous. Anzumerken ist jedoch, dass die wichtigsten Medienstunts und Attacken, die im Namen von Anonymous

3 Wie Anonymität Mobilisierung und Mobs fördert

Anfangs attackierte Anonymous Austria vor allem Parteien-Websites, insbesondere jene der Rechtspopulisten. Dann machte Anonymous einige Datenlecks öffentlich und führte vor, wie schlampig mit sensiblen Konsumentendaten umgegangen wird. Dafür erntete das Kollektiv viel Beifall, spätestens ab September 2011 fiel es jedoch öffentlich in Ungnade. Damals stellte Anonymous private Informationen von 25.000 Polizisten ins Netz, inklusive ihrer privaten Wohnadressen, Namen und Geburtsdaten.[207]

Hatten anfangs noch viele applaudiert oder gelacht, wenn sich AnonAustria mit Rechtspopulisten oder inkompetenten IT-Administratoren anlegte, fragten sie sich nun: Mit welchem Recht greift Anonymous eigentlich auf fremde Daten zu? Auch innerhalb des Kollektivs häuften sich die Streitigkeiten und AnonAustria wurde für das Vorgehen gescholten, nicht zuletzt von bekannten Bloggern, die forderten: »Öffentliche Daten nützen, private Daten schützen.«[208] Das ist übrigens ein Grundsatz der Hackerethik, formuliert vom deutschen Chaos Computer Club.[209]

Auf einem sehr harmlosen österreichischen Level zeigt dieser Fall, wie unberechenbar das Kollektiv ist. Mal findet man die selbst ernannten Robin Hoods lustig, dann stoßen sie einen wieder vor den Kopf. Dass es keine klare Identität und auch keine Ideologie dieser Bewegung gibt, liegt auch an ihrem radikalen Anonymitätsverständnis: Jeder, der sich Anonymous nennt, ist Anonymous. Man kann auch niemanden ausschließen. Diese Identitätslosigkeit und die Unberechenbarkeit sind das wahrhaft Faszinierende an dem Kollektiv, das uns weiter Rätsel aufgeben wird.

---

hierzulande stattfanden, vom Twitter-Account @AnonAustria ausgingen oder zumindest von diesem kommuniziert wurden.

[207] Vgl. Kucera, Gregor: Anonymous outet 25.000 heimische Polizisten, online unter http://www.wienerzeitung.at/themen_channel/wz_digital/digital_news/399543_Anonymous-outet-25.000-heimische-Polizisten.html (Stand: 9. September 2013).

[208] So der österreichische Blogger Helge Fahrnberger, siehe: http://twitter.com/#!/Helge/status/118246968274321408 (Stand: 9. September 2013).

[209] Nachzulesen auf der Website des Chaos Computer Club: http://www.ccc.de/hackerethics

KAPITEL 4

DIE GEFÄHRDETE ÖFFENTLICHE DEBATTE

Wie Anonymität radikalen Gruppen hilft

WIE DIE ANTIFEMINISTEN DIE DISKUSSION ONLINE VERGIFTEN

Ich habe bisher sehr grundsätzliche Dinge über die Anonymität im Netz behandelt: dass sie Menschen erlaubt, sich neu zu erfinden; dass sie Facetten ihrer selbst zum Vorschein bringt, die sonst verborgen bleiben würden; dass sie Widerrede ermöglicht; dass sie enthemmt; dass sie der Mobilisierung und Kollaboration als Gruppe hilft. Aber inwiefern wirken sich all diese Phänomene auf die öffentliche Debatte aus? Mehr und mehr werden gesellschaftliche Entscheidungen im Netz verhandelt, doch wir laufen Gefahr, online in einem sehr vergifteten Klima zu diskutieren. Das soll das Beispiel der Antifeministen zeigen.

Das Web ist ein großartiger Ort, um skurrile Verschwörungstheorien und radikale Gesellschaftsideen kennenzulernen. Man muss gar nicht aktiv danach suchen, sondern wird ganz unfreiwillig in Zeitungsforen und anderen Mainstream-Seiten damit konfrontiert. Sehr laut ist die Gruppe der »Antifeministen«, eine Minderheit von Männern, die ein Problem mit der Gleichstellung von Frauen haben. Sie vertreten die Ansicht, die Frauen hätten bereits die Herrschaft übernommen und würden Politik und Justiz lenken. Wir würden demnach alle in einer »Femokratie« leben, unter dem Diktat des Weibes. Die Antifeministen bezeichnen Gleichstellungspolitik als »Femifaschismus«, wer eine feministische Haltung vertritt, ist ein »Feminazi«.

Der Gedanke, dass Frauen gleichberechtigte, selbstbestimmte Menschen sind, wird mit dem größten Verbrechen in der Geschichte der Menschheit, dem Nationalsozialismus, verglichen. Das ist schon sehr perfide. Zum Glück gibt es nicht so viele glühende Antifeministen. In Deutschland dürfte die Bewegung deutlich weniger als 1000 Akteure ausmachen, wie eine Studie im Auftrag der Heinrich-Böll-Stiftung herausfand, die bisher

4 Die gefährdete öffentliche Debatte

umfassendste Untersuchung zu diesem Thema im deutschsprachigen Raum.[210]

Das Problem ist nur, dass die Antifeministen viel zahlreicher scheinen, als sie sind. Sie versuchen, in Onlineforen möglichst laut aufzutreten und die Diskussion an sich zu reißen. Sie haben oft Profile in etlichen Zeitungsforen und klappern jeden Tag diese Websites ab, nur um ihre Weltsicht zu verbreiten. Besonders beliebt sind Berichte, in denen es um Geschlechtergerechtigkeit, Obsorge oder Familienpolitik geht. In den Webforen liest man dann Weisheiten wie:

»Ein kluger Mann sagte mal: ›Wenn es tatsächlich zu einem Krieg der Geschlechter kommt, werden die Frauen siegen, weil die Männer die Frauen mehr lieben als die Frauen die Männer.‹ Vor dem Hintergrund: Was in den letzten Jahrzehnten gelaufen ist, war kein Geschlechterkrieg, sondern ein einseitiges Einprügeln und Niedermachen der Männer (…).«

User tobi78 im Spiegel-Forum[211]

»Gleichberechtigung in Deutschland bedeutet, den Mann drücken, die Frau hochsetzen. Und seis per Quote. Der erste Schritt, dass Männern die Gehälter nach unten angepasst wurden, wie bei Frauen, die entweder nicht Vollzeit arbeiten, ungelernt sind oder in Billigjobs arbeiten, ist ja schon lange getan (…).«

User Hansemann auf Welt.de[212]

»Wisst Ihr Frauen wo Ihr hin Manövriert? Liebe Frauen Denkt nach was Ihr betreibt das ist nicht mehr schön. Ich verstehe jede Frau was sexuell oder sonst irgendwie belästigt wird. Ich sage aber das ist nicht gut was Ihr betreibt. Meine Meinung ist es werdet ihr alleine

---

[210] Vgl. Rosenbrock, Hinrich: Die antifeministische Männerrechtsbewegung. Denkweisen, Netzwerke und Online-Mobilisierung. Expertise für die Heinrich-Böll-Stiftung. Schriften des Gunda-Werner-Instituts, Band 8., auch als PDF online unter http://www.boell.de/downloads/Antifeminismus-innen_endf.pdf, S. 40.

[211] Dieses Posting wurde am 5.11.2012 verfasst, siehe: Spiegel: Die Lisbeth-Salander-Falle, online unter http://forum.spiegel.de/f22/feminismus-debatte-die-lisbeth-salander-falle-74197-15.html#post11280521 (Stand: 11. Juni 2013).

[212] Der genaue Zeitpunkt des Eintrags ist nicht mehr feststellbar, er bezieht sich jedenfalls auf einen Artikel vom 27.4.2013. Siehe: Held, Gerd: Perverse Effekte einer gesetzlichen Frauenquote, online unter http://www.welt.de/debatte/kommentare/article115668090/Perverse-Effekte-einer-gesetzlichen-Frauenquote.html#comment-878336137 (Stand: 11. Juni 2013).

übrig bleiben. Der Mann hat auch Gefühle aber ihr habt noch nie nachgefragt was in einen Männerhirn vorgeht.? Nein das ist nicht F... oder S..., oder was ihr noch so im Kopf habt (...).«
User Franky63 auf dieStandard.at[213]

Für unbeteiligte Leser oder Leserinnen mögen solche Kommentare harmlos oder lächerlich wirken, aber es steckt oft mehr dahinter als nur ein verärgerter Typ an seiner Tastatur.[214] Die Männerrechtler wollen damit die öffentliche Debatte beeinflussen, das ist Teil ihrer digitalen Aufmerksamkeitsstrategie.

In herkömmlichen Medien bekommen die Antifeministen kaum ein Forum, deswegen versuchen sie ihre Weltsicht in Postings zu verbreiten und Gleichdenkende zu mobilisieren.[215] Immer wieder schafft es eine kleine Gruppe, in Foren bedeutender Tageszeitungen die Deutungshoheit über das Thema an sich zu reißen. Auch wenn

---

[213] Dieser Kommentar wurde gelöscht. User Franky63 postete ihn am Weltfrauentag 2013, an dem dieStandard.at ein Gespräch mit zwei Journalistinnen brachte. Siehe: http://diestandard.at/1362107626641/Sexismus-im-Netz-Burschen-es-ist-vorbei (Stand: 13. März 2013; orthografische Eigenheiten im Original).

[214] Es gibt auch noch weitaus schlimmere Beispiele: Im August 2013 brachte ein niederösterreichischer Familienvater seine Exfrau um, er soll zuerst vor den Augen der Kinder auf sie geschossen, dann auf sie eingestochen haben. Den Ermittlern zufolge womöglich aus Eifersucht. Auf der Boulevardseite Heute. at kommentierte das der User »koki166« mit den Worten: »traurig aber leider verständlich« und kritisierte die österreichischen Obsorge-Gesetze. Ein User namens »christianp« antwortete ihm: »ganz genau bin voll und ganz deiner Meinung! denn mir ist es auch so ergangen nach der Trennung. ich sehe meine 2 Töchter seit 12 Jahren nicht mehr (...) PS: mich wundert es auch nicht das manche Männer ausrasten.« Das Posting von »koki 166« vom 29.8.2013 wurde gelöscht, die Antwort von »christianp« war zu einem späteren Zeitpunkt aber noch sichtbar. Siehe: Heute: Passant legte Mann nach Bluttat Handschellen an, online unter http://www.heute.at/news/oesterreich/noe/art23654,920783 (Stand: 30. August 2013).

[215] Auf Websites der Antifeminismus-Bewegung wird auch auf Artikel zum Thema Gleichstellung hingewiesen und die Mitglieder der Community werden aufgefordert, sich dort einzumischen. Wobei diese Form der Intervention nicht wirklich erfolgreich ist. Es gibt einfach eine kleine Gruppe von extrem aktiven antifeministischen Usern, die auch ohne Aufforderung gewisse Foren regelmäßig aufsuchen und dort mitdiskutieren. Diese Gruppe besteht gewissermaßen aus »alten Bekannten«, die oft in mehreren Foren aktiv sind, sich dort gegenseitig unterstützen, ihren emotionalen Frust abbauen und ein Zusammengehörigkeitsgefühl entwickeln. Vgl. Rosenbrock, S. 151.

4 Die gefährdete öffentliche Debatte

es nur einige wenige User sind, erwecken sie, indem sie etliche Kommentare zu einem Artikel verfassen, den Eindruck, als handle es sich um die Meinung der Mehrheit und nicht die wirren Fantasien einer kleinen Gruppe. Zudem beschimpfen sie Andersdenkende, machen deren Meinung nieder und verscheuchen sie oftmals aus den Foren. Irgendwann wird dieses Niveau einfach vielen Postern zu blöd.

Die Eigenwahrnehmung der Antifeministen ist vermutlich eine ganz andere. Sie fühlen sich tatsächlich als Opfer einer weiblich dominierten Welt, sehen sich fast schon gezwungen, diese öffentlichen Foren zu stürmen und ihre Botschaft lauthals zu verkünden, denn überall sonst wird ihre Meinung zensuriert. Die »systemtreuen« Medien der »Femokratie« drucken ihre Texte nicht ab, vom Fernsehen werden sie nicht ernst genommen. Also sehen sie es fast schon als ihre Pflicht, als unterdrückte Minderheit die Stimme zu erheben und endlich die Wahrheit auszusprechen.

Wer dieses obskure Weltbild der Maskulinisten näher verstehen will, dem empfehle ich die Studie der Heinrich-Böll-Stiftung, verfasst von dem Soziologen Hinrich Rosenbrock. Ich beziehe mich hier stark darauf, weil dieser Text sehr eindrücklich beschreibt, wie eine Minderheit den Eindruck erwecken will, als wäre sie die Mehrheit.

»Es handelt sich wohl weniger um Sprecher/innen, die die ausgegrenzte Meinung ›der Männer‹ oder des ›Volkes‹ (sic) demokratisch in die Internetforen einbringen. Eher versuchen kleine Gruppen mit teils koordinierten Interventionen die Meinungsbildung in den Foren zu dominieren, indem sie ihre Positionen – manchmal wie in einem Trommelfeuer – wiederholen und häufig Andersdenkende verbal beleidigen und bedrohen. Ausgeschmückt wird dies mit frauenfeindlichen Statements und Unterstellungen. Anstelle von demokratischen Diskussionen fühlt man sich an ein ›Rudelverhalten‹ zur Besetzung öffentlicher Räume und zum Niederhalten Andersdenkender erinnert.«[216]

Das erklärt, warum in Onlineforen radikale Meinungen oft überproportional vertreten sind. Die Menschheit ist nicht tatsächlich so extrem, es ist nur ein kleiner Teil von Extremisten, der sich lauthals austobt; man erkennt dies auch daran, dass manche User in etlichen

---

[216] Rosenbrock, S. 142.

Foren mit demselben Pseudonym auftreten. Mit ihrer Aggressivität verdrängen sie die gemäßigteren Stimmen; viele User haben keine Lust, auf so einem Niveau zu diskutieren, und räumen das Feld. Die Strategie der Antifeministen geht auf, denn sie sind es, die letztendlich den Ton angeben, einen sehr frauenfeindlichen Ton.

In der feministischen Bloggerinnenszene gibt es seit Längerem Überlegungen, eines Tages zurückzuschlagen und an diesem einen Tag auf all die hasserfüllten Postings einzugehen und mit Argumenten zu entkräften. Die Idee hat nur einen großen Haken: Was passiert an den anderen 364 Tagen im Jahr?

Mit ihrer aggressiven Art zerstören die radikalen Poster jegliche sachliche Diskussion. In Österreich treffen sich Antifeministen gern auf der Website dieStandard.at, dem frauenpolitischen Portal der Tageszeitung »Standard«. Dieser Webbereich beschäftigt sich gezielt mit feministischen Themen und genderrelevanten Neuigkeiten. Für die Männerrechtler ist es ein großartiger Ort, um ihren Frust über die »Feminazis« abzulassen. Erschwerend kommt hinzu, dass der »Standard« auf seiner Website eine sehr tolerante Auslegung von Meinungsfreiheit hat und oft auch angriffige Postings zulässt.[217]

All das führt zu einem ungeheuer rauen Ton. Die Redaktion sah sich sogar zu einer Notlösung gezwungen: Einmal in der Woche gönnt sich dieStandard.at einen Tag ohne Postings. Dienstag ist der sogenannte forumfreie Tag, an dem die Kommentarfunktion abgedreht wird. Die Redaktion erklärte die Einführung damit, dass einige wenige Poster die ganze Debatte kaputtmachen würden: »Immer wieder schaffen es diese wenigen, mit (so scheint es: unter einander koordinierten) Seiten-Einfällen, oft subtil, mitunter derb, aber immer mit frauenfeindlichem Unterbau, ein Gesprächsklima zu evozieren, das eine Spirale in die Untiefen von Geschlechterschlammschlachten antreibt.«[218]

---

[217] Dazu sei angemerkt, dass der »Standard« derzeit an einer Neugestaltung des Forums arbeitet, auch wird das Team, das sich um die Kommentare kümmert, vergrößert, um künftig die Diskussionskultur zu verbessern.
[218] Die Standard: Rotes Tuch Gleichstellung, online unter http://diestandard.at/1220460658151/Forenfreier-Dienstag-Rotes-Tuch-Gleichberechtigung (Stand: 11. Juni 2013).

4 Die gefährdete öffentliche Debatte

Eigentlich ist das ziemlich traurig. DieStandard.at sollte ein Ort sein, an dem über Frauenrechte und über die Gleichstellung im 21. Jahrhundert diskutiert wird. Stattdessen herrscht dort Aggression und eine Neiddebatte, bei der Poster und Posterinnen darüber streiten, wer denn nun das benachteiligtere Geschlecht ist.

Die Antifeministen sind nicht die einzige Randgruppe, die gezielt mit Hass arbeitet. Ähnliche Mechanismen sind auch bei anderen radikalen Gruppen, etwa Rechtsradikalen, zu beobachten. Dazu schreibt die Chefredakteurin der Aufklärungsseite Netz-gegen-Nazis.de, Simone Rafael: »Neonazis verfolgen – online wie offline – eine Wortergreifungsstrategie: Sie versuchen, Themen zu setzen, Diskussionen in eine gewünschte Richtung zu lenken, Dominanz zu erringen. Im Internet gelingt ihnen das besser als im wirklichen Leben. Immer wieder schalten Tageszeitungen ihre Kommentarfunktionen zu Artikeln zum Thema ab, weil sie mit der Flut von Beiträgen voller gezielter Fehlinformationen, Dramatisierungen und Beschimpfungen nicht mehr klarkommen – und sich die demokratischen Leserinnen und Leser, die Gegenstimmen bieten könnten, irgendwann entnervt zurückziehen.«[219]

Der Hass ist für solche Gruppen auch ein Mittel, um Gleichdenkende zu mobilisieren. Emotionen wie Hass haben nämlich etwas ungemein Zusammenschweißendes, wie auch Studienautor Hinrich Rosenbrock mit Blick auf die Antifeministen erklärt: »Menschen, die hassen, haben keinerlei Empathie gegenüber den Gehassten; damit verlieren sie auch einen Großteil ihrer Hemmungen. Hass drückt eine starke Feindschaft aus, also eine Abgrenzung und damit in der Regel eine Zuschreibung ›wir‹ gegen ›die‹. Es bildet sich eine kollektive Identität heraus.«[220]

Die antifeministischen Poster sind mehr als simple Trolle, sie schüren online nicht nur Hass und sorgen für Aufregung, sie verfolgen dabei ein politisches Ziel. Es ist die Anonymität, die es den Maskulinisten ermöglicht, bedeutender zu erscheinen, als sie tatsächlich

---

[219] Rafael, Simone: Neonazis in sozialen Netzwerken. In: merz.medien + erziehung. 55. Jahrgang, Heft 5, München 2011, S. 19 f., online unter http://www.mediaculture-online.de/fileadmin/bibliothek/rafael_neonazis/rafael_neonazis.pdf

[220] Rosenbrock, S. 42.

sind. Viele von ihnen posten nicht nur unter einem Pseudonym, sondern unter mehreren, und die Meinung einiger weniger mutet als die Meinung vieler an. Was zu einer entscheidenden Frage führt: Welche Auswirkungen hat das auf die öffentliche Debatte und auf die einzelnen Betroffenen, die verbal attackiert werden?

Insbesondere bei feministischen Bloggerinnen, ihrem bevorzugten Hass-Objekt, werden die Antifeministen mitunter sehr untergriffig. Eine beliebte Taktik sind E-Mails, in denen detailliert die Vergewaltigung einer Frau beschrieben wird. In einer solchen Nachricht heißt es zum Beispiel: »Du schreist und brüllst und heulst verzweifelt, als das harte Leder zielsicher sein Ziel zwischen deinen Schenkeln trifft. (…) Genüsslich tränkt er das Tuch mit Alkohol und drückt es auf deine blutenden Wunden. Mit aller Macht dringt der brennende Schmerz jetzt tief in in deine Fotze ein.«[221]

Wer als Frau online über Feminismus schreibt, bekommt mitunter solche E-Mails. Die Maskulinisten klappern regelmäßig feministische Seiten ab und versuchen, dort Unruhe zu stiften. Diese Erfahrung machte zum Beispiel die österreichische Bloggerin und Gender-Forscherin Brigitte Theißl, sie betreibt die Seite Denkwerkstattblog.net, die gern von Antifeministen aufgesucht wird.

Wie viele andere Bloggerinnen hatte sie nicht damit gerechnet, wie viel Hass und Häme ihr entgegenschlagen würde. Anfangs durfte noch jeder auf ihrem Blog kommentieren und alles wurde automatisch freigeschaltet, was sie jedoch mit der Zeit änderte. Feministische Seiten werden oft mit sehr viel Schund überhäuft, deswegen moderiert die Gender-Forscherin mittlerweile ihr Forum aktiv, und ohne vorherige Kontrolle dürfen ausschließlich jene Poster kommentieren, deren Beiträge in der Vergangenheit bereits freigeschaltet wurden. Postings, die überhaupt keinen Bezug zum eigentlichen Artikel haben, die »off topic« sind, wie man im Netz sagt, veröffentlicht Theißl ebenso wenig wie solche, die einfach nur Beleidigungen beinhalten.

Aber warum nicht einfach die Anonymität in den Kommentaren abschaffen? Beispielsweise ist es möglich, dass lediglich Menschen

---

[221] N.N.: Eintrag vom 28. Dezember 2011, online unter http://hatr.org/hate/2mjy5et3ac4vonors4ru (Stand: 14. August 2013).

4 Die gefährdete öffentliche Debatte

mit ihrem Facebook-Profil posten, bei dem man in der Regel den echten Namen angibt. Doch gerade in der Frauenrechts-Szene lösen derartige Vorschläge wenig Begeisterung aus, da Anonymität und die Möglichkeit der freien Meinungsäußerung von vielen Feministinnen geschätzt werden.[222] Ganz abgesehen davon, dass bei einigen Bloggerinnen auch die Angst herrscht, dass Droh-Mails eines Tages Realität werden und ein verärgerter Maskulinist vor ihrer Tür stehen könnte.

Selbst wenn man sich solche Dinge nicht allzu sehr zu Herzen nimmt, haben Droh-Postings eine einschüchternde oder zumindest beunruhigende Wirkung. Das führt dazu, dass die Bloggerinnen mitunter vorsichtiger werden, wie und worüber sie schreiben. »Man weiß schon im Vorhinein, dass ein gewisses Reizthema besonders harte Meldungen auslösen wird«, erzählt Brigitte Theißl, »ich versuche zumindest, mich nicht davon beeinflussen zu lassen.«[223]

Das Ziel solch aggressiver Postings ist ja, die Gegnerinnen mundtot zu machen oder zumindest lautstark zu übertönen. Die Opfer der Attacken werden viel zu wenig in Schutz genommen und es herrscht oft eine skurrile Auslegung der Meinungsfreiheit. Werden Feministinnen aufs Bösartigste verbal attackiert und regen sie sich darüber auf, heißt es mitunter: Sie sollen sich halt eine »dickere Haut« wachsen lassen.[224] »Auch mir wird manchmal gesagt: Wenn man das nicht aushält, hat man halt nichts in der politischen Diskussion zu suchen«, erzählt Gender-Forscherin Theißl. Wer sich über

---

[222] Vgl. Ganz, Kathrin: Feministische Netzpolitik, Perspektiven und Handlungsfelder, online unter http://www.gwi-boell.de/downloads/GANZ_feministische_Netzpolitik_Web.pdf (Stand: 9. September 2013).

[223] Das Interview fand persönlich am 2. Mai 2013 in Wien statt.

[224] Zum Beispiel gibt es die Vorstellung, dass all dieser Hass eine reinigende Kraft hätte. Chris Tolles, Chef der Diskussionsplattform Topix.com, meinte in der Zeitung »Chicago Tribune« etwa: »Den Menschen die Möglichkeit zu geben, dass sie sagen können, was sie wollen, führt langfristig zu einer besseren Gesellschaft, denn es bedeutet, dass Menschen eine dickere Haut haben müssen, und es bedeutet, dass viele Dinge rauskommen, die sonst nicht rausgekommen wären.« Siehe: Garvey, Georgia/Lee, William: Anonymity is no guarantee in online postings, online unter http://articles.chicagotribune.com/2010-02-14/business/ct-met-anonymous-internet-posters-20100212_1_subpoena-online-postings-comment/2 (Stand: 17. April 2013, Übers. ins Deutsche von I. B.)

aggressive Online-Poster aufregt, wird als »dünnhäutig«[225] bezeichnet oder als jemand, der keinen Humor versteht.

Davon weiß nicht nur die Österreicherin Brigitte Theißl zu berichten, sondern auch die Cambridge-Professorin Mary Beard, die selbst bloggt und twittert und immer wieder Opfer grausamer Witze wird. Sie schreibt über solche Untergriffe: »So etwas reicht sicher aus, um viele Frauen davon abzuhalten, an der politischen Debatte teilzunehmen, speziell, wenn alles auf Google erscheint.«[226] Und auch andere Kommentatorinnen erzählen, wie sehr ihnen diese Anfeindungen zusetzen. Die britische Kolumnistin Jane Fae formulierte es so: »Es bringt einen zum Schweigen.«[227]

Sind diese Frauen das Problem? Sind sie einfach zu schwach und zu sensibel, um an einem toughen öffentlichen Diskurs teilzunehmen? Nein. Auch online bedeutet Meinungsfreiheit nicht, dass man sich beschimpfen lassen, sich als »heulende, kreischende Weiber« oder »Geschlechterrassistinnen« bezeichnen lassen muss.[228] Ebenso wenig bedeutet Meinungsfreiheit, dass man es hinnehmen oder sogar gut finden muss, wenn ein unglaublich verrohter Ton herrscht. Große Teile des Webs sind tatsächlich verseuchte Gebiete: Die radikalen Stimmen übertönen den Rest. Wer das anspricht, gilt gleich als Weichei oder Möchtegern-Zensor.

---

[225] http://derstandard.at/1373513355236/Warum-boese-Postings-in-Foren-gut-sind

[226] Beispielsweise werden Witze über ihren Nachnamen Beard (zu Deutsch »Bart«) gemacht, wird allgemein über ihre Körperbehaarung spekuliert, oder die Historikerin wird plump beleidigt und als »cunt« bezeichnet, als Fotze. Siehe: Beard, Mary: Internet fury: or having your anatomy dissected online, online unter http://timesonline.typepad.com/dons_life/2013/01/internet-fury.html (Stand: 14. August 2013, Übers. ins Deutsche von I. B.).

[227] Vgl. Fae, Jane: Misogyny, intimidation, silencing – the realities of online bullying, online unter http://www.newstatesman.com/media/2013/01/misogyny-intimidation-silencing-realities-online-bullying (Stand: 14. August 2013, Übers. ins Deutsche von I. B.).

[228] Um solche Anmerkungen zu finden, muss man nur die Seiten der Männerrechtler oder Zeitungsforen lesen, siehe zum Beispiel: http://www.wgvdl.com/forum2/mix_entry.php?id=93174 oder http://hatr.org/hate/pfz661ils3sxo1lpvupx oder http://derstandard.at/1353207640829/Glawischnig-Gruene-wollen-von-104-auf-15-Prozent-zulegen

4   Die gefährdete öffentliche Debatte

Die große Gefahr ist allerdings, dass diese Aggressionen einen nachhaltigen Effekt auf die öffentliche Debatte haben, dass wir eine Polarisierung und ein Auseinanderdriften der Gesellschaft erleben. Dafür gibt es bereits Hinweise.

Der »Nasty Effect« oder wie Hass-Postings tatsächlich den Hass nähren

Die Dosis macht das Gift. Ein ätzender Kommentar ist harmlos, liest sich oft wie schlechte Satire. Viele solcher Postings zerstören aber das Klima. Dazu drei Auszüge von der Website Hatr.org:

User »Bastl« schreibt: »Haha, selten so gelacht ;)…genauso objektiv wie der Stürmer damals…ich seid alles kleine FaschistInnen und ihr merkt es nicht nicht mal…ihr gehört mal ordentlich alle in den Arsch gefickt am besten mit 2 Schwänten damit ihr wieder klar in der Platte werdet…naja vielleicht gibts ja nochmal nen Krieg ;)«[229]

User »momo« fragt: »Warum lässt dich dein Mann eigentlich ins Internet? Oder stellt er dir den Laptop ab und an auf die Küchenzeile damit du dein infantiles, pseudo feministisches Gewäsch verbreiten kannst?«[230]

User »Gipsnacken« meint: »Du bist nichts weiter als ne dumme Schlampe die mit ihrer Armee aus Kommentarnutten ihre Gehirnkotze in die Blogs pisst. Geh lieber mal arbeiten du Scheißvieh!«[231]

Aus dem Kontext gerissen sind diese Meldungen eher skurril, fast schon lächerlich. Hatr.org sammelt derartige Hass-Postings, die auf feministischen Blogs landen. Die Betreiberinnen und Betreiber solcher Seiten können mit ein paar Clicks derartige Kommentare an

---

[229]   N.N.: Eintrag vom 7. April 2011, online unter http://hatr.org/hate/gf4auez5l2qfdy94mjt3 (Stand: 14. August 2013; orthografische Eigenheiten im Original).

[230]   N.N.: Eintrag vom 12. April 2011, online unter http://hatr.org/hate/5fq6n0atdiax3g6kct6k (Stand: 14. August 2013; orthografische Eigenheiten im Original).

[231]   N.N.: Eintrag vom 7. April 2011, online unter http://hatr.org/hate/o1pu2t0i7u5qq5zonht9 (Stand: 14. August 2013; orthografische Eigenheiten im Original).

Hatr weiterleiten, dort werden sie dann aufgelistet. All diese Einträge entblößen, was die Hass-Poster eigentlich sind: traurige Existenzen.

Das Problem ist nur: Diese traurigen Existenzen kosten uns alle sehr viel Kraft. Obwohl sie so lächerlich sind, haben sie eine emotionale Macht über uns. Man kann solche Postings nicht lesen, ohne sich aufzuregen oder wenigstens den Kopf zu schütteln. Es ist ein grober Irrglaube, dass jegliche Meinungsäußerung einer Diskussion guttut oder eine Debatte daran reift, wenn alle verbal aufeinander eindreschen. Ganz im Gegenteil: Manche Äußerungen vernichten eine Debatte. Sie machen eine sachliche Diskussion unmöglich.

Dass sich der Ton in Onlineforen darauf auswirkt, wie Leser über das Berichtete denken, zeigt eine Studie der University of Wisconsin, die sich speziell mit wissenschaftlichen Texten beschäftigte. Dabei wurde eine wichtige Frage untersucht: Wie wirken sich aggressive Postings auf Menschen aus, die gar nicht selbst kommentieren, sondern nur stumm mitlesen?

Die Wissenschaftler beobachteten das Verhalten von mehr als 1100 Teilnehmern, eine für die USA repräsentative Studie. Die User sollten einen Blogartikel zum Thema Nanotechnologie lesen, der ganz neutral die Vorteile und Risiken dieser Technik erörterte. Danach mussten die Probanden die Postings darunter studieren. Die eine Hälfte der Befragten bekam gemäßigte Kommentare ohne Beleidigungen zu sehen, die andere Hälfte auch einige fiese Postings. Die Argumente und der Inhalt der Kommentare waren in beiden Gruppen gleich, bei den unhöflichen Postings wurden zusätzlich Beleidigungen eingeflochten, zum Beispiel begann ein Text mit den Worten: »Wenn Sie die Vorteile der Nanotechnologie nicht erkennen, sind Sie ein Idiot.«[232]

»Verstörend.« So bezeichnen die Studienautoren selbst das Ergebnis ihrer Studie.[233] In der Gruppe, die die fiesen Postings

---

[232] Anderson, Ashley A. et al.: The »Nasty Effect«: Online Incivility and Risk Perceptions of Emerging Technologies, online unter http://onlinelibrary.wiley.com/doi/10.1111/jcc4.12009/full (Stand: 12. Juni 2013, Übers. ins Deutsche von I. B.). Der Text wurde später auch im Journal of Computer-Mediated Communication abgedruckt.

[233] Vgl. Brossard, Dominique/Scheufele, Dietram A.: This Story Stinks, online unter http://www.nytimes.com/2013/03/03/opinion/sunday/this-story-stinks.html (Stand: 12. Juni 2013).

las, verschärften sich die Fronten zwischen Gegnern und Befürwortern der Nanotechnologie. Die Schimpf-Postings führten dazu, dass viele Leser auch die Argumente anders bewerteten; sie sahen vermehrt die Schattenseiten der Technologie und es setzte sich eine eher negative Sichtweise durch. Das ist insofern beeindruckend, als beide Testgruppen dieselben Argumente zu lesen bekamen. Doch unabhängig davon, was im Artikel über Nanotechnologie tatsächlich stand, wirkte sich das Geschimpfe negativ auf die Stimmung aus. Die Forscher nannten es den »Nasty Effect«, den »fiesen Effekt«.[234]

Die Studie wirft viele Fragen auf, was dies für die wissenschaftliche Berichterstattung, aber auch für den Journalismus bedeutet. »Unsere wachsende Online-Medienlandschaft hat ein neues öffentliches Forum hervorgebracht ohne die traditionellen sozialen Normen und die Selbstregulierung, die unseren persönlichen Austausch üblicherweise regelt – und dieses Medium beeinflusst zunehmend, was wir wissen und was wir zu wissen glauben«, schreiben Dominique Brossard und Dietram A. Scheufele über die Ergebnisse ihrer Studie in der »New York Times«.[235] Ich interpretiere sie auch als Warnung an den Journalismus: Achten wir nicht auf den Ton in unseren Online-Medien, könnte gerade das den Schwarzmalern und Demagogen Auftrieb verleihen – unabhängig davon, was in den Artikeln tatsächlich steht.

Betrachten wir noch einmal das Beispiel der Antifeministen. Sie machen gezielt schlechte Stimmung gegen Gleichstellungspolitik und Frauenförderung, attackieren ihre Kritiker verbal und versuchen überall mitzureden, wo es um diese Themen geht. Könnte ihr aggressiver Tonfall nicht auch einen Nasty Effect hervorrufen? Vielleicht dazu führen, dass Leser solcher Postings der Gleichstellung eine Spur negativer gegenüberstehen? Durch die pure Aggression und das laute Auftreten einer Randgruppe würde ein legitimes gesellschaftliches Anliegen, die Gleichstellung der Frau, desavouiert.

Die Studienautoren von der University of Wisconsin geben keine Antwort darauf, inwiefern der Nasty Effect auch in anderen Bereichen auftritt, regen aber an, gerade bei »kontroversen politischen

---

[234] Anderson et al., a.a.O.
[235] Brossard/Scheufele, a.a.O. (Übers. ins Deutsche von I. B.)

oder wissenschaftlichen Themen« zu untersuchen, wie sich fiese Kommentare auswirken; bei besonders umstrittenen Themen könnte der Effekt womöglich ungleich größer sein.[236] Nicht nur die »New York Times«, auch wissenschaftliche Magazine und Blogs griffen die Studie mit großem Interesse auf, weil sie eine Polarisierung beschrieb, die viele Medien und Autoren in ihrem eigenen Forum beobachten konnten. Es war wohl genau die richtige Studie zur richtigen Zeit.[237] Der Nasty Effect ist übrigens der beste Beleg dafür, dass das Argument mit der dicken Haut ein Unsinn ist. Wir können unsere Emotionen nicht einfach ausschalten und Beschimpfungen komplett ignorieren.

Zu viel Anonymität ist »toxisch«, zu diesem Schluss kommt Kevin Kelly, der Herausgeber des Technologie-Magazins »Wired«. Er hat einen spannenden Beitrag für das Buch »Was ist Ihre gefährlichste Idee?« geschrieben. Während andere Forscher und Schriftsteller vor Plutonium oder Eugenik warnen, bezeichnet Kelly mehr Anonymität als gefährlich: »Anonymität gleicht einem seltenen Erdmetall. Diese Elemente sind notwendig, um Zellen am Leben zu erhalten, aber nur in schwer zu messenden spurenartigen Mengen. In höheren Dosen zählen diese Schwermetalle zu den giftigsten Substanzen überhaupt. Sie sind tödlich. Ähnlich ist es bei der Anonymität. Als Spurenelement in verschwindend geringen Dosen bekommt sie Systemen gut, bietet den Verfolgten Schutz und trägt dazu bei, Missstände aufzudecken, doch in höheren Dosierungen wirkt sie toxisch.«[238]

---

[236] Anderson et al., S. 12. – Übrigens haben die Forscher das Thema Nanotechnologie deswegen gewählt, weil viele Leser noch keine vorgefertigte Meinung dazu haben (anders als bei Themen wie zum Beispiel Klimawandel). Weil diese Debatte noch nicht ideologisch überfrachtet ist, konnten die Forscher besonders gut messen, inwiefern Schimpfworte und verbale Untergriffe zu einer Polarisierung führen.

[237] Sehr Interessantes schreibt übrigens Bora Zivkovic über diese Studie und seine Lehren daraus. Dieser Text im Blog des »Scientific American« ist lesenswert: http://blogs.scientificamerican.com/a-blog-around-the-clock/2013/01/28/commenting-threads-good-bad-or-not-at-all/

[238] Kevin Kelly: Mehr Anonymität täte gut. In: John Brockman (Hrsg): Was ist Ihre gefährlichste Idee? Die führenden Wissenschaftler unserer Zeit denken das Undenkbare. Fischer, Frankfurt am Main 2009, S. 114 f. – Kelly meint damit aber nicht Pseudonyme, hinter denen eine nachvollziehbare Identität steckt, wie etwa bei eBay, und auch nicht Anonymität wie bei geheimen Wahlen, wo man

4 Die gefährdete öffentliche Debatte

»Toxisch« taucht immer wieder als Bezeichnung dafür auf, wie online miteinander geredet wird. Anonymität scheint ein wesentlicher Faktor für viele hasserfüllte Kommentare zu sein. Eine zentrale Frage lautet daher: Müssen wir die Anonymität abschaffen, um online einen respektvollen Umgang zu ermöglichen?

---

sich zwar ausweist, die Stimmzettel aber anonym ausgezählt werden; er kritisiert jene Form der Anonymität, bei der es kein Vertrauen gibt und jemand zum Beispiel keine fixe und somit zuverlässige Online-Identität hat. Um diese Unterscheidung geht es auch im kommenden Kapitel.

KAPITEL 5

WAS TUN MIT DER ANONYMITÄT?

Wie man online gegenseitigen Respekt fördert

BEISPIEL SÜDKOREA ODER WAS PASSIERT, WENN DER STAAT DIE ANONYMITÄT ABSCHAFFT

Für Trolle gibt es eine schlechte Nachricht: Sie werden zunehmend angefeindet, immer mehr User, Websitebetreiber und auch Politiker sind unzufrieden mit dem Ton und der Aggression im Netz. Viele Seiten ändern ihre Spielregeln, sogar neue Gesetze entstehen, um härter gegen Phänomene wie »Cybermobbing« oder üble Nachrede im Netz vorzugehen. Wir erleben gerade eine entscheidende Phase des Internets, in der wir das soziale Miteinander online neu definieren. Dies hängt auch mit der Verschmelzung von offline und online zusammen, der Tatsache, dass unsere Aktionen im Netz ganz konkrete Auswirkungen auf unseren Alltag haben. Von wegen »virtuelle« Welt – was wir online tun, ist real, und ebenso real sind die Anfeindungen im Netz.

Warum nicht einfach abschalten? Einzelne Webseiten oder Onlinemedien könnten freilich ihre Foren zusperren und ihren Versuch einer digitalen Debatte aufgeben. Ich halte das aber für keine Lösung, sondern lediglich für die Ausblendung eines Problems. Es ist wohl kaum so, dass die Menschheit in Zukunft darauf verzichten wird, sich im Netz auszutauschen. Die Frage ist also: Wie schaffen wir das etwas sachlicher?

Es reicht nicht, einzig und allein die negativen, aggressiven Kommentare unsichtbar zu machen, gleichzeitig müssen die guten, konstruktiven Kommentare sichtbar werden. Viele Websites und Foren sind leider so designed, dass sie eher die dunkleren Seiten der User zum Vorschein bringen. Doch das ließe sich ändern. Im Folgenden werde ich ein paar Beispiele bringen, welche Ansätze es bereits gibt. Von staatlicher Ebene bis hin zum Einzelnen werde ich Lösungsmodelle (aber auch Irrwege) vorstellen und darauf eingehen, welche Rolle die Anonymität dabei spielt.

Die radikalste Lösung wäre wohl, die Anonymität als Ganzes abzuschaffen. Ein Staat hat das tatsächlich probiert: Südkorea. Im

5 Was tun mit der Anonymität?

Juli 2007 trat dort das sogenannte Realnamen-Gesetz in Kraft, das bösartige Postings unterbinden sollte. Auf allen Websites mit mehr als 300.000 Besuchern pro Tag musste man sich seitdem zuerst mit seinem richtigen Namen anmelden. Man durfte zwar weiterhin unter einem Pseudonym posten, aber für die Internetfirma, die Behörden und Gerichte war leicht ersichtlich, wer sich hinter einem Internetkürzel verbarg. Es war der massivste Eingriff in die Anonymität, den ein demokratischer Staat bis dahin durchgeführt hatte. Im Jahr 2009 schärfte die Regierung noch einmal nach. Seitdem waren auch alle Websites vom Registrierungszwang betroffen, die 100.000 Besucher pro Tag oder mehr hatten.[239]

Wie konnte es überhaupt zu diesem Gesetz kommen? Tatsächlich waren viele Koreaner über die Aggression im Netz schockiert, Fälle wie jener des Hundescheiße-Mädchens führten zu heftigen Debatten. Wir erinnern uns: Die Koreanerin war von einem Online-Mob terrorisiert worden, weil sie die Fäkalien ihres Hundes nicht weggewischt hatte. Der Fall ist allerdings nur ein Beispiel von vielen. Anscheinend gibt es in Südkorea eine besonders heiße und aggressive Gerüchteküche, über die sich fiese Behauptungen online extrem rasch verbreiten.

Das liegt womöglich auch daran, dass Südkorea wie kein anderes Land vernetzt ist. 95 Prozent der Haushalte haben einen schnellen Breitband-Zugang. Die Gesellschaft des 50-Millionen-Einwohner-Staats ist sehr homogen, einige wenige nationale Medien und Onlinedienste dominieren den nationalen Diskurs. Gelangt ein Gerücht erst einmal ins Netz, weiß es schnell ein jeder – ein Umstand, der ganz besonders südkoreanische Stars zu belasten scheint. In den letzten Jahren nahmen sich etliche Filmstars und Sänger das Leben, wofür zum Teil auch Online-Schmutzkübelkampagnen verantwortlich gemacht werden.[240]

---

[239] Cho, Daegon: Real Name Verification Law on the Internet: A Poison or Cure for Privacy? Unveröffentlichte Endversion des Papers, Heinz College, Carnegie Mellon University, Pittsburgh 2013, S. 1 f.

[240] Südkorea ist der Staat mit der höchsten Selbstmordrate innerhalb der OECD. Siehe etwa: http://english.yonhapnews.co.kr/national/2011/09/08/98/0302000000AEN20110908004600320F.HTML oder http://diepresse.com/home/panorama/welt/723414/Suedkorea_Selbstmord-als-Todesursache-Nummer-eins

So brachte sich im Oktober 2008 die Schauspielerin Choi Jin-sil um, wohl der größte Star Südkoreas. Choi Jin-sil plagten in den Tagen vor ihrem Tod angeblich hartnäckige Online-Gerüchte, wonach sie einen anderen Schauspieler in den Selbstmord getrieben hätte. Der Vorwurf lautete, sie hätte ihm Geld geborgt, das dieser nicht zurückzahlen konnte, und ihn dann terrorisiert. Choi ging zur Polizei und wollte sich gegen die anonymen Anschuldigungen wehren. Am 2. Oktober 2008 fand man sie tot in ihrem Appartement. Man kann wohl nur mutmaßen, was einen Menschen in den Selbstmord treibt, Fälle wie dieser haben jedenfalls in Südkorea zu einer breiten Debatte darüber geführt, wie gefährlich das Geläster im Netz ist.[241]

Die Regierung führte daraufhin das Realnamen-Gesetz ein und verschärfte es später noch. Der damalige Präsident Lee Myung-bak erklärte, man werde sonst zu einer Gesellschaft, »die vor emotionalen Exzessen, Unordnung und Unhöflichkeit nur so strotze«.[242]

Wie funktioniert so eine Realnamen-Pflicht? In einem Land mit 50 Millionen Einwohnern ist es ein enormer Aufwand, von jedem online die Identität zu erheben. Südkorea hatte den Vorteil, eines der penibelsten Einwohnerregister zu führen. Jeder Bürger bekommt bei der Geburt eine Einwohnernummer zugewiesen. Ursprünglich wurde das System eingeführt, um nordkoreanische Spione ausfindig zu machen. Heute gibt man die Einwohnernummer fast überall an, etwa wenn man sich ein neues Handy holt, ein Bankkonto eröffnet oder einen Job annimmt. Seit 2007 mussten die Bürger die 13-stellige Einwohnernummer auch angeben, wenn sie auf großen Websites kommentieren wollten. Das ist ein wichtiges Detail, denn ein Staat ohne Einwohnernummer-Register oder ohne verpflichtende Sozialversicherungsnummer könnte eine derartige Überwachung gar nicht so leicht umsetzen. Übrigens bekommt in Südkorea auch

---

[241] Sang-Hun, Choe: Web Rumors Tied to Korean Actress's Suicide, online unter http://www.nytimes.com/2008/10/03/world/asia/03actress.html (Stand: 17. April 2013). Zudem war hier ein sogenannter Werther-Effekt zu beobachten: Nach dem Bekanntwerden des Selbstmords der Schauspielerin nahm die Suizid-Rate massiv zu.

[242] Fitzpatrick, Michael: South Korea wants to gag the noisy internet rabble, online unter http://www.theguardian.com/technology/2008/oct/09/news.internet (Stand: 17. Juni 2013, Übers. ins Deutsche von I. B.).

5 Was tun mit der Anonymität?

jeder Ausländer, der sich länger dort aufhält, eine ähnliche 13-stellige Nummer zugewiesen.

Das Gesetz war freilich umstritten, im Inland ebenso wie im Ausland. Der UN-Sonderberichterstatter für Meinungsfreiheit stellte nach einem Besuch in Südkorea fest: »Ich bin besorgt, dass das Realnamen-Verifizierungs-System das Potenzial hat, die Rechte des Einzelnen auf freie Meinungsäußerung auszuhöhlen, speziell was Kritik an der Regierung betrifft, ebenso wie das Recht auf Privatsphäre.«[243] Ganz unberechtigt war die Sorge nicht, denn die Regierung versuchte offenbar einen kritischen Poster mundtot zu machen. Park Dae-sung, der unter dem Namen »Minerva« ökonomische Themen kommentierte, hatte immer wieder die Fiskalpolitik Südkoreas kritisiert und bedeutende Ereignisse wie den Wertverlust der koreanischen Währung oder auch die Insolvenz der Investmentbank Lehman Brothers vorhergesagt. Im Internet war er eine Berühmtheit, doch dann warf ihm die Regierung vor, eine irreführende Information verbreitet und der südkoreanischen Wirtschaft einen Milliardenschaden verursacht zu haben, und ließ ihn im Jänner 2009 verhaften. Das Gericht sah dies übrigens nicht so und sprach ihn frei.

Der Fall ist ein Lehrstück, wie Gesetze oft mit einer bestimmten Begründung eingeführt, dann aber für ganz andere Zwecke eingesetzt werden. Offiziell sollte das Realnamen-Gesetz den Hass im Netz verhindern, in der Praxis musste sich ein kritischer Blogger vor Gericht verantworten.

Wie wirkte sich das Gesetz generell aus? Wurde der Ton im Netz freundlicher? Eine der wichtigsten Studien zu diesem Thema führte der Netzökonom Daegon Cho durch, ein gebürtiger Südkoreaner, der heute an der Carnegie Mellon University in Pittsburgh forscht. Er überprüfte sowohl den kurzfristigen als auch den langfristigen Effekt. Unmittelbar nach der Einführung des Gesetzes hielten sich die User zurück, posteten weniger, sparten mit Beschimpfungen.

---

[243] Der ganze Bericht ist online nachlesbar: La Rue, Frank: Full text of the press statement delivered by the UN Special Rapporteur on the promotion and protection of the right to freedom of opinion and expression, Mr. Frank La Rue, after the conclusion of his visit to the Republic of Korea, online unter http://www2.ohchr.org/english/issues/opinion/docs/ROK-Pressstatement17052010.pdf (Stand: 17. Juni 2013, Übers. ins Deutsche von I. B.).

Langfristig allerdings schimpften sie weiter, insgesamt nahm die Zahl der Online-Postings sogar zu.[244]

Wie mir Daegon Cho erklärte, wurden langfristig zwar etwas weniger Schimpfwörter verwendet, aber es scheint, als fanden viele User dafür andere Formen der Beleidigung.[245] Zum Beispiel sagten sie nicht, dass ein Politiker ein »Idiot« sei, sondern sie spielten mit seinem Namen und wandelten ihn so ab, dass es unfreundlich klang. Cho bezeichnete das in seiner Studie als »antinormatives« Verhalten. Seine Ergebnisse lassen sich so zusammenfassen, dass das Gesetz die Verwendung von Schimpfwörtern zum Teil reduzierte, aber keineswegs das Problem der Aggression und Pöbeleien im Netz gelöst hat.

»Manch ein Datenschützer wird mit den Ergebnissen meiner Studie nicht erfreut sein«, meinte Daegon Cho. Sie lege nämlich nahe, dass die Abschaffung der Anonymität das Verhalten nicht so massiv ändere, wie manch einer gefürchtet hatte, und auch nicht zu strenger Selbstzensur führe. »Der Einsatz von Schimpfwörtern oder antinormativem Verhalten scheint eher davon abzuhängen, wie kontrovers ein Thema ist, ganz unabhängig davon, ob es nun dieses Gesetz gibt oder nicht.« Bei heftigen Debatten oder politischen Skandalen neigen Leute also eher dazu, die Contenance zu verlieren. Anonymität ist eben nicht der einzige Faktor, der zur Enthemmung führt.[246]

Es handelte sich also um ein relativ ineffizientes Gesetz, für das die Südkoreaner auch noch einen hohen Preis zu zahlen hatten, denn ihre privaten Daten gerieten in die Hände von Hackern. Die Regierung verlangte von den Internetfirmen, die realen Daten ihrer User zu speichern. Am 26. Juli 2011 wurden die privaten Daten von 35 Millionen Südkoreanern geklaut, das sind 70 Prozent der Bevölkerung. Hacker griffen die populären Websites Nate und Cyworld an und entwendeten Usernamen, Telefonnummern, E-Mail-Adressen sowie Einwohnernummern und Passwörter. Laut dem Eigentümer der beiden Onlinedienste sollen zumindest die Passwörter und

---

[244] Vgl. Cho, S. 9.
[245] Das Interview mit Daegon Cho fand am 15. Juni 2013 via Skype statt.
[246] Ebd.

5 Was tun mit der Anonymität?

Einwohnernummern verschlüsselt gewesen sein.[247] Das war nicht der einzige Vorfall dieser Art, immer wieder klauten Hacker Tausende Einwohnernummern.[248] In Südkorea entstand ein riesiger Schwarzmarkt, auf dem die Identität von Menschen feilgeboten wurde.

Das Desaster des koreanischen Realnamengesetz führt eines vor Augen: Riesige Informationsspeichersysteme sind wie Pandoras Büchse. Selbst wenn die Datenspeicher mit guten Absichten angelegt werden, kann man nur schwer abschätzen, was schließlich damit passiert – und wer später darauf zugreift. Der furchtbarste historische Beleg dafür ist wohl Holland. Das Land hatte schon Anfang des 20. Jahrhunderts ein penibel geführtes Bevölkerungsregister, in dem auch die Religionszugehörigkeit der Bürger vermerkt wurde. Heute gibt es in den Niederlanden nur sehr wenige Juden – die Nazis haben das Register für ihren Genozid genutzt.[249]

Ineffizient und unsicher, als das erwies sich das Realnamengesetzes in der Praxis. Man kann natürlich darüber diskutieren, ob das südkoreanische Gesetz effektiver gewesen wäre, hätte man auch gleich alle Pseudonyme verboten und jeder Bürger hätte überall unter seinem realen Namen posten müssen – so weit gingen selbst die Südkoreaner nicht. Doch auch in diesem Fall hätte das Dilemma der Datenunsicherheit bestanden: Will ein Staat die Anonymität aller Bürger einschränken, muss er ein umfassendes Authentifizierungssystem im Netz einführen. Derartige Datenbanken bergen die Gefahr, gehackt und missbraucht zu werden.

---

[247] Sung-jin, Yang: 35m Cyworld, Nate users' information hacked, http://www.koreaherald.com/view.php?ud=20110728000881 (Stand: 18. Juni 2013).

[248] Bereits im April 2011 wurde der Finanzdienstleister Hyundai Capital gehackt, ein fünfstelliger Betrag auf ein fremdes Konto überwiesen und die Daten von 420.000 Konsumenten gestohlen. Auch hier wurden Namen, Einwohnernummern, Handynummern und Mail-Adressen ergattert. Vgl. AFP: S. Korea leader urges protection of client data, online unter http://www.google.com/hostednews/afp/article/ALeqM5giY1Bh4fPcEhmJqdh6QTO1lFmbWg?docId=CNG.5a3c02fa0e1aa7a78951b5706642974d.801 (Stand: 18. Juni 2013).

[249] Kreutzmüller, Christoph: Die Erfassung der Juden im Reichskommissariat der besetzten niederländischen Gebiete, online unter http://www.oldenbourg-link.com/doi/pdf/10.1524/9783486702781.21 (Stand: 18. Juni 2013).

Schließlich zog der Verfassungsgerichtshof einen Schlussstrich. Im August 2012 urteilte er, dass die Realnamenpflicht[250] verfassungswidrig sei: »Einschränkungen der Meinungsfreiheit können nur damit gerechtfertigt werden, dass sie dem öffentlichen Interesse dienen. Eine massive Abnahme illegaler Postings hat sich bisher nicht gezeigt. Da User zu ausländischen Websites wechseln, hat diese Regelung zu einer umgekehrten Diskriminierung zwischen heimischen und ausländischen Websites geführt.«[251] Dies stünde, so das Gericht, nicht im Einklang mit dem öffentlichen Interesse und der südkoreanischen Verfassung.[252]

Übrigens ist Südkorea nicht das einzige Land, das an einer Klarnamen-Pflicht Interesse zeigt. Auch die chinesische Regierung versucht, eine derartige Registrierungspflicht zunehmend umzusetzen und verschärft hierfür Schritt für Schritt die Gesetze, allerdings gestaltet sich das in dem Land mit mehr als 1,3 Milliarden Einwohnern bisher mehr als schwierig.[253]

Südkorea jedenfalls weckte ein größeres Monster als jenes, das man ursprünglich kontrollieren wollte.[254] Die Klarnamenpflicht nützte vor allem Hackern und Kriminellen und bot neue Missbrauchsmöglichkeiten.

---

[250] Genau genommen handelte es sich bei der Realnamenpflicht nicht um ein eigenes Gesetz, sondern um einen Passus in einem größeren Telekommunikationsgesetz. Siehe: http://english.khan.co.kr/khan_art_view.html?artid=201208241354087&code=790101

[251] The Kyunghyang Shinmun: Internet »Real Name« Law Violates the Constitution, Of Course, online unter http://english.khan.co.kr/khan_art_view.html?artid=201208241354087&code=790101 (Stand: 17. Juni 2013, Übers. ins Deutsche von I. B.).

[252] Vgl. Sang-Hun, Choe: South Korean Court Rejects Online Name Verification Law, online unter http://www.nytimes.com/2012/08/24/world/asia/south-korean-court-overturns-online-name-verification-law.html (Stand: 17. Juni 2013).

[253] Vgl. Caragliano, David: Why China's ›Real Name‹ Internet Policy Doesn't Work, online unter http://www.theatlantic.com/china/archive/2013/03/why-chinas-real-name-internet-policy-doesnt-work/274373/ (Stand: 18. August 2013).

[254] Dieser treffende Vergleich stammt nicht von mir, sondern von dem chinesischen Cyberdissidenten Michael Anti, den ich auch zu diesem Thema befragt habe.

5 Was tun mit der Anonymität?

DAS SYSTEM FACEBOOK ODER WIE KLARNAMEN ZU EINEM FREUNDLICHEREN UMGANG FÜHREN

Eine Abschaffung der Anonymität auf staatlicher Ebene birgt also große Gefahren, nicht zuletzt jene des Missbrauchs. Wie wäre es hingegen, sich nicht mittels staatlicher Verordnung, sondern auf freiwilliger Basis von der Pseudonymität abzukehren? Immer mehr Websites verlangen von Usern, ihren echten Namen anzugeben. Könnte das die Lösung sein, ganz nach dem Konzept Facebook?

Zwei neue Studien zeigen, dass die Abschaffung der Anonymität auf einzelnen Websites tatsächlich zu einem freundlicheren Ton führt. Die erste stammt von dem Netzökonomen Daegon Cho, der auch schon die Auswirkungen des südkoreanischen Realnamengesetzes untersuchte. Er und sein Kollege Alessandro Acquisti wollten wissen: Inwiefern beeinflusst der Grad der Identifizierbarkeit die Bösartigkeit der Postings? Sind Leute wirklich freundlicher, wenn sie ihren echten Namen angeben?

Auf vielen Zeitungsforen kann man sich mittlerweile via Facebook, Twitter oder Google plus einloggen, »Social Commenting« nennt sich das. Die Forscher analysierten das Verhalten Tausender Poster und teilten sie in drei Gruppen. Erstens jene mit gar keiner Anonymität. Sie loggen sich über soziale Netzwerke wie Facebook auf der Nachrichtenseite ein und posten unter ihrem Klarnamen. Zweitens jene mit Anonymität, aber einer fixen Online-Identität.[255] Die User posten mit einem Pseudonym aus einem sozialen Netzwerk, zum Beispiel einem anonymen Twitter-Account. Diese User sind zwar auch anonym, aber mit ihrer fixen Online-Identität sichtbar. Drittens Forenposter, die nur ein anonymes Profil auf der

---

[255] Ein fixes Online-Profil hat zum Beispiel jemand, der auf Twitter als »dragonslayer_« angemeldet ist und diesen Account auch mit etlichen Applikationen und anderen Webdiensten verbunden hat, sowie unter diesem Namen auch in Blogs regelmäßig Kommentare hinterlässt. In diesem Fall ist zwar der reale Name des Users nicht sichtbar, aber seine Online-Aktivitäten sind eindeutig nachvollziehbar. Auch ist möglich, dass »dragonslayer_« 500 Follower auf Twitter hat und diese Online-Kontakte nicht durch aggressives oder sonderbares Verhalten verlieren möchte. In solchen Fällen spreche ich von einer fixen Online-Identität, weil derartige User nicht permanent ihren Namen wechseln.

• Wie man online gegenseitigen Respekt fördert

Nachrichtenseite haben. Sie sind am wenigsten identifizierbar, denn ihre Postings führen zu keinem fixen Social-Media-Profil.

Die Forscher beobachteten im Frühjahr 2012 35 südkoreanische Nachrichtenseiten und sammelten mehr als 75.000 Kommentare von gut 23.000 Usern. Dann werteten sie aus, wie oft diese drei Gruppen Schimpfwörter oder sonstige Beleidigungen verwendeten.[256]

Ihre Ergebnisse sind beeindruckend: Am unfreundlichsten waren jene User, die sich anonym auf der jeweiligen Seite eingeloggt hatten (Gruppe 3). Wer sich über ein Social-Media-Portal eingeloggt hatte, benutzte im Durchschnitt wesentlich weniger Schimpfwörter, selbst wenn er ein Pseudonym verwendete (Gruppe 2). Die Forscher führen das darauf zurück, dass Social-Media-Profile wie eine Art virtuelle Identität sind: Die User wollen ihren digitalen Namen nicht besudeln, auch wenn er nur ein Pseudonym ist. Anonymität ist also nicht gleich Anonymität: Hat jemand eine fixe Online-Identität, achtet er viel mehr auf den guten Ton.

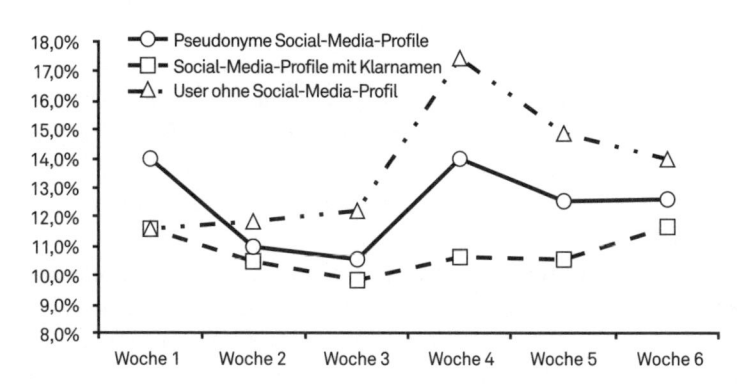

Diagramm: Häufigkeit von beleidigenden Postings nach User-Typ

Am freundlichsten waren jene Benutzer, die ihren realen Namen im sozialen Netzwerk angegeben hatten. Loggte sich jemand mit seinem echten Facebook-Account auf einer Nachrichtenseite ein, sank die

---

[256] Vgl. Cho, Daegon/Acquisti, Alessandro: The More Social Cues, The Less Trolling? An Empirical Study of Online Commenting Behavior, unveröffentlichte Zwischenversion ihres wissenschaftlichen Papers, Heinz College, Carnegie Mellon University (Stand: 3. Juni 2003).

5 Was tun mit der Anonymität?

Wahrscheinlichkeit, dass die Person Beschimpfungen formulieren würde. Die Autoren der Studie halten fest: »Die Einführung eines Social-Commenting-Systems wäre hilfreich, um Kommentare mit aggressivem Ton zu reduzieren, indem die User ganz selbstverständlich und widerstandslos zu einem höheren Maß an Identifizierbarkeit herangeführt werden.«[257] Eine der simpelsten Methoden, um die Anonymität abzuschaffen oder einzuschränken, ist demnach, auf eine Verifizierung via Facebook oder andere soziale Netzwerke umzusteigen.[258]

Eine weitere Studie kam kürzlich zu dem Ergebnis, dass nichtanonyme Poster wesentlich seltener untergriffig werden. Der amerikanische Kommunikationswissenschaftler Arthur D. Santana, der 14 Jahre lang als Journalist bei Medien wie der »Washington Post« oder der »Seattle Times« gearbeitet hatte, untersuchte in seiner Dissertation die Kommentare in amerikanischen Zeitungsforen speziell zum Thema Immigration. Auch er wollte wissen, ob sich anonyme Poster unzivilisierter verhalten. Als unzivilisiert stufte er etwa Schimpfwörter, xenophobe oder hasserfüllte Sprache sowie vulgäre Aussagen ein. Santana unterteilte die Poster in zwei Gruppen: anonyme und nichtanonyme Kommentatoren. Als nicht-anonym definierte er jene User, die mit ihrem Facebook-Account Postings hinterließen. Zwar weiß man auch bei Facebook-Mitgliedern nicht immer, ob diese ihren richtigen Namen angeben, bei der absoluten Mehrheit ist dies jedoch der Fall.[259]

Der Unterschied zwischen den beiden Gruppen war gewaltig: Jedes zweite anonyme Posting war untergriffig, genau genommen 53 Prozent; von den nicht-anonymen Usern waren es lediglich 28,7 Prozent der Kommentare. Wer die Anonymität abstellt, hat

---

[257] Ebd., S. 36 (Übers. ins Deutsche von I. B.).

[258] Eine Frage kann diese Studie freilich nicht beantworten: Inwieweit nutzen jene User, denen es tatsächlich ums Herumstänkern und Trollen geht, eine möglichst anonyme Kommentarform? So muss es nicht unbedingt sein, dass die Pseudonymität Menschen dazu animiert, aggressiver zu werden, sondern prinzipiell von jenen als Maskierung genutzt wird, die ungescholten herumlästern wollen.

[259] Laut eigenen Angaben sind 8,7 Prozent aller Facebook-Accounts insofern ein Fake, als nicht der echte Name angegeben wird. Siehe: http://news.cnet.com/8301-1023_3-57484991-93/facebook-8.7-percent-are-fake-users/

zwar noch immer Beleidigungen in seinem Forum, aber wesentlich weniger. Santana spricht von einer »dramatischen Verbesserung«, erwähnt jedoch auch, dass durch eine Abkehr von der Anonymität negative Nebenerscheinungen eintreten können – etwa dass manche User langfristig nicht mehr an der Debatte teilnehmen.[260]

Zwei Studien kommen also unabhängig voneinander zum Ergebnis: Je mehr die User identifizierbar sind, desto freundlicher werden sie. Für einzelne Websitebetreiber kann es somit durchaus eine Lösung sein, ihr Forum auf Klarnamen umzustellen. Dies erklärt übrigens auch, warum ein extrem populäres Medium wie die »Huffington Post« diesen Schritt setzt. Die Onlinezeitung hat laut eigenen Angaben bis zu 25.000 Kommentare pro Stunde.[261] Rund vierzig Mitarbeiter sind nur mit der Moderation beschäftigt. Im August 2013 gab Seitengründerin Arianna Huffington bekannt, dass ihr Medium die anonymen Kommentare abschaffen werde.[262]

Die entscheidende Frage ist allerdings: Kann das »System Facebook« eine Lösung für alle Zeitungsforen und Communitys sein, in denen ein rauer Ton herrscht? Ich bin da skeptisch, weil die gesamte Struktur von Facebook auf einem Weltbild aufbaut, das viele Internetuser wohl nicht teilen werden – zumindest nicht in der nahen Zukunft.

---

[260] Santana, Arthur D.: Journalism Practice. Virtuous or Vitriolic, Taylor & Francis 2013, zuerst online veröffentlicht unter http://www.tandfonline.com/doi/abs/10.1080/17512786.2013.813194#.UjAq7mQR6mc (Stand: 8. September 2013). »Anonyme Kommentare zu verbannen kann andere ungünstige Folgen haben. Studien zeigen, dass Anonymität in Foren die Zahl der Teilnehmer erhöht und zu einem breiteren Meinungsspektrum führt.« Ebd., S. 12 (Übers. ins Deutsche von I. B.).

[261] Sonderman, Jeff: How the Huffington Post handles 70+ million comments a year, online unter http://www.poynter.org/latest-news/top-stories/190492/how-the-huffington-post-handles-70-million-comments-a-year/ (Stand: 9. September 2013).

[262] Beaujon, Andrew: Huffington Post will end anonymous comments, online unter http://www.poynter.org/latest-news/mediawire/221779/huffington-post-will-end-anonymous-comments/ (Stand: 9. September 2013) – wie setzt die »Huffington Post« diesen Schritt um? Ab Herbst 2013 müssen sich neue User mit ihrem Facebook-Profil auf der Seite anmelden, ehe sie posten dürfen. Als Screenname im Forum wird dann der Name angezeigt, den man auch auf Facebook angegeben hat.

5   Was tun mit der Anonymität?

Die Abkehr von der Anonymität ist einer der Gründe, warum Facebook überhaupt so erfolgreich wurde. Das soziale Netzwerk hat einen wesentlichen Beitrag zur Weiterentwicklung des Internets geleistet, indem es unsere Online- und Offline-Identität zusammenführte und für eine Rückkoppelung zwischen dem vermeintlich »virtuellen« und dem »realen« Raum sorgte. Was man auf Facebook tut, sehen die eigenen Kumpels, oft die Arbeitskollegen, vielleicht sogar der Chef, was dazu führt, dass man sich stärker einbremst, als wenn man gänzlich anonym ist.

All das ist freilich kein Zufall: »Unser Zugang bei Facebook (…) ist der, dass wir versuchen, die sozialen Normen der realen Welt nachzubauen, indem wir die menschliche Facette der Konversation betonen. Das Gesicht einer Person, ihr richtiger Name, eine kurze Biografie (›John Doe aus Lexington‹) sind gleich neben ihren öffentlichen Kommentaren platziert, um ein Mindestmaß an Verantwortlichkeit herzustellen«, erklärte Julie Zhuo, Produktdesign-Managerin bei Facebook, in der »New York Times«. »Diese Art des sozialen Drucks funktioniert, weil die meisten Trolle am Ende des Tages nicht den Mumm hätten, auch nur die Hälfte der Dinge einer anderen Person ins Gesicht zu sagen, die sie anonym im Internet posten.«[263]

Facebook stellt also gezielt »sozialen Druck« her, versucht »soziale Normen« online einzuführen. Es mag beängstigend wirken, dass Websites unsere Interaktion bestimmen und soziale Normen vorgeben, doch das ist eine logische Konsequenz davon, dass das Internet von Menschen entworfen wurde: Der Code, der jeder Website zugrunde liegt, ist wie die Architektur digitaler Räume. Sie gibt den Rahmen vor, innerhalb dessen sich die User und Userinnen bewegen. Der renommierte Harvard-Rechtsprofessor und Internettheoretiker Lawrence Lessig erklärt das ausführlich in seinen Büchern namens »Code« und »Code version 2.0«. In Letzterem schreibt er: »Der Code, die Software, die Architektur oder die Protokolle geben (…) Funktionen vor, die von den Programmierern ausgewählt werden. Manch ein Verhalten hemmen sie, ein anderes machen sie möglich oder unmöglich. Der Code beinhaltet bestimmte Werte

---

[263]   Zhuo, Julie: Where Anonymity Breeds Contempt, online unter http://www.nytimes.com/2010/11/30/opinion/30zhuo.html?_r=0 (Stand: 21. Juni 2013, Übers. ins Deutsche von I. B.).

oder verunmöglicht gewisse Werte. In diesem Sinne handelt es sich um eine Regulierung, genauso wie die Normen der Architektur im realen Raum eine Regulierung sind.«[264]

Facebook formt den sozialen Umgang seiner Mitglieder. Ein simples Beispiel ist der »Daumen-hoch«-Knopf. Wer auf ihn drückt, signalisiert, dass einem ein Inhalt, eine Statusmeldung, ein Kommentar, ein Link gefällt. Ein geniales Feature! Nur wo bleibt eigentlich der »Daumen-runter«-Knopf, der signalisiert, dass einem etwas missfällt? Obwohl so mancher User das schon forderte, bietet das soziale Netzwerk diese Funktion nicht an.

Das ist natürlich Absicht. Ein Dislike-Button wäre ein herausragendes Tool zum Herumstänkern. Zwar würde der Knopf von vielen Usern sinnvoll oder wohlmeinend eingesetzt werden,[265] allerdings könnten zum Beispiel Trolle stolz darauf sein, wenn sie besonders viele »Dislikes« sammeln. Facebook hat Interesse an möglichst viel Interaktion seiner User, nicht jedoch an Zwietracht.

Zum Erfolgskonzept der Freundschaftsseite gehört, dass sie von Beginn an einen geschützten Raum bot. Das zeigt auch ihr rasanter Aufstieg: Anfangs war Facebook total elitär, nur Harvard-Studenten konnten die Seite nutzen, dann durften immer mehr andere amerikanische Colleges mitmachen, später High-School-Schüler und schließlich jeder ab 13. Das war eine clevere Methode, die Weltbevölkerung Schritt für Schritt zum Beitritt zu animieren. Facebook verbreitete sich offline über den Bekanntenkreis. Man erfuhr etwa von einem Freund von der coolen neuen Seite, und es hieß: Du gibst dort deinen richtigen Namen an, aber das ist okay, weil du dich eh nur mit den Menschen verbindest, die du ohnehin schon kennst. Oder wie es auf der Startseite so schön heißt: »Facebook ermöglicht

---

[264] Lessig, Lawrence: Code version 2.0, Basic Books, New York 2006, S. 125 (Übers. ins Deutsche von I. B.). Das ganze Buch kann man auch (im Rahmen einer Creative-Commons-Lizenz) als PDF downloaden: http://codev2.cc/

[265] Wenn ein Facebook-Freund zum Beispiel postet, dass seine Katze gestorben ist, könnte der Dislike-Button eine Art Beileid signalisieren. Bei traurigen Postings wirkt es oft skurril, dass Facebook lediglich die Option »gefällt mir« anbietet.

5 Was tun mit der Anonymität?

es dir, mit den Menschen in deinem Leben in Verbindung zu treten und Inhalte mit diesen zu teilen.«[266]

Der Gründer der Seite, Mark Zuckerberg, erkannte Anfang der Nullerjahre eine echte Marktlücke: Viele Menschen wollen sich gar nicht mit Wildfremden verbinden, sondern mit den Personen aus ihrem realen Umfeld. Aus diesem Grund ist es auch absoluter Unsinn, wenn jemand sagt, er sei nicht auf Facebook, denn er habe »echte Freunde«. Die Seite ist dafür da, sich mit genau denen zu vernetzen. Das ist das Geniale daran: Was das Internet Anfang der Nullerjahre brauchte, waren nicht noch mehr öffentliche, anonyme Foren, sondern eine Art zweites Wohnzimmer, in dem sich die User wohlfühlen und online mit ihren Kumpels kommunizieren können.

Wie man unschwer merkt, bin ich – bis zu einem gewissen Grad – ein Fan von Facebook, das mit seiner gewieften Firmenstrategie zum Verbindungsstück zwischen Offline und Online sowie zur vorherrschenden Kommunikationsplattform geworden ist, die sich über das gesamte Web erstreckt. Mittlerweile kann man nicht nur auf Facebook facebooken, sondern auch auf unzähligen anderen Websites mittels Facebook kommentieren und interagieren. Spätestens hier wird die Sache bedenklich.

Facebook hat mehr als eine Milliarde Mitglieder und einen ungeheuren Einfluss. Ganz bewusst gibt die Seite soziale Normen vor, eines der Probleme ist allerdings: Facebook ändert diese Normen immer wieder, überrumpelt damit so manche User. Das beste Beispiel sind die Privatsphäre-Einstellungen, die zunehmend lascher werden. Viele User traten der Seite bei, um sich mit den eigenen Freunden auszutauschen. Doch Facebook schraubte immer mehr an den Privatsphäre-Voreinstellungen und räumte neue Tools ein, um Inhalte mit anderen Usern zu teilen oder einen tieferen Einblick in ihr Privatleben zu bekommen – ob diese das wollen oder nicht.[267] Das

---

[266] Der englische Slogan ist sogar noch griffiger: »Connect with friends and the world around you on Facebook.« Siehe: Facebook: Startseite, online unter https://www.facebook.com/ (Stand: 9. September 2013).

[267] Eine sehr gute Übersicht, wie Facebook die Privatsphäre immer mehr beschnitten hat, findet sich hier: http://mattmckeon.com/facebook-privacy/ Man sieht vom Jahr 2005 bis 2010, wie sich die Standard-Einstellungen veränderten und User standardgemäß immer mehr Daten teilten.

virtuelle Wohnzimmer, in dem wir Platz genommen haben, wurde transparenter. Schritt für Schritt wurden die Wände durch Glasfronten ersetzt, immer mehr Menschen können in unser Wohnzimmer hineinschauen, sofern wir nicht Vorkehrungen treffen, zum Beispiel festlegen, dass nur enge Facebook-Freunde alles sehen dürfen.[268]

Facebook bietet jedem User die Möglichkeit, seine Privatsphäre-Einstellung hochzuschrauben. Doch so manchen scheint das zu überfordern. Das Ergebnis ist, dass viele Mitglieder mehr teilen, als sie ursprünglich wollten. Juristen haben einen eigenen Begriff für diesen Vorgang, bei dem man Kunden mit einem Versprechen lockt und dann zunehmend die Rahmenbedingungen verändert: »bait and switch«, ködern und dann die Settings umstellen.[269]

Ein noch größeres Ärgernis ist, dass man als Benutzer von Facebook nicht genau weiß, was mit den eigenen Daten alles passiert: Zum Beispiel kann man sich nicht sicher sein, dass gelöschte Daten tatsächlich gelöscht sind. Auch wissen wir nicht, wie viele Informationen die Seite über unser Surf- und Kommunikationsverhalten sammelt. Der Deal, den uns Facebook macht, ist höchst intransparent, nur eines ist klar: Dafür, dass das Service gratis ist, blechen wir mit unseren Daten. Oder wie es so schön heißt: Wenn du nicht für einen Dienst zahlst, bist du das Produkt, das verkauft wird.[270]

Mittlerweile nutzen immer mehr Nachrichtenseiten und Webdienste das soziale Netzwerk. Die Facebook-Accounts sind für viele User zu ihrer fixen Online-Identität geworden. Wer heute Musik via Spotify hören, einen Kommentar auf CNN.com oder auf Bild.de

---

[268] Ein großartiges Video illustriert genau das: Der Clip mit dem Namen »A Facebook Update In Real Life« führt vor, wie man als »Bewohner« von Facebook zunehmend zur Schau gestellt wird, wie Privatsphäre-Einstellungen immer transparenter werden. Siehe: http://www.youtube.com/watch?v=JvQcabZ1zrk

[269] Konkret berufe ich mich hier auf den Juristen Chris Hoofnagle vom Berkeley Center for Law & Technology, den ich 2010 zu diesem Thema befragt habe. Vgl. Brodnig, Ingrid: Die bösen Drei, in: Falter 22/10, 2. Juni 2010, S. 19 – das Interview ist auch online unter http://www.falter.at/falter/2010/06/01/die-boesen-drei/

[270] Eine Initiative rund um den Wiener Studenten Max Schrems kämpft etwa darum, dass Facebook hier transparenter vorgehen und europäische Datenschutzgesetze einhalten soll. Schrems wirft der Seite etliche Verstöße gegen den europäischen Datenschutz vor, siehe: http://www.europe-v-facebook.org/DE/de.html

5 Was tun mit der Anonymität?

verfassen will, kann das mit seinem Facebook-Profil machen. Für den User ist das praktisch, weil er sich nicht überall extra einloggen muss. Gleichzeitig bedeutet dies, dass Facebooks soziale Normen zunehmend das Netz beeinflussen. Der positive Aspekt: ein freundlicherer Umgangston und nachweislich weniger Hass-Kommentare. Doch nicht jeder ist mit diesen Normen einverstanden.

Firmengründer und CEO Mark Zuckerberg hat offensichtlich eine sehr starre Vorstellung von Authentizität und Identität, er ist ein Verfechter der Transparenz, will Menschen dazu bewegen, mehr von sich preiszugeben – wohl auch deshalb, weil Facebook an diesen Informationen verdient. Im Buch »The Facebook Effect« sagt er zu Autor David Kirkpatrick vehement: »Du hast eine Identität.«[271] Mehr als eine Identität zu haben, ist ihm anscheinend suspekt. Seine Seite ist der radikale Gegenentwurf zum Traum von der sich wandelnden Identität, der in den 1990er-Jahren geträumt wurde, als viele User die Möglichkeit der Selbstentfaltung und des Spiels mit unterschiedlichen Rollen online für sich entdeckten und Sherry Turkle darüber ihr Buch »Leben im Netz« verfasste.

Dieses Spiel mit der Identität scheint Mark Zuckerberg abzulehnen. »Die Tage, an denen man ein anderes Auftreten hat gegenüber Arbeitsfreunden, Mitarbeitern oder anderen Leuten, die man kennt, kommen wohl bald zu einem Ende«, sagte er zu Kirkpatrick. Und ferner: »Zwei Identitäten für sich selbst zu haben ist ein Beispiel von fehlender Integrität.«[272]

Genau das ist der Grund, warum Facebook nicht die Lösung für alle Internetuser sein kann. Wie schon der Psychologe John Suler festhielt, ist das eigene Ich keineswegs eindimensional. Wir verhalten uns nicht immer gleich oder gar stringent, unser Bewusstseinsstrom und auch unser Auftreten sind stark kontextabhängig. Eine starre Identität, wie sie Mark Zuckerberg als Idealbild fomuliert, entspricht nicht den Lebensentwürfen vieler Menschen. Ich erinnere nur an den chinesischen Cyberdissidenten Michael Anti, dessen Facebook-Profil gesperrt wurde. Anti, der es aus politischen Gründen ablehnt,

---

[271] Kirkpatrick, David: The Facebook Effect. The Inside Story of the Company That Is Connecting The World. Simon & Schuster, New York 2010, S. 199 (Übers. ins Deutsche von I. B.).

[272] Ebd. (Übers. ins Deutsche von I. B.)

seinen Geburtsnamen zu verwenden, hat seine gesamte Identität mittlerweile um das Pseudonym Michael Anti aufgebaut. Sogar auf seinem Harvard-Zeugnis steht »Michael Anti«. Doch Facebook hat eine eigene Definition, was zulässiges Verhalten ist.

Ganz offensichtlich ist Anti nicht der Einzige, dem die Nutzungsbestimmungen der Seite widerstreben. Dies sieht man auch daran, dass sich viele einfach darüber hinwegsetzen und bei der Anmeldung einen Fantasienamen angeben. Facebook selbst spricht von Millionen von gefälschten Accounts.[273] Warum auch nicht? Ich zum Beispiel bin mit zwei Katzen online befreundet und freue mich immer wieder über ihre Statusmeldungen und Bilder. Natürlich sitzen nicht die Haustiere vor der Tastatur, sie werden nur von ihren Besitzern personifiziert. Ziemlich verrückt, dieses Internet, aber das macht zum Teil auch den Reiz aus.

Im anfangs zitierten Cartoon des »New Yorker« hieß es: »Im Internet weiß niemand, dass du ein Hund bist.« Heute könnte man sagen: Facebook weiß offensichtlich nicht, dass man kein Hund oder keine Katze ist. Das Unternehmen ist heillos überfordert damit, alle getürkten Accounts zu sperren.

Diese Beispiele zeigen: Vielen Menschen ist die Handhabe von Facebook zu eng. Die Welt funktioniert nicht wie das Silicon Valley oder der Harvard-Campus, wo man hauptsächlich privilegierte weiße Bürger aus demokratisch regierten Staaten antrifft. Manche haben gute Gründe, warum sie sich in ihrer Firma anders geben als unter Freunden, manche sind einfach nur misstrauisch. Je mehr aber Facebook als Diskussionsplattform das Netz erobert, desto mehr schließt man solche User aus Diskussionen aus. Dabei gäbe es durchaus andere Möglichkeiten, um online für einen angenehmeren Ton zu sorgen.

Dass das Prinzip Facebook nicht unendlich kopierbar ist, illustriert Google. Im Sommer 2011 startete der Suchmaschinenriese das soziale Netzwerk Google Plus, ein Konkurrenzprodukt zu

---

[273] Facebook schätzt, dass es 83 Millionen Fake-Accounts auf seiner Plattform gibt. Dies gab das börsennotierte Unternehmen zumindest im Juni 2012 an. Zum Beispiel seien 2,4 Prozent der aktiven Accounts von »Nichtmenschen«, darunter wohl auch einige Katzen. Siehe: http://edition.cnn.com/2012/08/02/tech/social-media/facebook-fake-accounts/index.html

5   Was tun mit der Anonymität?

Facebook. Kurz darauf wollte man auch eine strenge Klarnamenpolitik einführen, um, wie es hieß, einen »guten Ton« zu wahren.[274] Die User rebellierten jedoch, es kam zu »Nymwars«, zum Krieg um die Pseudonyme. Die renommierte Sozialforscherin und Bloggerin danah boyd[275] kritisierte etwa, dass damit vor allem die schwächsten Gruppen online marginalisiert würden: »Klarnamen-Richtlinien sind nicht ermutigend; sie sind eine autoritäre Geste der Macht über verletzliche Menschen.«[276]

Im Jänner 2012 lenkte Google schließlich ein und lockerte seine Klarnamen-Richtlinie. Bis zu einem gewissen Grad ist die Verwendung von Pseudonymen nun erlaubt. Man muss dafür zum Beispiel nachweisen, dass man mit dem Namen schon anderswo vorgekommen ist – etwa in einem öffentlichen Dokument oder auf einer anderen Social-Media-Seite. Google geht es also um die Herstellung einer fixen Identität, auch wenn es nicht der Geburtsname ist.[277]

Ich kann mir gut vorstellen, dass Facebook für diverse Websites oder Zeitungsforen trotzdem die Lösung ist, um die Zahl der aggressiven Kommentare zu reduzieren. Für das ganze Netz ist ein solcher Klarnamenzwang aber wohl kaum vorstellbar, weil manche Menschen tatsächlich gute Gründe haben, online eine andere Identität zu verwenden.

Aus den genannten Studien sticht ein Aspekt hervor: Facebook ist auch deswegen so erfolgreich, weil die Accounts eine fixe Online-Identität darstellen. Wie die Studie von Daegon Cho und Alessandro Acquisti zeigt, werden die User umso freundlicher, je identifizierbarer sie sind. Das heißt aber auch: Um für einen besseren Ton zu sorgen, muss man die Anonymität nicht gleich ganz abschaffen, man kann auch verbindlichere Online-Profile einführen. Wenn User stolz auf

---

[274]   http://gigaom.com/2011/07/25/google-and-the-loss-of-online-anonymity/
[275]   Kein Vertipper, danah boyd bevorzugt, dass ihr Name kleingeschrieben wird.
[276]   boyd, danah: »Real Names« Policies Are an Abuse of Power, online unter http://www.zephoria.org/thoughts/archives/2011/08/04/real-names.html (Stand: 17. April 2013, Übers. ins Deutsche von I. B.).
[277]   Vgl. Miller, Claire Cain: In a Switch, Google Plus Now Allows Pseudonyms, online unter http://bits.blogs.nytimes.com/2012/01/23/in-a-switch-google-plus-now-allows-pseudonyms/ (Stand: 17. Juli 2013).

• Wie man online gegenseitigen Respekt fördert

ihren Namen und ihre Reputation im Netz sind, dann werden sie auf diesen achtgeben, selbst wenn es gar nicht ihr realer Name ist, der auch im Reisepass steht. Machtlos gegenüber den Trollen – das sind die Websitebetreiber ganz gewiss nicht.

DIE VERANTWORTUNG VON WEBSITEBETREIBERN UND WAS DIESE TUN KÖNNEN

Am allerwichtigsten ist, dass Websitebetreiber nicht wegsehen, was in ihren Foren passiert. Vorbildlich agiert hier die Onlineredaktion der deutschen Wochenzeitung »Die Zeit«. Auf ihrer Seite wird jeder einzelne Kommentar überprüft – keine Computeralgorithmen, sondern Menschen kontrollieren pro Woche rund 16.000 Postings und verlangen von den Foren-Mitgliedern ein Mindestmaß an Freundlichkeit.

Das Community-Team besteht aus zwei Redakteuren und zwölf Moderatoren, die täglich Tausende Kommentare überprüfen und notfalls eingreifen. »Zeit Online« geht sehr transparent vor: Wird etwas gelöscht, ist die Begründung für alle sichtbar. Dann steht dort etwa: »Entfernt, da unsachlich. Die Redaktion.« Oder: »Entfernt. Bitte belegen Sie Ihre Aussagen mit seriösen Quellen. Danke, die Redaktion.«

»Zeit Online« legt ihre Regeln in der eigenen Netiquette offen.[278] Diese »digitale Hausordnung« setzt auf Klasse statt Masse, zum Beispiel liest man dort: »Die Qualität der Kommentare ist uns wichtiger als ihre Anzahl. Unser Anspruch ist, dass die Diskussionen interessante und relevante Erkenntnisse liefern. Wir wollen ein Umfeld bieten, in dem alle Nutzer gerne mitdiskutieren.«[279]

Selten wird man eine so sachliche Diskussion wie auf Zeit.de vorfinden. Das liegt auch daran, dass die Moderatoren schon viel früher eingreifen als bei anderen Seiten. In vielen Foren werden nur

---

[278] Als Netiquette bezeichnet man die Umgangsregeln online, also die Etikette im Netz. Viele Seiten geben eine eigene Netiquette vor.

[279] Die gesamte Netiquette ist sehr spannend nachzulesen. Siehe: Zeit Online: Netiquette, online unter http://www.zeit.de/administratives/2010-03/netiquette/seite-1 (Stand: 19. Juni 2013).

5 Was tun mit der Anonymität?

die schlimmsten Regelverstöße gelöscht, wird erst eingegriffen, wenn eine klare Beleidigung oder womöglich sogar ein Verstoß gegen das Strafrecht vorliegt. Die Community-Redaktion von Zeit.de entfernt hingegen auch bereits jene Beiträge, die der Diskussion im Forum schaden oder radikale Meinungen vertreten. Zum Beispiel werden Postings gelöscht, die behaupten, Homosexualität sei widernatürlich, oder in denen etwas anderes thematisiert wird als das, worum es im Artikel geht (sogenannte Off-Topic-Postings).

Ich habe mit David Schmidt gesprochen, einem der Community-Redakteure.[280] Er schätzt, dass bei Artikeln zu Wirtschaft oder Politik sogar jeder fünfte Kommentar gelöscht oder zumindest gekürzt wird. Ein Blick auf das Forum zeigt allerdings auch: Dieses harte Eingreifen hat einen Abschreckungseffekt. »Zeit Online« hat viel weniger Kommentare als vergleichbare Blätter, viele Trolle und notorische Störenfriede posten erst gar nicht (oder nicht mehr) auf ihrer Website, weil sie wissen, dass ihre Beiträge gelöscht werden.

Warum sind andere Medien nicht so penibel? Da geht es auch ums Geld. Jedes einzelne Posting von Menschen lesen zu lassen, ist ziemlich teuer und hat womöglich sogar Auswirkungen auf die Werbeeinahmen: Denn je heftiger es in einem Forum zugeht, je mehr Kommentare eintrudeln, desto mehr Klicks und Seitenaufrufe verzeichnet das Unternehmen. Dies treibt die Werbeeinnahmen in die Höhe. Nicht nur inhaltliche Argumente führen also zu einer laxen Forenregelung, sondern auch wirtschaftliches Kalkül.

Medien, die die Trolle in ihren Foren wüten lassen, schaden sich in meinen Augen aber selbst: Das beschädigt nicht nur ihr Image – speziell bei Qualitätsblättern ist dies der Fall –, sondern auch ihre gesamte Berichterstattung. Viele Leser trennen nicht streng zwischen redaktionellem Text und den Postings darunter. Wie schon ausgeführt, haben Wissenschaftler eine Art »Nasty Effect« festgestellt: Ein aggressiver Ton kann dazu führen, dass die Leser dem Thema gegenüber generell negativer eingestellt sind, dass sie einen Artikel negativer interpretieren. Für Medien beinhaltet dies die Gefahr, dass einzelne aggressive Poster eine negative Stimmung herstellen und sehr viele Themen schlechtgeredet werden. Dies könnte speziell

---

[280] Das Interview mit David Schmidt fand am 17. Mai 2013 per Telefon statt.

Demagogen und radikaleren Gruppierungen helfen, die an einer seriösen Bewertung der Faktenlage ohnehin kein Interesse haben. Wollen wir Journalisten und Journalistinnen dies wirklich?

Die Onlineredaktion der »Zeit« sieht ihr Forum hingegen als Teil des eigenen Journalismus. David Schmidt: »Uns wird oft der Vorwurf gemacht, wir würden in die Meinungsfreiheit der Menschen eingreifen. Das weise ich gerne von der Hand. Wir bestimmen, welche Artikel bei uns erscheinen. Wir bestimmen, welche Kommentare bei uns erscheinen. Wer anderswo polemisch posten will, kann das ja tun.«

Das sehe ich ganz ähnlich. Wenn eine Website aktiv moderiert oder Kommentare löscht, heißt das noch lange nicht, dass sie die Meinungsfreiheit einschränkt. Dem User steht es noch immer frei, im Netz seine Ansichten zu verbreiten. Er darf es nur nicht in den digitalen Räumlichkeiten dieser einen Zeitung tun. Das Schöne am Netz ist ja gerade diese Vielfalt. Jede Website, jede Community kann sich ihre eigenen Regeln zurechtlegen – und wenn man keine passende Seite findet, kann man sogar sein eigenes Forum starten.

Das »Zeit Online«-Modell wird wohl nicht von der ganzen Branche übernommen werden, da es sehr viel kostet und andere Zeitungen sogar noch wesentlich mehr Kommentare kontrollieren müssten.[281] Doch auch diese strenge Kontrolle, das Sperren von hartnäckigen Postern, ist nur ein Teil der Lösung. Erfolgreich ist Community-Management dann, wenn es auch die »guten« Poster belohnt. Auf Zeit.de werden besonders originelle Kommentare als »Redaktionsempfehlung« hervorgehoben, auch versucht das Team rund um David Schmidt, mehr in Kontakt mit den Kommentatoren zu treten. Die User sind womöglich nicht nur die Ursache des Problems, sondern auch dessen Lösung. Es gibt durchaus kreative Ansätze, wie sich Communitys selbst verwalten können.

Die Website Stack Overflow ist vor allem unter Technikfreaks bekannt. Es handelt sich dabei um kein herkömmliches Medium, sondern um eine Hilfeseite für Informatiker. Stoßen diese zum

---

[281] Zum Vergleich: Die »Zeit« hat in der Woche 16.000 Postings, bei der österreichischen Tageszeitung »Der Standard« sind es jeden Tag ungefähr so viele. Beim Onlinemedium »Huffington Post« sind es sogar an schwachen Tagen 250.000 Kommentare.

5   Was tun mit der Anonymität?

Beispiel beim Programmieren auf ein Problem, können sie sich dort Tipps holen. Stack Overflow ist aber weit mehr als eine herkömmliche Frage-Antwort-Seite, denn es hat ein sogenanntes Reputationssystem. Für besonders gute Antworten oder Fragen bekommen die Teilnehmer von anderen Usern »Reputation Points«. Je mehr Punkte man sammelt, desto mehr Rechte bekommt man im Forum. Belohnt werden also jene Mitglieder, die besonders konstruktiv sind.[282]

Es ist ein spielerisches System, um die User zum freundlichen Interagieren zu erziehen. Pöbelt ein User nur herum oder provoziert er unnötig, dann schadet er sich selbst. Er bekommt keine Punkte, keine Rechte – oder verliert diese wieder. Die Software gibt die generellen Leitlinien vor, die User verteilen eigenmächtig die Punkte. Die Community überwacht sich somit selbst, und fast nie greifen Angestellte der Seite ein. Stattdessen gibt es eigene Moderatoren, die aus der Community kommen und die sogar gewählt werden.[283]

Es ist ein geniales Konzept, weil es den Personalaufwand niedrig hält und für Verbindlichkeit innerhalb der Community sorgt. Stack Overflow hat mittlerweile mehr als zwei Millionen User[284] und expandiert sogar: Im sogenannten Stack Exchange Network[285] findet man bereits Foren zu ganz anderen Wissensbereichen – von der englischen Sprache bis hin zum Kochen.

Diese Frage-Antwort-Seite ist so erfolgreich, weil sie wie ein Computerspiel funktioniert. Die User sammeln Punkte, bekommen neue Eigenschaften und mehr Verantwortung. Das ist wie bei manch einem Videospiel, wo man von Level zu Level aufsteigt und neue

---

[282]   Anfangs darf jeder User Fragen stellen. Findet ein anderer User seine Frage gut, kann er ihm dafür fünf Punkte geben. Je mehr Punkte man sammelt, desto mehr Rechte erhält man. Ab 15 gesammelten Punkten kann man Antworten für gut befinden, ab 50 Punkten selbst Kommentare verfassen, ab 2000 Punkten darf man sogar in fremde Fragen und Antworten eingreifen, um etwa Rechtschreibfehler auszubessern oder zusätzliche Links hinzuzufügen.

[283]   Die Mechanismen des Community Managements sind überaus kompliziert, im Stack-Overflow-Blog werden die Details aber genau erklärt. Hier etwa die Moderatorenwahl im Jahr 2013: http://blog.stackoverflow.com/2013/03/2013-so-moderator-election/

[284]   Laut Angabe der Website sind es exakt 2.110.277 User (Stand: 20. Juni 2013). Siehe: http://stackexchange.com/leagues/1/week/stackoverflow

[285]   http://stackexchange.com/

Aufgaben erfüllen muss. Allerdings lautet hier die Aufgabe nicht, eine Prinzessin zu retten oder gegen Zombies zu kämpfen, sondern möglichst gute Antworten zu liefern und die Qualität im Forum zu verbessern. Die Entwickler der Seite, Jeff Atwood und Joel Spolsky, haben absichtlich spielerische Anreize geschaffen; sie setzten auf das Prinzip »Gamification«, das besagt, dass eine durchaus ernste Sache zu einem Spiel gemacht wird.

Jeff Atwood vergleicht seine Plattform mit populären Videospielen, bei denen User in Teams ein gemeinsames Ziel verfolgen:[286] »Die Ziele und Regeln der Spiele sind allesamt klug überlegt, um sicherzustellen, dass der effektivste Weg zum Sieg die Zusammenarbeit ist. Keiner der Spieler kennt einen anderen; das Design des Spiels zwingt sie, zusammenzuarbeiten, ob sie es wollen oder nicht. Es ist geradezu unmöglich, als einzelner einsamer Wolf zu gewinnen.«[287]

Atwood und Spolsky haben sich viele Ideen von anderen Websites abgeschaut, etwa den Bewertungsmechanismus von eBay oder die Editierfunktion von Wikipedia. Auch das Userprofil gibt sofort Auskunft, wie viele Punkte und Auszeichnungen ein Mitglied bereits hat. Diese Information sieht man bei jedem Kommentar und bei jeder Frage, die jemand hinterlässt. Hier wird eine Form der digitalen Identität aufgebaut, die zeigt, was ein User zur Community beigetragen hat – es entsteht, was ich an anderer Stelle als verbindliche Online-Identität bezeichnet habe.

Stack Overflow stellt einen guten Kompromiss dar, bei dem Pseudonyme erlaubt sind, aber gleichzeitig eine fixe Identität entsteht. Wer einmal 10.000 Punkte und etliche Privilegien gesammelt hat, wird nicht riskieren, all das wieder zu verlieren, indem er andere User beflegelt. Immerhin ist jeder auf das Wohlwollen der anderen angewiesen. Ähnlich wie im Alltag: Da schreit man auch nicht seine Kollegen nieder, schließlich trifft man sie tags darauf wieder.

---

[286] Konkret bezog er sich auf die Taktik-Shooter »Counter Strike« und »Team Fortress«, bei denen Teams online gegeneinander kämpfen.
[287] Atwood, Jeff: The Gamification, online unter http://www.hyperink.com/The-Gamification-b1559a66 (Stand: 20. Juni 2013, Übers. ins Deutsche von I. B.). Genau genommen ist dies ein Auszug aus seinem Buch über erfolgreiches Programmieren. Siehe: Atwood, Jeff: Effective Programming: More Than Writing Code. Hyperink Verlag, San Francisco 2012.

5   Was tun mit der Anonymität?

Denkt man erst einmal näher darüber nach, ist es eigentlich absurd, dass solch spielerische Anreize nicht längst in allen Communitys gang und gäbe sind. In den Augen von Stack-Overflow-Gründer Atwood ist das ein Designfehler der meisten Onlineforen. Sie seien »broken by design«, aufgrund ihrer Struktur zum Scheitern verurteilt.[288]

Stack Overflow stellt ein spannendes Konzept dar, ist aber nicht eins zu eins auf andere Foren umlegbar. Für dieses ausgeklügelte System braucht es eine extrem involvierte Community, die ein gemeinsames Interesse verfolgt und die bereit ist, viel Zeit zu investieren. All das ist in einem herkömmlichen Zeitungsforum wohl kaum der Fall. Nichtsdestotrotz kann Stack Overflow als Inspiration dienen. Ähnlich wie Facebook arbeitet auch diese Seite mit sozialem Druck und hat gewiefte Mechanismen entwickelt, mit denen sich die Community selbst in Zaum hält.

Solche Mechanismen sind notwendig, weil online klassische non-verbale Signale, die eine hemmende Wirkung haben, wegfallen. Augenkontakt, Mimik und Gestik führen dazu, dass Menschen freundlicher miteinander umgehen. Die Bedeutung des Augenkontakts haben die israelischen Forscher Noam Lapidot-Lefler und Azy Barak in einem spannenden Experiment untersucht. Dazu setzten sie zum Teil Webcams ein, die die Probanden an der Tastatur filmten. In Paaren mussten diese jeweils ein Dilemma ausverhandeln. Von allen getesteten Variablen zeigte sich, dass Augenkontakt einen besonders positiven Einfluss hatte. Sahen sich die Diskussionspartner in die Augen, wurden sie viel seltener ausfällig – dies wirkte sich sogar noch positiver aus, als wenn die Probanden den Namen ihres Diskussionspartners kannten.

Anonymität wird, wie schon an anderer Stelle ausgeführt, im Netz zu einem viel umfassenderen Konzept. Mimik, Gestik und der Augenkontakt fallen weg. Man fühlt sich online dadurch viel weniger identifizierbar, als wenn man zum Beispiel auf der Straße einem Fremden begegnet. Dieser kennt zwar auch nicht unseren Namen, könnte uns aber theoretisch bei einer späteren Gegenüberstellung identifizieren, auch unser Äußeres, unsere Kleidung und

---

[288]   Ebd.

• Wie man online gegenseitigen Respekt fördert

unser Auftreten lassen Rückschlüsse auf uns zu. Noam Lapidot-Lefler und Azy Barak argumentieren, dass wir online eine komplexere Definition von Anonymität brauchen, um all diese Komponenten zu berücksichtigen.

»Die hier vorliegenden Ergebnisse legen nahe, dass man sich Anonymität als eine Sammlung verschiedener Ebenen der Nichtidentifizierbarkeit im Netz vorstellen kann, bei der die Nicht-Offenlegung privater Details, die Unsichtbarkeit und Abwesenheit des Augenkontakts den bedeutendsten Teil ausmachen; diese Komponenten scheinen verschieden stark miteinander verbunden zu sein und damit zu einer Vielfalt der ›Anonymitäten‹ beizutragen.«[289]

Das Gefühl der Anonymität im Netz hängt demnach nicht allein davon ab, ob der eigene Name bekannt ist. Das macht die Sache komplexer, stellt aber eine große Chance für Seitenbetreiber dar, die nicht unbedingt einen Klarnamen-Zwang einführen müssen, um für Verbindlichkeit zu sorgen. Sie können auch eine andere Form der verbindlichen Identität herstellen, zum Beispiel mit Pseudonymen, auf die die User stolz sind – wie dies die Seite Stack Overflow vorführt. Dass herkömmliche Nachrichtenseiten Augenkontakt herstellen können, ist nicht sehr realistisch. Durchaus machbar ist allerdings, den Usern das Gefühl zu geben, dass man mit ihnen auf Augenhöhe kommuniziert.

Im Englischen gibt es die wunderbare Formulierung »below the line«, wörtlich »unterhalb der Linie«. Auf vielen Zeitungswebsites trennt eine Linie den Artikel (oben) von den Leserkommentaren (unten). Es ist zwar nur ein Strich und doch scheinen manchmal Welten zwischen der Sichtweise des jeweiligen Journalisten und jener der Leser zu liegen. Umso wichtiger ist es, diese zwei Welten zusammenzuführen und dem Leser zu signalisieren, dass er gehört und seine Meinung wertgeschätzt wird. Das verbessert tatsächlich das Gesprächsklima.

Besonders gut macht dies die »New York Times«, die weltberühmte Tageszeitung stellt die klügsten Leserkommentare bei einigen

---

[289] Lapidot-Lefler, Noam/Barak, Azy: Effects of anonymity, invisibility, and lack of eye-contact on toxic online disinhibition. In: Computers in Human Behavior, Ausgabe 28, Nummer 2, Elsevier, Amsterdam 2012, S. 440 (Übers. ins Deutsche von I. B.).

5   Was tun mit der Anonymität?

Geschichten in den Vordergrund, sie werden quasi zum Teil der Story, man sieht diese Postings direkt neben dem Text und muss nicht mehr ins Forum »below the line« scrollen.[290] Die »New York Times« berichtete etwa über die extrem hohen Krankenhauskosten, die bei einer Geburt in den USA anfallen, und Leserinnen erzählten in den hervorgehobenen Kommentaren, wie teuer ihre eigene Geburt war. So ergeben Postings Sinn: Die Leser erfuhren nicht nur, was die Recherche der Journalistin ergeben hatte, sondern auch dazu passende Geschichten aus dem Leben ganz normaler Bürgerinnen und Bürger.[291]

Die »New York Times« wartet dabei nicht darauf, ob ein User von selbst ein spannendes Beispiel liefert, sondern fragt gezielt danach. Bei dem Artikel über die Geburtskosten wollte die Autorin zum Beispiel wissen: »Mit welchen medizinischen Kosten haben Sie bei der Entbindung nicht gerechnet?« Solch konkrete Fragen führen dazu, dass man auch konkrete Antworten erhält und sich eher jene User und Userinnen zu Wort melden, die tatsächlich etwas zu sagen haben.[292] Sogar mit solch unscheinbaren Kniffen kann man für einen besseren Ton, ja sogar für eine Bereicherung der Berichterstattung sorgen.

Die »New York Times« hat übrigens eine sehr strenge Moderation. Viele Artikel können gar nicht kommentiert werden, denn das Communityteam erlaubt Postings in der Regel nur dann, wenn es tatsächlich Zeit zur Moderation findet. Bei der Qualitätszeitung

---

[290]   Wie schon erwähnt, arbeiten auch andere Online-Medien mit Redaktionsempfehlungen, etwa »Zeit Online«. Die »New York Times« geht aber noch einen Schritt weiter, indem sie die Kommentare nach oben, also »above the line«, hebt und seitlich in den Text einbettet. So muss man gar nicht nach unten scrollen, um kurze Wortmeldungen aus der Leserschaft mitzubekommen.

[291]   Anscheinend ist Gebären in den USA unglaublich teuer. Für eine durchschnittliche Geburt fallen laut New York Times 37.341 US-Dollar an, inklusive der ärztlichen Untersuchungen in der Schwangerschaft sowie der medizinischen Betreuung des Neugeborenen in den ersten drei Monaten. Vgl. Rosenthal, Elisabeth: American Way of Birth, Costliest in the World, online unter http://www.nytimes.com/2013/07/01/health/american-way-of-birth-costliest-in-the-world.html (Stand: 9. September 2013).

[292]   Marshall, Sarah: New York Times elevates comments from below the line, online unter http://www.journalism.co.uk/news/new-york-times-elevates-comments-from-below-the-line/s2/a553677/ (Stand: 6. September 2013).

werden alle Kommentare überprüft, bevor sie erscheinen. Beziehungsweise fast alle. Das Medium belohnt jene User, deren Postings besonders oft freigeschaltet werden. Ein Algorithmus stuft sie automatisch als »verified commenter« ein. Die Kommentare dieser verifizierten Benutzer werden sofort sichtbar, ohne dass ein Moderator sie zuvor liest. Mit besonders konstruktiven Beiträgen kann man sich also ein Privileg erarbeiten. Auch das ist ein interessanter Ansatz, um gute Poster zu fördern.

Anfangs verlangte die »New York Times«, dass die verifizierten Kommentatoren, die ohne Moderation posten dürfen, ihren Account via Facebook verifizieren. Davon ging man aber wieder ab, weil sich herausstellte, dass es bei diesen Postern, die sich bereits in der Vergangenheit bewiesen hatten, nicht notwendig war. »Wir glauben nicht länger«, heißt es auf der Website, »dass die Qualität der Kommentare von verifizierten Kommentatoren sinkt, wenn wir die Verwendung von Pseudonymen zulassen.« [293] Selbst das Flaggschiff der amerikanischen Tageszeitungen schränkt die Anonymität hier nicht ein.

Dass ich hier so viele Beispiele aus dem angelsächsischen Raum anführe, liegt daran, dass die deutschsprachigen Websites offensichtlich den Amerikanern und Briten hinterherhinken. Doch zunehmend probieren auch hiesige Seiten neue Moderationstools aus. Der »Standard«, der eines der größten Foren Österreichs betreibt und auch viele schwierige Poster hat, arbeitet zum Beispiel an einem neuen Reihungsmechanismus. Künftig sollen zuoberst nicht die neuesten Kommentare zu sehen sein, sondern die »Top-Postings«. Die Forensoftware berücksichtigt dabei Faktoren wie die Aktualität, die Bewertung des Eintrags sowie das Verhalten des Users – wer in der Vergangenheit positiv auffiel, wessen Postings nicht dauernd gelöscht werden mussten, dessen Wortmeldungen werden wohl eher unter den vorgereihten Postings landen. »Wir wollen aber auch, dass jeder Leser die Postings nach den Kriterien sortieren und filtern kann, die ihm wichtig sind«, sagt Christian Burger, Community-Manager der Tageszeitung.[294]

---

[293] New York Times: Help, online unter http://www.nytimes.com/content/help/site/usercontent/verified/verified-commenters.html (Stand: 6. September 2013, Übers. ins Deutsche von I. B.).

[294] Ich interviewte ihn am 3. Juni 2013 persönlich in Wien.

5 Was tun mit der Anonymität?

Entscheidend ist, nicht ständig nur die fiesen Postings zu beachten, sondern die guten Beiträge und Diskussionen aktiv hervorzuheben. Pionierarbeit leistet hier das populäre Medium »Gawker«. Dieses Blog bietet eine schräge Mischung aus Promi-Gerüchten, Medienkritik und bunten Nachrichten. »Gawker« hat sich längst vom klassischen Forensetting verabschiedet, zeigt nicht die neuesten Kommentare, sondern die interessantesten Diskussionen zuoberst – jene Forenbeträge, die viele Reaktionen auslösten. Die Qualität der »Gawker«-Debatten ist beeindruckend: Viele Beiträge sind eloquent und sogar lustig. Da sieht man, welches Potenzial die Usermeldungen hätten.

Was macht »Gawker« so besonders? Es hat in gewissem Sinne das Kommentieren neu erfunden. Die Diskussionsplattform des Blogs heißt »Kinja« und ist viel mehr als nur eine Forensoftware. Jedes Community-Mitglied erhält sein eigenes Blog, die User können Artikel von »Gawker« und anderen Blogs wie »Gizmodo«, »Lifehacker« oder »Jezebel«, die ebenfalls zur Gawker-Mediengruppe gehören, teilweise umgestalten, eigene Titel und Einleitungen schreiben und auf Kinja posten. Damit verschwimmt die Grenze zwischen Leser und Autor. Zudem werden die User selbst zum Moderator ihrer eigenen Debatte. Wer einen Artikel auf »Gawker« kommentiert und darauf Antworten erhält, wird zum Moderator dieser Mini-Diskussion. Er kann entscheiden, welche Kommentare er zulässt und welche nicht – der User hat somit die Macht über die Debatte, die er selbst losgetreten hat.[295]

Das ist genial, weil sich nun auch jeder User mit der Frage auseinandersetzen muss, welche Postings er sich eigentlich wünscht. Außerdem wird dabei auch die Debattenkultur innerhalb der Community gestärkt. Wer mitdiskutieren will, wird eher freundlich und eloquent antworten, damit der andere User seinen Beitrag nicht ausblendet. Also strengen sich die Kommentatoren an, auf die vorangegangenen Argumente einzugehen und ebenso eloquent zu sein.

Das Beispiel »Gawker« ist deswegen so spannend, weil es zeigt, dass Webforen nicht so aussehen müssen wie im Jahr 1995. In den Anfangstagen des Internets mag es noch sinnvoll gewesen sein, die

---

[295] Daulerio, A. J.: Hello, and Welcome To Gawker's New Commenting System, online unter http://gawker.com/5905316/hello-and-welcome-to-gawkers-new-commenting-system (Stand: 21. Juli 2013).

Kommentare einfach chronologisch zu reihen, weil ohnehin nur wenige Menschen Zugang zum Netz hatten und jede Website froh war, wenn überhaupt irgendjemand Kommentare hinterließ. Mittlerweile gibt es extrem viele Postings und es ist schwierig, aus der Flut an Einträgen jene Wortmeldungen herauszufischen, die tatsächlich lesenswert sind. Nicht jede Meinungsäußerung hat den gleichen Informationsgehalt oder fördert die Debatte. Laut Nick Denton, Gründer des Onlineblogs »Gawker«, sind von zehn Kommentaren zwei interessant und die anderen acht entweder off topic oder gar toxisch.[296] Denton hat sich übrigens immer für eine strenge Moderation ausgesprochen. Wer sich neu auf dem Blog anmeldet, dessen Postings werden nicht sofort sichtbar; sie müssen von einem Moderator freigeschaltet werden, ehe der Beitrag öffentlich erscheint. Denton hat diese rigide Vorgangsweise einmal so erklärt: »Es ist unsere Party und wir entscheiden, wer kommt.«[297]

Ich behaupte, jede Website hat die Community, die sie verdient, und zunehmend wird das den Forenbetreibern auch bewusst. Moderation bedeutet, Verantwortung für den Ton im eigenen Forum zu übernehmen. Stellen wir uns vor, eine Zeitung lädt zur Podiumsdiskussion, hundert Besucher kommen, die Fragerunde startet, plötzlich steht einer auf, fängt an zu schimpfen an und gibt lautstark irgendwelche Verschwörungstheorien von sich. Wie würde der Moderator oder die Moderatorin in dieser Situation reagieren? Die Störung unkommentiert hinnehmen? Natürlich nicht!

Offline stehen uns in solchen Situationen diverse Sanktionsmechanismen zur Verfügung, um Rüpel in die Schranken zu weisen. Am Beginn stünde wohl die Bitte, mit den Zwischenrufen aufzuhören. Dann würden vielleicht auch andere Besucher auf den Störenfried reagieren, etwas sagen oder allein mit ihrer Körpersprache zu verstehen geben, dass dieses Verhalten nicht gewünscht ist. Im schlimmsten

---

[296] Vgl. N.N.: The Nick Denton Interview: The Failure of Comments, Audiodatei online unter http://schedule.sxsw.com/2012/events/event_IAP100127 (Stand: 21. Juni 2013).

[297] Seward, Zachary M.: With ad revenue up 35 %, Gawker Media returns to pageview bonuses and plans »checkbook journalism«, online unter http://www.niemanlab.org/2009/07/with-ad-revenue-up-35-gawker-media-returns-to-pageview-bonuses-and-plans-checkbook-journalism/ (Stand: 5. Juni 2013, Übers. ins Deutsche von I. B.).

5 Was tun mit der Anonymität?

Fall würde die Person aus dem Saal geleitet oder aufgefordert werden, diesen zu verlassen.

Auch online sollten Rüpel als solche behandelt werden. Aber warum geschieht das oft nicht? Erstens wird Meinungsfreiheit oft falsch verstanden und so interpretiert, dass sie jenen nützt, die nur herumstänkern wollen. Zweitens gibt es in vielen Foren noch zu wenige Tools, die produktives Verhalten fördern und störendes Verhalten ausblenden; Websites wie »Gawker« oder »Stack Overflow« sind leider noch die Ausnahme. Drittens ist es vielen Medien, Journalisten, Bloggern oder Internetfirmen einfach immer noch egal; sie fühlen sich viel zu wenig für den Ton in ihren Foren verantwortlich.

Von Bloggern bis zu Journalisten: Wie jeder Einzelne den Umgangston verbessern kann

Ich habe mit Journalisten in Deutschland, Österreich, den USA und Großbritannien gesprochen. Überall beobachten sie dasselbe: Reagiert man als Redakteur freundlich oder sachlich, werden viele Kritiker gleich viel gehemmter. Der »Zeit«-Redakteur David Schmidt sagte zum Beispiel: »Sobald irgendein Mitglied der Redaktion, sei es auch nur ein Moderator, einen Kommentar verfasst, beruhigt sich jede Debatte. Zumindest ein Stück weit, zumindest eine Zeitlang. Ich glaube, es liegt daran, dass die Leser erst einmal vor diese Wand gestellt sind. Die Seite wirkt irgendwie kalt, unmenschlich, das ist ein Produkt. Das lese ich und dann fange ich darüber an zu zetern. Sobald da aber ein Mensch ist, der sagt, dass er sich Gedanken dazu gemacht hat, gehe ich ganz anders damit um.«[298]

Die britische Tageszeitung »The Guardian« hat diesen Effekt statistisch belegt. Ich sprach mit Joanna Geary, die damals das Social-&-Communities-Team des »Guardian« leitete und die strategische Entwicklung des Forums plante. Die Zeitung ließ eine – leider nicht veröffentlichte – Studie zur Qualität der Kommentare erstellen. Wie

---

[298] Auch hier beziehe ich mich auf das Interview mit David Schmidt vom 17. Mai 2013.

Geary erzählte, machte es der Untersuchung zufolge einen riesigen Unterschied, wenn sich Mitarbeiter innerhalb der ersten zehn Postings eingeklinkt hatten: »Dann stieg die Qualität der Kommentare, und die Moderationskosten für den Artikel sanken deutlich. Aus diesem Grund haben wir die Regel, dass sich unsere Mitarbeiter, wann immer es möglich und umsetzbar ist, an der Diskussion beteiligen. Die Kommentare sind eine redaktionelle Verantwortung.«[299]

Beim »Guardian« gibt es sogar die Regel, dass der Autor des Artikels entscheidet, ob er die Kommentarfunktion freischaltet. Er soll nur dann Postings zulassen, wenn er auch bereit ist, mitzudiskutieren – zumindest ein bisschen. Kommentare löschen oder gegen Trolle vorgehen müssen die Journalisten ohnehin nicht, dafür gibt es ein eigenes Team. Das ist übrigens ganz wichtig, dass die Medien eigene Moderatoren engagieren und die Forenwartung oder das Löschen von Spam-Kommentaren nicht unbedingt den Journalisten aufbürden.

Laut Geary gibt es auch beim »Guardian« Fälle, bei denen eine Diskussion eröffnet wird, ohne dass der jeweilige Redakteur gerade mitdiskutieren kann. Grundsätzlich soll aber jedem Mitarbeiter und jeder Mitarbeiterin bewusst sein: Als Autor hat man eine gewisse Verantwortung für »below the line«. Man muss vielleicht nicht jeden Kommentar lesen, aber die Journalisten sollten sich schon dafür interessieren, was im Forum passiert. Die britische Tageszeitung macht vor, wie man mit den Lesern zunehmend auf Augenhöhe kommuniziert und auch Journalisten dazu ermuntert, sich mehr mit dem Forum auseinanderzusetzen.

Warum ist die Nähe zu den Lesern so wichtig? Community-Chefin Joanna Geary hat eine clevere Antwort parat: »Wenn wir über Anonymität reden, haben wir oft eine falsche Vorstellung davon. Die Anonymität ermuntert Menschen dazu, online grässliche Dinge zu sagen, egal ob der eigene Name daneben steht oder nicht. Entscheidend ist dieses Gefühl, dass der Gesprächspartner niemand ist, den man jemals

---

[299] Das Interview mit Joanna Geary fand am 26. Juni 2013 per Telefon statt – kurz vor Andruck dieses Buchs wurde bekannt, dass Geary zu Twitter wechselt. Hier findet man ein interessantes Gespräch mit ihr: http://www.niemanlab.org/2013/10/qa-guardian-social-and-community-editor-joanna-geary-heads-off-to-twitter-u-k/

5 Was tun mit der Anonymität?

tatsächlich kennenlernen wird. Das macht die Sache verzwickter.«[300] Sie vergleicht diese Situation übrigens mit einem Schulbus: In der hintersten Reihe sind die Kids am lautesten und verwegensten, weil sie glauben, dass sie von den Verantwortungspersonen weiter vorne nicht wahrgenommen werden.

Diskutiert man aber mit den Usern, ändert sich das mit einem Schlag. Das Dilemma ist nur: Einige Journalisten wollen tatsächlich keinen Kontakt zu ihren Lesern. Ein älterer Kollege sagte einmal zu mir: »Das ist ja unglaublich, jetzt soll man mit den Postern auch noch diskutieren!« Doch daran führt kein Weg vorbei, wenn man den Ton verbessern will. Und vermutlich ist es nicht gerade das Schlechteste, auch ab und zu mit seinen Lesern in Kontakt zu treten.

Journalisten und Poster sind in Hassliebe vereint, wobei allerdings der Hass dominiert. Beide Seiten tun sich extrem schwer, den anderen zu verstehen. Journalisten zum Beispiel verstehen das Konzept der Anonymität oft nicht, warum auch? Im Grunde arbeitet ein Journalist sein Leben lang darauf hin, sich einen Namen zu machen. In der Laufbahn eines jeden Redakteurs ist es ein bedeutender Moment, wenn zum ersten Mal der eigene Name in der Zeitung steht oder im Radio genannt wird. Für viele wäre es regelrecht eine Bestrafung, würden sie zur Anonymität gezwungen. Viele Journalisten übersehen dabei jedoch, dass für sie die namentliche Kennzeichnung beruflich förderlich ist. Sie gewinnen dadurch an Renommee. Der durchschnittliche Poster hat keinen solchen Dazugewinn: Was hat ein Kfz-Mechaniker oder ein Chirurg davon, wenn er öffentlich und namentlich die aktuelle Bildungsreform kritisiert? Wohl nicht annähernd so viel wie der Redakteur. Ich bezweifle, dass all diese Menschen mit ihrem Namen zu ihrer Meinung stehen wollen, selbst wenn diese Meinung

---

[300] Dazu eine Anekdote des ehemaligen »New-York-Times«-Autors David Pogue, der auf seine Technikkolumnen immer sehr viel Hass-Post bekommt, und der mir erzählte, dass er regelmäßig auf diese E-Mails antwortet: »Manchmal schreibe ich nur: ›Ich antworte gern Ihren Bedenken, wenn Sie Ihre Nachricht nochmal schicken können, ohne dabei ausfällig zu werden.‹ Manchmal gehe ich auch auf die Kommentare ein. In ihrer Antwort entschuldigen sich die Leute dann fast immer und beschwichtigen. Mir scheint, die rechnen keine Sekunde damit, dass ich tatsächlich antworte. Und wenn ich's dann doch tue, ist ihnen ihr voriges E-Mail furchtbar unangenehm.« Siehe: Brodnig, Ingrid: »Online neigt man dazu, schriller zu werden, zu schreien«, a.a.O.

absolut korrekt und freundlich formuliert ist. Zu Recht behagt auch die Vorstellung vielen nicht, dass alles, was sie online schreiben, mit ihrem Namen via Google zu finden ist. Der durchschnittliche Bürger ist nun mal kein Akteur auf der öffentlichen Bühne und er muss sich nicht als solcher inszenieren.

Gleichzeitig fehlt vielen Postern jegliche Empathie gegenüber den Journalisten, sie benutzen sie wie einen Sandsack, auf den sie verbal eindreschen und so ihren Frust loswerden können. Man kann die schönste Geschichte der Welt publizieren, irgendwer wird darunter schreiben: »Wen interessiert das?« Oder: »Das könnte meine achtjährige Nichte besser schreiben.« Hier ist in der Tat eine Verrohung des Umgangstons festzustellen, aber nicht deshalb, weil Poster so bösartige Menschen sind, sondern weil sie ihre eigenen Worte gar nicht richtig ernst nehmen, weil sie nicht so recht glauben wollen, dass Journalisten sich diese Postings sehr wohl zu Herzen nehmen – auch wenn so mancher Kollege das öffentlich abstreiten würde. Die Poster unterschätzen ihre eigene Macht, sie unterschätzen, wie verletzend ihre Worte sein können, weil sie sich unsichtbar fühlen. Und all das führt dazu, dass in vielen Foren Journalisten und Poster nahezu verfeindet sind.[301]

Bei vielen Lösungsansätzen, die ich hier präsentiere, geht es darum, dies zu ändern und beiderseitigen Respekt herzustellen. Was das bringt? Der Journalismus wird tatsächlich interessanter, wird er mit (dazupassenden) Leser-Rückmeldungen angereichert, so wie das die »New York Times« macht. Und die Leser identifizieren sich mehr, bleiben einem Medium treuer, wenn sie sich als Teil einer Community fühlen, so wie es der »Guardian« vorführt. Gerade in Zeiten sinkender Auflagezahlen ist das nicht die schlechteste Idee.

Man muss gar kein global agierendes Medium wie die »New York Times« oder der »Guardian« sein, um mit den eigenen Lesern in Kontakt zu treten. Sogar die Initiative eines einzelnen Journalisten kann ausreichen, um einen viel freundlicheren Ton herzustellen. Das

---

[301] Hinzu kommt übrigens, dass diese beiden Gruppen auch gegeneinander ausgespielt werden. Viele Medien investieren zu wenig Zeit und Geld in die Community, engagieren zu wenige Moderatoren, sodass die Journalisten mit unglaublich vielen Trollen konfrontiert sind. In so einer Situation ist es extrem schwierig, als einzelner Redakteur dem Forum etwas Positives abzugewinnen.

5 Was tun mit der Anonymität?

zeigt die Erfahrung eines österreichischen Redakteurs. Der Kolumnist Michael Hufnagl startete auf der Website der Tageszeitung »Kurier« ein Blog namens »Meine Gedanken – Ihre Gedanken«. Ziel war von Anfang an, tatsächlich das Gespräch mit den Usern zu suchen und auf möglichst viele einzugehen. Manch ein Kollege hielt dies für eine Schnapsidee. Die Leser hingegen waren begeistert: Das Blog wurde zu einer der meistgelesenen und meistkommentierten Rubriken. »Das wirklich Spannende war aber, dass sich mit der Zeit ganz andere Leute dort einmischten«, erzählte mir Michael Hufnagl.

Anfangs plagten ihn einige Trolle, die ihn mitunter auch persönlich attackierten. Selbst diesen Provokateuren antwortete der Kommentator eher auf eine belustigte Art. Zu einem Beitrag über Patriotismus und den österreichischen Nationalfeiertag schrieb ein User namens »Ober Gscheit« beispielsweise: »pfau. a cooler hund! macht si nix aus österreich!!! das nenn ich progressiv! ideale voraussetzungen für einen journalisten ...« Hufnagl antwortete prompt: »pfau. a cooler hund. schafft sich das pseudonym ›Ober Gscheit‹ und lässt aus der gesicherten anonymität heraus ein paar satztrümmerln fallen. das nenn ich progressiv! ideale voraussetzungen für einen kritischen forumsgeist.«[302]

Als die User merkten, dass der Journalist tatsächlich (sogar auf angriffige) Kommentare einging, wurden sie viel freundlicher, nahmen sich offensichtlich mehr Zeit, verfassten ausgefeiltere Postings. Es meldeten sich Leute zu Wort, die sonst nie kommentieren. »Zum Schluss musste ich mich schon richtig anstrengen, um von den Postern nicht überführt zu werden. Wenn irgendein Argument nicht ganz stimmte, merkten die das sofort«, erzählt Hufnagl rückblickend.[303] Es war aber auch ein ungeheurer Zeitaufwand für ihn, weil er tatsächlich versuchte, möglichst rasch auf Diskussionen einzugehen. Das ist übrigens auch ein Sicherheitsmechanismus: Wer prompt auf Postings antwortet, verhindert damit, dass die Debatte komplett entgleist.

Als Hufnagl Ende 2012 den »Kurier« verließ, übernahm niemand dieses Blog. Das Experiment endete, die neu gefundene Community zerbröckelte, das angenehme Klima löste sich auf und doch hat

---

[302] Hufnagl, Michael: I am from Austria, na und?, online unter http://kurier.at/meinung/blogs/meine-gedanken-ihre-gedanken/i-am-from-austria-na-und/825.198 (Stand: 5. September 2013).

[303] Das Gespräch mit ihm fand am 28. August 2013 persönlich in Wien statt.

Hufnagl eines bewiesen: Es macht einen ungeheuren Unterschied, wenn man als Autor auf Postings eingeht und den Lesern zumindest das Gefühl gibt, dass man sie ernst nimmt.

Mehr als 2,7 Milliarden Menschen haben heute Internetzugang. Viele von ihnen sind rücksichtsvolle, umgängliche Bürger, die der Online-Debatte womöglich etwas beisteuern könnten. Es wäre schade, wenn ihre Stimme nicht gehört wird oder sogar verstummt, weil ein kleiner Teil von Schreihälsen alle anderen übertönt.[304]

Ich habe die Möglichkeiten beleuchtet, wie man gegen Trolle vorgehen und gleichzeitig jene User (wieder) anlocken könnte, die sich eine sachlichere, respektvolle Debatte wünschen. Begonnen habe ich mit dem fehlgeschlagenen Versuch Südkoreas, die Anonymität abzuschaffen, und meiner Skepsis gegenüber Staaten, die ganz genau wissen wollen, was welcher User wann geschrieben hat. Diese Skepsis rührt auch daher, dass wir in einer Zeit leben, in der sich Staaten oder speziell Polizeibehörden und Geheimdienste zunehmend Rechte herausnehmen, um unsere Aktionen im Netz beobachten zu können. Juristen warnen angesichts dessen vor der Gefahr, dass es zum Ungleichgewicht zwischen Bürger und Staat kommt – dass der Staat verdammt viel über seine Bürger weiß, aber die Bürger ungeheuer wenig über das Vorgehen des Staates. Das führt den demokratischen Grundsatz, dass alle Macht vom Volke ausgeht, ad absurdum. Für mich ist das ein wesentliches Argument dafür, dass die Anonymität keinesfalls auf staatlicher Ebene abgeschafft gehört. Wobei eines gewährleistet sein muss: Gerichte müssen ihre Arbeit leisten und es braucht einen funktionierenden Rechtsapparat, der Bürger vor Mobbing, Verleumdung oder Stalking im Netz schützt (genau so wie er es offline tut). Das Beispiel China, wo es immer wieder zu Hetzjagden auf einzelne Internetuser kommt, der sogenannten »Menschenfleisch-Suchmaschine«, zeigt, dass dieser rechtliche Schutz nicht überall gegeben ist. Doch nicht mehr Überwachung ist dafür die Lösung, sondern mehr Rechtsstaatlichkeit.

Bei vielen Websites, Onlinediensten und Medien findet bereits ein Umdenken dahingehend statt, dass Störenfriede und Schreihälse

---

[304] Vgl. International Telecommunication Union: Key ICT indicators for developed and developing countries and the world (totals and penetration rates), online unter http://www.itu.int/en/ITU-D/Statistics/Documents/statistics/2013/ITU_Key_2005-2013_ICT_data.xls (Stand 22. Oktober 2013).

5 Was tun mit der Anonymität?

nicht zum Nachteil jener, die konstruktiv mitdiskutieren wollen, geschützt gehören. Für einzelne Websites und Onlinedienste kann eine Abkehr von der Anonymität durchaus eine Lösung sein, hat sich doch gezeigt, dass die Menschen tatsächlich freundlicher werden, wenn ihr echter Name neben dem Posting steht. Aber es ist keine Lösung für die gesamte Netzbevölkerung, und ein »System Facebook«, das sich über das gesamte Web erstreckt, würde wohl so manche Menschen ausschließen – Randgruppen oder Systemkritiker wie den Dissidenten Michael Anti, die sich mit gutem Grund eine neue Identität zugelegt haben. Sehr viel wird über die Abkehr von der Anonymität gesprochen, vielerorts die sogenannte Klarnamendebatte geführt, und in der Tat sind Pseudonymität und das Gefühl von Nichtidentifizierbarkeit maßgebliche Faktoren, die zu dieser Aggressionseruption führen. Doch eine totale Abkehr von der Anonymität ist eine ziemlich einschneidende Maßnahme; wie wäre es denn, wenn man es zuerst mit etwas sanfteren Methoden versuchte? Stichwort: Moderation.

Tatsächlich wird die Moderation vielerorts vernachlässigt und auch die Architektur, der Code vieler Websites hat zu wenig Sicherheitsmechanismen und Anreizsysteme eingebaut. Eigentlich sollte man die gesamte Forenstruktur neu überdenken und Mechanismen ausarbeiten, um gute Poster zu stärken und verbale Rowdies in den Hintergrund zu drängen. Hier gibt es durchaus spannende Ansätze von Websites wie jener der »New York Times«, des »Gawker« oder der spielerische Zugang von Stack Overflow. All diese Seiten erlauben übrigens Anonymität oder, genauer gesagt, die Verwendung von Pseudonymen. Wichtig ist, dass Pseudonyme zu einer Art Ersatznamen werden und zu einer fixen Online-Identität führen, für deren Ruf sich der User verantwortlich fühlt. Den Ton vorgeben können dabei auch einzelne Blogger, Journalisten oder Moderatoren, denn auch wenn sie sich manchmal von den Postern fies behandelt fühlen, sind sie doch eine Art »Opinion Leader«. In der Frühzeit des Webs wurde davon geschwärmt, wie sich der Einzelne online entfalten, wie er Facetten seiner selbst entdecken könne, die zuvor verborgen waren. Vielleicht ist es jetzt an der Zeit, mehr auf die Gemeinschaft, die Community, zu blicken und jene schönen Facetten endlich zum Vorschein zu bringen.